AMANCIO ORTEGA, DE CERO A ZARA

Amancio Ortega, de cero a Zara

Xabier R. Blanco
Jesús Salgado

la esfera de los libros

Primera edición: febrero de 2004
Decimosexta edición: enero de 2023

Avenida de San Luis, 25
28033 Madrid
Tel.: 91 296 02 00 • Fax: 91 296 02 06
www.esferalibros.com

Diseño de cubierta: Opal Works
Fotografía de cubierta: Cover
ISBN: 978-84-9970-101-1
Depósito legal: M. 35.481-2011
Fotocomposición: IRC, S.L. (2004) y J. A. Diseño Editorial, S.L. (2011)
Fotomecánica: Unidad Editorial
Impresión: Liber Digital, S.L.
Encuadernación: Liber Digital, S.L.
Impreso en España-*Printed in Spain*

Índice

A Amancio Ortega:
no abrió puertas, pero tampoco cerró ventanas.

Agradecimientos

A todos los que se prestaron a colaborar en este trabajo e hicieron el esfuerzo de recordar.

A todos los que callaron pese a contar con el permiso de Amancio Ortega. De los silencios también se sacan conclusiones.

A todos los que han osado escribir sobre Inditex.

Al departamento de comunicación de Inditex, por una visita guiada por el corazón del imperio.

A *La Voz de Galicia* por facilitar el acceso a su hemeroteca.

A Rubén Ventureira.

Al restaurante Casa Vilas en Santiago de Compostela.

A Elena Pardo.

A la revista *Gam*.

A la publicación *Artículo 20*.

A la Universidad de A Coruña.

Y a Amancio Ortega, sin cuya trayectoria vital y profesional nada de lo escrito hubiera sido como es.

Prólogo

Una investigación no desautorizada

Amancio Ortega Gaona. Este nombre, a palo seco, no acompaña a la fama de su negocio o al tamaño de su fortuna. Pero si se habla del dueño de Zara, cambia el asunto. Y es así porque así lo quiso. Hasta septiembre de 1999 ni siquiera se conocía su aspecto. Con cuentagotas comenzó a trascender que el hombre que democratizó el elitista mundo de la moda había comenzado a trabajar con catorce años de repartidor en una camisería de A Coruña, que había sido dependiente y encargado de tienda hasta que creó su propio negocio porque supo ver la oportunidad que llegó en forma de bata, aunque antes lo había intentado con cucos para arropar bebés... Muchas de las informaciones publicadas eran palos de ciego en un sendero plagado de trampas debido al hermetismo del personaje. Su lugar de nacimiento se situó en A Coruña, en Valoria la Buena, en Valladolid y, finalmente, en Busdongo de Arbás. Hasta le llamaron Armando. Nunca corrigió un error o aclaró un dato.

Hay biografías autorizadas y no autorizadas. La que se dispone a leer es de difícil catalogación. Por supuesto, Amancio Ortega Gaona declinó la invitación de participar en el trabajo. Es norma de la casa. La familia y el equipo directivo se sumaron a la postura del protagonista, pese a un esperanzador «quizá» cuando el proyecto se encontraba en el periodo de gestación.

Ante estas circunstancias, puede sorprender que el libro esté dedicado a Amancio Ortega. No es por adulación, sino por justicia. No abrió la puerta, pero accedió a que mirásemos por la ventana. El centinela de su aspecto, hasta que en septiembre de 1999 se dejó ver en la primera memoria del Grupo Inditex, permitió que los amigos reconstruyeran su vida. Lo hicieron hasta donde les alcanza la memoria y con el consentimiento del aludido. El proceso fue lento y complicado. «Vuelvan la semana que viene que voy a comentárselo a Amancio». La operación se repitió durante el año y medio de trabajo. Él no silenció ninguna de estas bocas. También consintió una visita guiada a la sede central del imperio en el polígono de Sabón en Arteixo (A Coruña).

En cierto modo, el mayor interesado en este trabajo —¿no autorizado?— debería de ser el propio protagonista porque en él no está lo que cuenta él, pero sí lo que cuentan de él los que estuvieron a su lado en los momentos decisivos.

Ésta es una obra escrita a dos manos. Una se dedicó a seguir el rastro de la vida del protagonista y la otra a desbrozar los números de una empresa que viste a medio mundo y tiene al otro medio en el punto de mira con un planteamiento innovador: precios asequibles en prendas de última tendencia, respuesta a las demandas de la clientela en menos de quince días, desprecio por la publicidad como fórmula para aumentar ventas…

Es la historia de Amancio Ortega Gaona. Un hombre que empezó de cero y acabó en Zara.

Capítulo I
El hombre sin rostro

Todo por una foto

La historia de Inditex arrancó con un cuco para abrigar bebés, creció con una bata de *boatiné* rosa y se hizo adulta con Zara. Sería una más entre las muchas que esperan en las bibliotecas de las más prestigiosas escuelas de negocios a que alguien les sacuda el polvo para poner un ejemplo: «Joven emprendedor acierta con la fórmula, ajusta las clavijas de su empresa y se hace multimillonario». Fin de la historia. Conclusión: «Tú también puedes hacerlo; mañana analizaremos el proceso productivo de Ford».

Amancio Ortega Gaona, el padre de Zara, la decimoctava fortuna del mundo (2004) y subiendo según la prestigiosa lista *Forbes*, se caracterizó hasta el 15 de septiembre de 1999 porque historia y leyenda no conseguían ponerse de acuerdo.

Si la historia industrial comenzó con un cuco para resguardar a los bebés del frío, la leyenda creció porque nunca se había dejado fotografiar por la prensa. El desconocimiento era tal que lo ilustra a la perfección el desliz cometido por el periodista y escritor Manuel Rivas en su delicioso libro *Galicia, el bonsái Atlántico*, obra escrita en 1989 y revisada en 1994: «La historia había comenzado veinte años antes. Un industrial coruñés, Armando Gaona, abrió una fábrica de camisones y batas de mujer». La empresa declaraba el año referido unos ingresos de 174.000 millones de pesetas, contaba con 6.531 trabajadores y, sin embargo, el nombre y el rostro del dueño eran unos enigmas. El runrún llegó incluso a cuestionar su existencia, como apareció publicado en el rotativo lisboeta *Diário de Notícias* en noviembre de 1998 y cada vez que había que explicar un fenómeno que viró el rumbo de la moda salía a la palestra José María Castellano, la mano derecha del jefe.

El 15 de septiembre de 1999, en la séptima página de la primera memoria de Inditex, matriz de Zara, Amancio Ortega Gaona enseñaba su cara a los que no lo conocían, a los que dudaban de su existencia y a los muchos que decían conocerlo sin poder reconocerlo. A los que lo habían tratado pero habían perdido su rastro les dejó ver los estragos que causan los años. El chico flaco y decidido, ideólogo de una empresa que se estudia hasta en Harvard, se presentaba en sociedad con sesenta y tres años, más carne que hueso, cabeza reñida con el pelo, gesto contraído como si le apretasen los zapatos y, por supuesto, sin corbata.

Enigma resuelto. El hombre que había decidido seguir a pies juntillas el predicamento de Rockefeller de que «en los periódicos lo mejor es aparecer sólo en una breve reseña cuando naces, cuando te casas y cuando te mueres», sacrificó su vida por la obra de su vida.

La economía interpretó la primera foto como una pista que conducía a la salida a Bolsa; desde Inditex, una empresa que sólo cuenta desde hace cinco años con departamento de comunicación, se señaló a la primera memoria de la compañía para justificar la cabriola. Los dos tenían razón: Inditex retrasó su entrada en el parqué casi dos años, pero con el regalo se daba cuerda a un periodo de transparencia que terminaría con la compañía cotizando en el mercado de valores.

Otro de los motivos que se encontraron, fue la exclusiva que tenía preparada la revista *Gam* en la que aparecían las que iban a ser las primeras fotos de Amancio Ortega en familia, disfrutando de una tarde de hípica en Vigo. Días, casi horas antes de que la revista llegase a los quioscos, los resultados de la empresa en 1998 con la fotografía del presidente estaban ya en las rotativas de los principales periódicos de España. Exclusiva reventada. Empujada por el ímpetu de las publicaciones que buscan hacerse un hueco en el mercado, *Gam* insistió y buscó el filón detrás del mostrador de Inditex y lo tituló: «Los trapos sucios de Zara», en dos entregas. Lo ilustró en portada con unos calzoncillos en un tendedero. A Zara, que tiene defensores y detractores, la ocurrencia no le sentó demasiado bien, y ambos acabaron en los tribunales. La primera medida cautelar fue la prohibición al editor de que continuase escribiendo sobre Inditex. La revista cerró y sigue a la espera de una sentencia definitiva.

Inditex, en boca de Diego Copado, director de comunicación, insiste en que la culpa de que su jefe abandonase la trinchera del anonimato fue de la memoria. La escena se desarrolló de la siguiente forma: Copado se acercó a Amancio Ortega y le contó que estaba ultimando la memoria.

—Me parece buena idea —respondió Amancio.

—Pero en todas las memorias sale una carta y una fotografía del presidente —añadió el director de comunicación.

Recurrió al reglamento, para pedirle que se diese a conocer, sin demasiada convicción. Enviar cartas a los empleados para agradecer los buenos resultados es algo que Ortega tiene por costumbre, pero una fotografía parecía demasiado.

—¿Cuánto tiempo nos llevará? —preguntó Ortega.

—Unos quince minutos.

—Pues me la hago.

Y en la puerta de la fundación, que todavía se encontraba en obras, y a la que ha legado su nombre y las riendas de la empresa en el futuro, se enfundó una americana y con la misma guisa que gastó siempre se dejó retratar.

Para Inditex fue una inyección de cara a convencer a los inversores antes de irrumpir en Bolsa con un 26,09 por ciento de la empresa, para él comenzaba una vida distinta. El hombre que se paseaba por A Coruña con impunidad de mirada y comentario, el que bajaba al perro a la plaza que hay delante de su casa sobre las 21.00, se vio obligado a mudar de costumbres y, si ya era una persona entregada al trabajo, se atrincheró definitivamente en la fábrica.

El día que la calculada memoria fue entregada a la prensa, a los fotógrafos se les trizó la ilusión de entrar en la historia por la instantánea del empresario más escurridizo de Galicia. Sobre todo, a los que llevaban tiempo esperando un descuido.

Cacareado fue que durante la visita a las instalaciones de la empresa del candidato Aznar a la presidencia del Gobierno, un viaje que no podía esperar sirvió de excusa para que los honores de protocolo recayesen en José María Castellano. O que durante la peregrinación del Príncipe a Santiago y a Sabón, en la puerta lo recibió Castellano mientras Ortega aguardaba en el interior de la empresa.

Xurxo Lobato, responsable de fotografía de *La Voz de Galicia*, y premio Ortega y Gasset por las fotos del *Prestige* lo tuvo una vez a tiro en el aeropuerto de A Coruña. Lo asaltó y le dijo que sabía quién era y que le debía un favor por la foto que no le había robado. Amancio Ortega calló, pero correspondió al detalle permitiendo que lo inmortalizase por primera vez con Flora Pérez, Flori, su segunda esposa.

Mercedes Moralejo, fotógrafa también del rotativo con más tirada de Galicia, lo frió durante el Concurso de Saltos Internacional de Vigo, cuando todavía no estaba en circulación la recurrente fotografía de la memoria y sólo se conocía una imagen de su documento nacional de identidad publicada por *El Mundo* en 1995. «Un amigo me sopló que "ese señor de camisa blanca y pelo cano" era el dueño de Zara. Estaba alucinada haciéndole fotos robadas. Le hice cinco o seis», detalla Moralejo. Llamó al periódico anunciando la buena nueva, pero en el momento de descargar las imágenes de la cámara digital se encontró con que éstas se habían esfumado. «No suele pasar y yo tuve la mala suerte de que me sucedió con Amancio Ortega». Mercedes Moralejo no consiguió atrapar el sueño esa noche. «Estuve dándole vueltas y me decía que no podía robar fotos. Era incluso peor, porque hay tipos que te dicen que no pero ves que se están muriendo de ganas, que te están diciendo que sí. Al final decidí hablar con él antes de hacer la fotografía».

Moralejo acudió al día siguiente al recinto ferial de Cotogrande, se encontró con Amancio Ortega y se presentó como fotógrafa. Él le contestó que no hablaba con la prensa, pero al comunicarle que quería tratar un asunto personal, le invitó a sentarse en la grada. Le detalló al empresario más buscado de Galicia sus cuitas del día anterior y le pidió que se pusiese en su pellejo, porque sus jefes directos le pedían la fotografía.

—¿Qué haría usted si estuviese en mi lugar? —le preguntó.

—Cada uno en la vida necesita tener claro lo que quiere ser y cómo quiere ser y qué está bien y qué está mal. Si lo que quieres saber es si yo haría la foto, te contesto no; aunque por lo que me has dicho tampoco tú tienes claro si hacerla o no.

A esas alturas de la conversación estaba ya decidido que Ortega se iba a librar de ser fotografiado y, por el mismo precio, estaba quedando como un caballero.

«Me dijo que ahora mismo él tenía claro que hay cosas más importantes en la vida que el trabajo». Sin proponérselo, Moralejo se encontró entrevistando a la persona a quien más ganas le tenía la prensa. Y llegó la gran pregunta, la que todos querían formular.

—¿Por qué no quiere ser fotografiado? ¿Por qué no quiere ser una persona conocida? —inquirió sin malicia la fotógrafa, porque la respuesta no fue trasladada al papel ni la pregunta nació con esa intención.

—Porque, como hice siempre, me gustaría seguir haciendo cosas tan normales como dar un paseo por la playa o tomar un café en una terraza de la plaza de María Pita mientras leo el periódico. Sé que si empiezo a salir en los medios eso se acaba —afirmó Ortega.

—Me han contado que no quiere salir en las fotos por estar amenazado por ETA.

—Hay sistemas de seguridad para protegerte de ETA, pero la protección de la intimidad es mucho más difícil de conseguir y sólo se logra evitando ser un personaje público.

La conversación se prolongó durante una media hora y terminó porque su hija Marta se disponía a participar en el concurso de saltos. Amancio Ortega se ganó a una defensora para siempre y se salió con la suya.

Hay una máxima periodística que dice «fotografía publicada, fotografía quemada», pero la que apareció en la memoria de Inditex consiguió resistir un año y un mes en primera línea de archivo porque, sencillamente, no había otra del dueño de Zara. Estaba a punto de salir a la calle el diario *La Opinión de A Coruña* y buscaba un tema para ganar galones y lectores. A Víctor Echave, responsable de fotografía, le llegó el soplo de que Ortega, de vez en cuando, desayunaba en los alrededores del Club Financiero, en Matogrande, una urbanización de reciente creación. Era la imagen soñada. Para allá se fue con unos amigos que lo conocían, pues en un tema tan delicado no era cuestión de meter el zueco. La historia de la primera foto robada de Amancio Ortega tiene miga. «Nos sentamos en una terraza a esperarlo. Sobre las 9 apareció y se sentó con más gente. Me confirmaron que era él y ya me ves a mí, disimulando un objetivo 300 y escuchando lo que me decían por el manos libres. A una distancia prudente hice unos ocho disparos y en esto me dicen: "Cuidado, que se levanta uno. Tranquilo, que no corre, date la vuelta y al doblar la esquina pon pies en polvorosa". Se me saltó el auricular del manos libres y ya me ves atravesando La Vedra —principal salida de la ciudad— a toda pastilla con un 300 en la mano. No sé qué pensarían los que pasaban por allí. Nadie me perseguía pero, por si acaso, no paré hasta que estuve a un kilómetro».

Al mes de la carrera más angustiosa de Víctor Echave salió publicada por primera vez una fotografía de Ortega distinta a la de la memoria, sin que el retratado moviese un solo dedo por evitarlo. «No veas la de gente que nos llamó al periódico», cuenta el autor, al que le queda la espina de haberlo fotografiado llevándose un churro a la boca.

El protagonista de la desafortunada imagen se dio cuenta de que nada volvería a ser lo mismo. A los tres meses de estar en circulación la memoria era ya el empresario más conocido de Galicia, según una encuesta elaborada por Sondaxe que tocaba cuatro palos: *cuore*, deporte, cultura y empresa. A Ortega sólo lo superaron en popularidad el escritor Camilo José Cela y el futbolista del Deportivo Fran. El hombre que evitaba la notoriedad pública sacó varios cuerpos de ventaja a personajes como el escritor Manuel Rivas, la televisiva Paula Vázquez, el futbolista del Real Madrid Michel Salgado, el empresario Adolfo Domínguez o el presidente del Deportivo, Augusto César Lendoiro.

Decidió no buscar las cámaras, pero tampoco evitarlas. Se dejó ver con Manuel Fraga, presidente de la Xunta; con Xosé Manuel Beiras, líder del BNG; con el entonces ministro de Ciencia y Tecnología, Josep Piqué; y, sobre todo, consintió que lo cazasen con Flori y con su hija Marta cada vez que ésta participaba en un concurso hípico.

A medida que se dejaba ver en los periódicos, lo hacía menos en los sitios en los que era habitual.

Fue el precio que pagó por consolidar la empresa en el mercado de valores, por lograr que se hablase de su historia y la leyenda de la fotografía quedase en anécdota.

De *Cholo* a Amancio

Recomponer la trayectoria de Amancio Ortega es completar un puzle en el que las piezas se atascan y cuesta encajar. «Creo que le oí decir que era de Guipúzcoa», orienta su amigo íntimo Javier Cañás Caramelo. «Tengo entendido que nació en Valladolid», sugiere don Gregorio, párroco jubilado de Valoria la Buena, localidad natal de la madre del protagonista, mientras escruta las partidas de bautismo de los hijos del matrimonio Ortega-Gaona y comprueba que la del benjamín no aparece y si no aparece, dada la meticulosidad de la Iglesia con su archivo, es porque no fue bautizado en este pueblo de setecientos habitantes a 30 kilómetros de Valladolid, como sus tres hermanos mayores. Incluso los amigos con los que compartió juegos en la infancia son incapaces de señalar con seguridad un lugar y discrepan de que su nacimiento se haya producido en Busdongo de Arbás, provincia de León, en las rampas de la vertiente sur del puerto de Pajares, como han leído en la prensa.

La iglesia de Santa María de Arbás sólo guarda los libros de bautismo a partir de 1941. Más carburante con el que se podría acrecentar el mito gracias a que «los maquis durante la Guerra Civil utilizaron los libros para avivar el fuego. La mayoría de los nacimientos se reconstruyeron a partir de 1941 y él pudo hacerlo en otro sitio», indica el párroco, Primo Rubio. Muestra como ejemplo una partida en la que reza: «Según declaran los familiares, mengano nació en tal día y en tal lugar».

El azar se ha encargado de que la administración divina salvaguarde el lugar de nacimiento de Amancio Ortega, la terrenal lo desvela al que se acerque a comprobarlo. El Registro Civil del Ayuntamiento de Villamanín, al que pertenece Busdongo, conserva, caligrafiada con tinta azul, la partida de nacimiento de Amancio Ortega Gaona, hijo de Amancio Ortega Rodríguez y de Josefa Gaona Hernández, que vino al mundo el 28 de marzo de 1936, el mismo día que fue alumbrado el escritor peruano Mario Vargas Llosa, un día antes de que las urnas legitimasen en Alemania al partido nazi con un 99,9 de los sufragios y en una España en la que se estaba gestando una guerra entre hermanos.

La opinión pública española hablaba del regreso de Lluis Companys para hacerse cargo de la Generalitat de Catalunya, de la detención de José Antonio Primo de Rivera y de la elección de Manuel Azaña como presidente de la República. En el mundo de la ciencia suceden ese año dos acontecimientos que serían decisivos para ese niño que acaba de nacer: R. Valt presenta en sociedad la primera máquina para el procesamiento de datos mediante el sistema binario y aparecen las primeras fibras de poliéster y poliamida que tanto iban a incidir en el desarrollo de la industria textil.

El padre, ferroviario de profesión, había sido destinado a Busdongo en enero de 1935 para ocupar el puesto de montador de enclavamientos, tarea que llevaba desempeñando desde su ingreso en la compañía en su Valladolid natal el 21 de febrero de 1921. Su trabajo consistía en velar por el estado de agujas y vía.

Busdongo, por aquel entonces, contaba con mil trescientos habitantes, de los cuales más de un centenar trabajaban en la Compañía de los Caminos de Hierro de España, que junto con otras darían lugar a la actual RENFE. El motivo de tanta actividad, además de la mina de carbón y de una fábrica de cemento, era que en este pueblo a caballo entre León y el Principado de Asturias se cambiaba la máquina de vapor por el músculo de la electricidad para afrontar el puerto de Pajares.

Julio Marugán, último jefe de estación, recuerda que «sólo para colocar los frenos había cuarenta personas». Si lo normal era que cada siete vagones se instalase un freno, Pajares reclamaba uno cada cuatro, y se le añadía otro de repuesto para no tentar a la ley de la gravedad. «También se almacenaba y clasificaba mucha mercancía, porque el tren transportaba desde aquí a León dos mil quinientas toneladas y el puerto sólo se podía pasar con mil cien», recuerda Marugán.

El matrimonio Ortega-Gaona y sus tres hijos (Antonio, Pilar y Josefa) se instala en una casa de una planta en el centro del pueblo. En Busdongo no queda persona que recuerde la estancia de la familia, tampoco viven Beatriz, María Bernarda o Veneranda, las parteras por aquel entonces y que pudieron asistir al alumbramiento. Pero Enrique Riego, propietario del bar Quique, afirma que «Amancio le contó a un mozo de la zona que trabaja en Zara que según se salía de la casa en la que vivían a la calleja estaba la carnicería». Según esas señas, de la casa en la que nació el hombre que democratizó la moda sólo queda el esqueleto en pie. «Es muy probable que sea ésa porque en ella vivieron muchos empleados de RENFE y la carnicería estaba justo al lado», indica Enrique Riego, dueño de la finca, que no tendría reparo «en vendérsela si le hace ilusión».

Los Ortega sólo permanecieron en Busdongo año y medio y el tiempo ha borrado sus huellas. «Hasta nos enteramos de que el dueño de Zara era de aquí por la prensa. Ahora siempre digo que soy de los pueblos más ricos de España», el comentario es de Teresa del Campo, propietaria de Casa Maragato, antes Venta de la Paloma, fundada a principios del siglo XVIII y una de las más antiguas de la Ruta de la Plata. Los contados habitantes de uno de los tantos pueblos que se apagan en España sólo tienen un reproche: «Podría hacer algo por el lugar que lo trajo al mundo. Una fábrica de cremalleras o algo así». La portavoz vuelve a ser Teresa, que recuerda con nostalgia cuando en la escuela estudiaban cien niños y ciento veinte niñas. Ya no hay escuela ni médico y el párroco sólo va los domingos a oficiar misa. Incluso, la mitad del pueblo ha desaparecido como si nunca hubiese existido. Existió, porque también existe una fotografía en Casa Maragato y el testimonio visual evita que se ponga en duda lo que dicen los que resisten en Busdongo.

El 21 de julio de 1936, con un hijo de algo más de tres meses en el regazo de la madre, los Ortega abandonan Busdongo a petición del padre a la compañía. Las razones de la corta estancia y del cambio de destino son, para Julio Marugán, más prosaicas que la proximidad de la guerra: «Éste es un clima muy malo, tanto que hace seis años apareció todo nevado en el mes de julio. Como el clima era muy malo y el trabajo mucho, la gente paraba aquí poco. Cuando podías pedir traslado lo hacías. Sólo nos quedamos los que somos de la zona». La ermita del Buen Suceso los despide a unos kilómetros de Busdongo.

En Tolosa vive Amancio Ortega sus primeros años, pero su lugar en el mundo, el que se evoca cuando se habla de la niñez, al que siempre se vuelve, es Valoria la Buena, localidad natal de la madre, como se ha dicho. En Valoria, nombre con el que Amancio ha bautizado su yate, disfruta las vacaciones de verano y nunca falta en Semana Santa, cuenta Paulino Fernández Tomé, amigo de *Cholo*, apodo por el que es conocido Amancio, aunque, por la edad, «trataba más con su hermano Antonio», ya fallecido.

El abuelo materno, Antonio Gaona Zamora, fue también lo que se conoce por «un hombre hecho a sí mismo». No sabía leer ni escribir y construyó desde el oficio de albañil un pequeño imperio. «Amancio será muy vivo, pero el abuelo era como un lagarto», afirma un vecino. «El abuelo empezó de albañil, se hizo promotor, montó un café, un salón de baile y un molino de yeso, además de construir toda una manzana», enumera Paulino Fernández para demostrar el pedigrí del galgo que nos ocupa. «Desde pequeños los dos hermanos eran listos, pero Amancio pensaba cosas por todo lo alto. Ya cuando empezaban con el negocio, era Antonio el que le paraba los pies, porque Amancio en vez de comprar 3.000 metros de tela quería cincuenta mil». Con materia prima chica, negocio chico.

El hermano enraizó en Valoria. Se casó con una chica del pueblo, Primitiva Renedo, que dio, con Rosalía Mera, la primera mujer de Amancio, las primeras puntadas de un proyecto que concluyó en lo que hoy se conoce como Industria de Diseño Textil (Inditex) y se estudia en todo el mundo. Primitiva y Rosalía fueron las primeras que cosieron los cucos para abrigar bebés y las batas de *boatiné* rosas para ese muchacho que ya desde muy joven «soñaba con cosas por todo lo alto», pese a los intentos del hermano mayor de que volase más bajo.

Amancio no permite que el calendario cumpla tres veranos sin visitar Valoria y la hija de Antonio y de Primitiva, María Dolores, es de las que se presenta en cuanto aprieta el calor. En la bodega de la familia, que vendieron cuando el negocio perdía dinero para recomprarlo más tarde al doble de precio, meriendan y pasan las tardes en compañía de familiares y vecinos.

Valoria es uno de sus lugares en el mundo. Al otro llegó el 1 de agosto de 1944, cuando el padre cambia otra vez de destino para cerrar en A Coruña la maleta. *Cholo* tenía ocho años y la vida por empezar.

El 14 de abril de 1943, el dictador Francisco Franco inaugura el tramo Santiago-La Coruña de la línea de ferrocarril a Zamora. Tarda dos horas en cubrir los 60 kilómetros que separan las dos ciudades y unos setenta mil coruñeses, según cálculos del historiador Jesús María

Reiriz, acuden a presenciar el acontecimiento. La noticia, a modo de NO-DO, llega a Tolosa y Amancio Ortega padre piensa que A Coruña no es mal destino para pasar el trago de la posguerra. Hace falta personal cualificado y pide otra vez el traslado. La familia Ortega-Gaona fija su residencia para siempre en la ciudad herculina. El padre es ascendido en 1960 a jefe de brigada de enclavamientos, un año más tarde recibe un premio a la efectividad, en 1971 lo nombran jefe de equipo y en enero de 1972 decide jubilarse para contemplar el rumbo venturoso que ha tomado la vida de sus hijos.

Pero estamos en 1944. Los Ortega Gaona se instalan en la casilla número siete para personal de RENFE, a poca distancia de la estación A Coruña-San Cristóbal. Vecinos como Josefa Alvedro Rodríguez, que sigue viviendo en estas casas de planta baja, concretamente en la número seis, recuerdan todavía a la familia vallisoletana. «Eran unos vecinos muy educados. El padre era muy reservado, pero con Josefa —la madre— hablaba mucho. Íbamos a la compra juntas y era maravillosa, muy servicial».

En la tierra de la retranca el carácter seco de Castilla pasa dificultades para asimilar los códigos que se emplean en cualquier conversación. «Mi familia y la suya se hicieron muy amigas porque ellos eran de Valladolid y mi madre de Salamanca», cuenta Manuel Navarro García, hijo de jefe de estación de A Coruña y ex jefe de estación. «Antonio y yo, que éramos mayores que Amancio, alquilábamos bicicletas en Cachaza y nos dábamos auténticas palizas desde la plaza de Lugo hasta Monelos. A Antonio le encantaba el ciclismo, y recuerdo también que mis hermanas y su hermana Pilar iban a visitar iglesias los domingos. Eran los pasatiempos de aquella época», descubre Manuel Navarro, que no encuentra en la memoria a Amancio niño pateando una pelota de trapo delante de la estación, como sí hacía Antonio.

¿Está acaso predestinado el hombre? ¿Hay señales intermitentes que muestran como un faro evidencias de que esa persona está llamada a cambiar el mundo? «No lo sé. Le llevo cuatro años y cuando eres niño la diferencia es muy grande, pero lo que me llamó siempre la atención es que era un chaval muy serio para su edad. Lo veía pasar por la plaza de San Cristóbal con los libros bajo el brazo muy concentrado. Saludaba con educación, pero te dabas cuenta de que tenía un gran sentido de la responsabilidad», explica Navarro.

La misma responsabilidad que le llevó, a los catorce años, a abandonar el enredo de las letras para emplearse en la lustrosa camisería Gala, una vez que la familia decidió que Josefa (Pepita) cursase estudios de Comercio. Eran tiempos en los que sólo estudiaban las clases pudientes y en las familias con menos posibles sólo lo hacía uno. El primer empleo en la camisería Gala, fundada en 1931 por José Martínez Porto, anuló la última posibilidad de que alguno de los hijos del ferroviario siguiese los pasos del padre, como había hecho Manuel Navarro, de abuelo ferroviario, padre ferroviario y también hijo ferroviario.

El encuentro del mundo de la moda con Amancio Ortega o de Amancio Ortega con el mundo de la moda fue porque alguien recomendó al dueño de la camisería «a un chico muy trabajador que estaría dispuesto a echar una mano». José Martínez Varela, el hijo del dueño, tenía catorce años, los mismos que Amancio cuando éste comenzó en la empresa familiar. «Como era normal, empezó de chico de los recados. Limpiaba los escaparates, llevaba los paquetes y atendía el mostrador cuando había mucha urgencia», describe José Martínez.

Gala era por aquel entonces una camisería con mucha reputación en la ciudad portuaria. «La diferencia de clases era muy grande. Se encargaban las camisas a medida con las iniciales bordadas y había que llevárselas al cliente a su casa. Yo de vez en cuando le echaba una mano». Para el reparto se utilizaba una bicicleta Orbea aunque la mayoría de las veces se hacía a pie. Pese a que corre la anécdota de que Amancio Ortega llevó alguna camisa con las iniciales F. F. de Francisco Franco hasta el Pazo de Meirás, José Martínez lo desmiente: «Es de las cosas que se dicen, pero a Franco nunca le hicimos camisas. Al conde de Fenosa sí, pero no a Franco».

La jornada laboral comprendía desde las 9 a la 13.00 y de las 15.30 a las 19.30, sábados incluidos, «aunque muchas veces estabas repartiendo hasta las 22.00». En total cuarenta y ocho horas a la semana, sin contar con las que se regalaban a la empresa.

Y las vacaciones no superaban los diez días, «pero casi todo el mundo las trabajaba para cobrarlas porque hacía falta en aquellos tiempos de estrecheces». Amancio también lo hacía, quizá con la vista puesta en esa primera Vespa que ronroneó por las calles de A Coruña por primera vez en 1953. Él trabajó duro para comprarse una.

Ese adolescente que en Valoria llamaban *Cholo* correspondió a la persona que lo recomendó. Muy pronto demostró que era «un chaval despabilado y empezó a echar una mano de dependiente».

Permaneció tres años en su primer empleo y, paradójicamente, es uno de los pocos asalariados que abandonó la camisería, ya que hay dependientes que llevan cuarenta y seis años tras el mismo mostrador. «No se despidió por nada malo. En La Maja trabajaban ya sus hermanos Antonio y Josefa y se marchó con la idea de montar algún negocio con ellos», anuncia Martínez, que celebra los éxitos «de un hombre decente y muy trabajador».

La Maja: el ovillo de Inditex

Amancio Ortega abandonó con diecisiete años la camisería Gala para acudir al encuentro de sus hermanos Antonio y Pepita en la tienda de confección La Maja. Allí conoció a Rosalía Mera, que acabaría siendo su primera esposa. La Maja puede considerarse la cantera de Zara y el ovillo de Inditex. De esta pequeña cadena de establecimientos salieron los fundadores. Cuando este grupo, al que se sumó José Antonio Caramelo, se vio suficientemente rodado como para embridar su propio negocio, la popular tienda empezó a consumirse como una vela. Primero se fue Rosalía, luego Amancio, después Antonio. Finalmente fue Josefa la que cerró la puerta. Como La Maja un tiempo después. Había llegado a poseer tres comercios y un almacén, pero desapareció como muchos de los otros negocios con pátina.

La Maja —igual que Galerías María Pita, La Gloria de las Medias, For o Versalles, especializada en calzado— era una de esas tiendas a las que acudía a comprar todo aquél que era o quería ser en una ciudad nacida para estar siempre en domingo. Hasta hace no mucho, los mozos coruñeses canturreaban por las calles mojadas de vino y aguardiente tonadas que preconizaban la vida ociosa de la ciudad: «Vivir en Coruña que bonito es, andar de parranda y dormir de pie...». A la canción le seguía, para dar la farra por concluida, un dicho que esbozaba el pálpito de las principales urbes de Galicia: «Vigo trabaja, Ourense duerme, Santiago reza y A Coruña se divierte».

Amancio Ortega escucha estas voces quebradas por el alcohol mientras camina hacia la tienda de La Maja situada en la calle San Andrés, que hace de frontera con la zona de vinos, pero no cambiaría su pellejo por uno de los esforzados tenores. La obsesión de Amancio Ortega es independizarse, triunfar y casarse con esa chica del trabajo con la que pela la pava cuando nadie se da cuenta. No fuma, nadie lo vio de copas, y sólo se deja enredar en el ovillo del trabajo. Se permite el lujo de chatear en el bar Sarrión, en la calle Galera, propiedad de los Caramelo y que estuvo abierto hasta 1964 cuando la moda alcanzó de lleno la vida de las dos familias.

Amancio fue el primero de los hermanos Ortega que se marchó de La Maja y el último en llegar. Fue Antonio el que hizo de cuña para que entrasen los otros dos hermanos: Josefa y Amancio.

Antonio, un muchacho de corazón abierto y sonrisa contagiosa, se ganó con facilidad el cariño de los dueños, la familia Castro Quintás. En poco tiempo asciende de dependiente a viajante y cuando nace su única hija le pone de nombre María Dolores por doña Lola, la dueña de la tienda y la madrina de la niña.

Al principio Amancio Ortega trabaja en el comercio de la calle San Andrés. Se ocupa de atender el mostrador con Rosi —el apelativo cariñoso de Rosalía—, echa una mano con los paquetes y «cuando La Maja amplía el negocio con una nueva sede en la calle Real se va para allí» con la categoría de encargado, apunta Javier Cañás Caramelo, cofundador de la marca que lleva su segundo apellido y viajante de Zara en los inicios de Inditex.

El bar Sarrión se convierte en el punto de encuentro de la cantera de Zara por proximidad geográfica entre las tiendas de las calles San Andrés y Real. El café también se toma en familia. Los Ortega, los Caramelo y los habituales de la taberna fueron testigos de cómo se ponía la primera piedra al imperio. Unos porque eran los implicados, otros porque la preocupación de un amigo si se escucha varias veces acaba siendo de uno mismo, lo cierto es que en el Sarrión cuajó la idea de montar un negocio propio.

Y en la definición inicial del proyecto participaron todos. «Amancio y mi tío hablaban a todas horas de que tenían que crear su propio negocio: "Hay que hacer algo, hay que montar algo..."», recuerda Cañás Caramelo. En esa taberna se decidió que Rosalía y Primitiva —la mujer de Antonio, que tenía experiencia como costurera— serían las que coserían las prendas. Los hombres se encargarían de colocar el producto tanto en las tiendas de la ciudad como en las del norte de España. Todos tenían predicamento en los establecimientos de A Coruña, Antonio también en los del resto de Galicia y los Caramelo, experimentados viajantes de comercio, consiguieron representaciones que tocaban todos los puntos de España. Se trataba de atender dos negocios en el mismo viaje. El de La Maja y el que empezaba a nacer. Por probar no había nada que perder. Sólo Rosalía abandonó La Maja en los inicios de GOA, nombre elegido para la primera empresa con el sello de Ortega. En el bajo de la calle San Rosendo, Rosi podría así poner las manos en la máquina de coser y los ojos en la futura descendencia del matrimonio, aunque ésta no llegaría hasta el 19 de julio de 1968, día en el que nace Sandra.

El nombre elegido para este primer negocio también salió de las conversaciones que se mantenían en el Sarrión. Un administrativo que tenía cierta facilidad con el pincel y que era conocido por Caamaño, jugó con unas letras hasta confeccionar el nombre de la marca: GOA. Para llegar a GOA, escribió primero Antonio Ortega Gaona, debajo Amancio Ortega Gaona y se dio cuenta de que las iniciales de los dos hermanos coincidían. AOG no sentaba bien al oído, pero invirtiendo las letras del acrónimo resultaba GOA. A todos les gustó.

Como ya se ha dicho, la primera prenda que confeccionaron Rosalía y Primitiva en un bajo de la calle San Rosendo fue un cuco para abrigar bebés. Pero Amancio detecta un día que a las clientas se les van los ojos detrás de una bata del escaparate de La Maja, en donde, a estas alturas, todavía seguía trabajando. Así que decide empezar a fabricar batas pero invirtiendo la cuenta: en lugar de fijar el precio en función de los costes de confección, decide adaptar estos últimos a la cantidad por la que pretende vender la prenda. Pura filosofía Zara.

Las primeras batas de GOA se venden también a La Maja, aunque en una de las entregas Amancio sufre en su carne la prepotencia de

José Blanco Castro, primo del dueño, que tira al suelo las prendas menospreciando su calidad.

El cuco para bebés significó perder el miedo, soltar músculos y calentar agujas. Pero a estas alturas, Amancio Ortega Gaona tiene ya una etiqueta, una bata y su primer equipo. Con 5.000 pesetas de capital, se la va a jugar, según ha contado a sus allegados José María Castellano, vicepresidente y consejero delegado de Inditex. Despachemos primero al hombre porque el negocio tiene tela.

La trampa de la vida

Amancio Ortega y Rosalía Mera se conocieron en La Maja, se casaron a las 5 de la tarde del 7 de agosto de 1966 en la parroquia de San José, tuvieron dos hijos —Sandra y Marcos (éste nació con una discapacidad psíquica)— y se divorciaron de mutuo acuerdo en 1986 tras veinte años de matrimonio eclesiástico. Amancio volvió a casarse. Lo hizo en 2002 con Flora Pérez Marcote, ex empleada de Zara. Con su segunda mujer tiene una hija, Marta, que nació en 1983.

Las personas que han aceptado reconstruir la vida de Amancio Ortega sugieren que el tema del amor sea despachado con los cuatro datos que aparecen en los documentos. «A mí, como lector, me interesa cómo ha hecho el negocio, cómo ha conseguido hacer un imperio desde A Coruña. Me da igual cuántas veces se haya casado Henry Ford, quiero saber cómo montó su empresa». Javier Cañás Caramelo no sólo avisa de que el tema no procede, sino que introduce el debate. La respuesta es sí y no. El dormitorio no. La revista *Forbes* le calcula a Amancio Ortega una fortuna de 10.300 millones de dólares, que lo convierten en el decimoctavo hombre más rico del mundo, el quinto más acaudalado de Europa y el español con más posibles. La misma publicación incluyó a principios de 2003 a Rosalía Mera en su lista: 1.700 millones de dólares se le estiman, puesto 236. Es la mujer española con más recursos. Ya no están casados, pero lo estaban cuando emprendieron la aventura empresarial con Antonio Ortega y su mujer, Primitiva Renedo.

«El amor es una dimensión imaginaria de la afectividad. Es una trampa, tiene más que ver con una ilusión que con la realidad. Las mujeres no tendríamos que hipervalorarlo tanto, porque te hipotecas por algo que no es tangible, que no es duradero». Son palabras de Rosalía Mera en una entrevista publicada en *La Voz de Galicia* en mayo de 1998.

Quedaría así ventilado en la elaboración de la biografía oficial el primer matrimonio del protagonista. Pero es necesario aportar cuatro datos más de su primera esposa: se trata de la mujer más rica de España.

Rosalía Mera nació en el barrio del Matadero en 1944, en plena ensenada del Orzán. A los once años decide que ya sabe «suficiente» y que tiene edad para cambiar la escuela por un trabajo. En casa de una hija de un empleado de Fenosa lo comprenden porque todos arriman el ascua a la economía familiar. El matadero municipal suele ser el destino laboral de los mozos del barrio, pero Rosi consigue empleo en la tienda de confección La Maja.

En ella se encuentra con Amancio Ortega, un chico flaco, introvertido y muy educado. Pronto prende la llama del amor entre la dependienta y el encargado de la tienda. Rosi es una muchacha de ojos vivos que destaca por su figura esbelta. «Era la chica que probaba los bañadores porque se trata de una prenda que no se puede comprar sin ver antes cómo sienta. Cuando se hicieron novios Amancio me pidió que fuese otra la que se ocupase de esta tarea y a mí me pareció lógico», recuerda José Luis Castro Quintás, propietario por aquellos tiempos de la *boutique*. Tras arruinarse por las vueltas de la vida pasó de jefe del clan Ortega a empleado de Inditex. La Maja llegó a contar con más de treinta trabajadores y a tener capital suficiente como para «comprar media calle Real, pero si ganas veinte y gastas cincuenta ya sabes lo que pasa. A mí me arruinaron», afirma José Luis, que evita profundizar en el problema familiar.

Amancio Ortega llama a su ex jefe cuando se entera del desenlace del negocio de los Castro. Charlan en un despacho de Sabón y le ofrece un puesto de trabajo. «Yo salí de La Maja con 1.000 pesetas, mis medicinas y con cuatro hijos a los que no podía dar de comer. Me acababa de operar, pero necesitaba trabajar y le estoy muy agradecido». Lo hace durante ocho años en las oficinas de Inditex. El dolor por la quiebra de la empresa y varias operaciones de corazón han empañado el recuerdo de esos años que compartió con los tres hermanos Ortega y con Rosalía Mera. «Antonio era de casa. Comía con nosotros casi todos los días». Con Amancio, que es un año mayor que José Luis Castro Quintás, acudía al gimnasio Labordeta en una época en la que la educación física era casi patrimonio exclusivo de deportistas: «Amancio era tan delgado que incluso le aconsejaba que no hiciese ejercicios que exigiesen mucho esfuerzo».

José Luis Castro Quintás sólo tiene buenas palabras para el que fue su trabajador y amigo: «Era sencillo, humilde y afable. No tenía una conversación muy amplia, pero sí atendía muy bien al público. La clientela notaba enseguida que era educado y muy respetuoso». En la tienda era apreciado. Lo demuestra el hecho de que como regalo de bodas se eligiese un reloj de oro, con la pulsera también del noble metal. «En aquellos tiempos en la ciudad habría cuatro personas que tuviesen un reloj de esas características», recuerda a la perfección José Luis, porque fue el encargado de adquirir la joya.

Es el año 1966 y Amancio y Rosi «adquieren un piso en el barrio de Monte Alto, calle Forarey, número 25, por valor de 150.000 pesetas» gracias a un préstamo de la caja de ahorros. Al regreso del viaje de novios, en La Maja doblan el sueldo del encargado. Tres años antes, Amancio había emprendido su viaje hacia el éxito. Rosalía Mera abandona la tienda para participar en la creación del negocio. Son años en los que el fundador de Zara hace encaje de bolillos para compaginar el trabajo en la *boutique* y en el taller de la calle Noia. Hasta que llega un momento en que su negocio le reclama dedicación exclusiva. «Me dijo que no podía con las dos cosas y a mí la verdad es que me dio pena que se fueran primero él y luego sus hermanos», afirma José Luis Castro. La Maja es de los primeros establecimientos que adquiere las batas de Ortega para el almacén de venta al por mayor. «En comparación con las prendas de hoy, la calidad no desmerecía. Se habló de que desteñían, pero hay colores como los granates que resulta imposible que la prenda no suelte tinte», opina Castro Quintás con conocimiento de causa.

El negocio de Ortega marcha a buen ritmo en contraste con su primer matrimonio. El nacimiento del segundo hijo, el 1 de mayo de 1971, con una discapacidad psíquica distancia a la pareja y en 1986 se divorcian de forma amistosa. Rosalía llevaba desde 1973 alejada del trabajo en la empresa familiar, pero desde ese momento se ocupa en exclusiva de la Fundación Paideia, creada para luchar por la reinserción de personas discapacitadas. La fundación concede un premio con el nombre del hijo: Marcos Ortega Mera.

Al dejar de participar directamente en el proyecto que desembocará en el actual Inditex, Rosalía Mera invierte el proceso de su vida. Deja de trabajar para volver a estudiar. Empieza la rama sanitaria de formación profesional, pero pronto se pasa a Magisterio. Le sirve de gran ayuda para afrontar un problema de difícil explicación.

Apasionada del psicoanálisis, de la tertulia y de la literatura, se ha rodeado de la intelectualidad gallega. La propietaria del 6,99 por ciento de las acciones de Inditex y del 5 por ciento de la farmacéutica Zeltia se confiesa de izquierdas y fue una de las cabezas reconocibles en las manifestaciones convocadas por Nunca Máis para protestar por la gestión de la catástrofe del *Prestige*. En los balcones de la sede de la Fundación Paideia en la plaza de María Pita, justo enfrente del Ayuntamiento, se colgaron las primeras banderas negras con la franja azul de apoyo a la plataforma. El Gobierno en pleno las vio cuando se celebró en el palacio de María Pita el consejo de ministros para buscar solución a la mayor desgracia ecológica que ha sufrido Galicia.

Rosalía Mera era alérgica en un principio a los medios de comunicación, pero ha comenzado a hacer concesiones. «Me sirven para difundir los valores de la fundación y me aprovecho de mi posición». Acaba de decir que no le hace ni pizca de gracia la idea de aparecer en la biografía del ex marido. Declina la opción a la tremenda y con una carcajada en la boca: «No quiero hablar de este tema ni que me conozcan porque quiero seguir haciendo *top less*». Es viernes y la reivindicación feminista se hace en Os Belés, taberna con aserrín en el suelo en el barrio obrero de Monelos. Punto de encuentro de excelentes voces que se citan para cantar hasta la madrugada. Rosi, como sus amigas de toda la vida, es de las habituales. Es una abuela orgullosa que se enfada cuando se pone en duda que sepa a cuánto va el kilo de judías. Lo sabe. Desde siempre ha ido de compras a la plaza. A la de San Agustín cuando trabajaba en La Maja y a la plaza de Lugo cuando se trasladó con su marido para vivir en el paseo de Ronda, puerta con puerta con la familia Ortega. Ellos ocupaban dos pisos en el octavo; el hermano de Amancio, Antonio, vivía en el séptimo y los padres en el décimo.

Si Rosalía decidió velar por las personas discapacitadas como respuesta al problema del hijo, Amancio Ortega encontró la evasión en el negocio para conseguir en una generación lo que al resto de patrimonios importantes le suele llevar dos o tres.

La primera tienda que abrió a finales de 1971 en la calle Torreiro, su fijación, compendia la filosofía de Zara pese a que tuvo que entregar la cuchara al año siguiente. Sprint, le llamó, y se puede tomar como el manifiesto de intenciones de una persona que siempre pone peros aunque le guste el resultado: moda rápida. El logo elegido para un comercio que ofrecía prendas de diseño vanguardista pero de baja calidad fue una antorcha. El escaparate era imponente y anunciaba las coordenadas por las que se guiaría el resto de su vida pese al primer batacazo. No son otras que las que predicaba la vieja escuela: «En una tienda hacen falta dos dependientes y un tercero, que es el mejor, el escaparate». Amancio Ortega nunca creyó en la publicidad pese a que en un principio anunciaba la apertura de nuevas tiendas. Con el escaparate y el boca a boca le bastaban.

Superado el traspié que supuso el cierre de Sprint, desatiende el consejo de la razón que sopesa la opción de ubicar el comercio en otra plaza. Regresa a la calle Torreiro en 1975, pese a que el primer Zara había sido inaugurado con éxito seis meses antes en la calle Juan Flórez. Ahora media calle Torreiro le pertenece y la rumorología le atribuye cada día la compra de un nuevo edificio. Es en este Zara, en Torreiro, donde tropieza otra vez con el amor. Se enamora de Flora Pérez Marcote, la encargada de su tienda preferida.

Son años de entrega absoluta al proyecto. La empresa no sólo confecciona las prendas, sino que también las vende. Las tiendas Zara comienzan a brotar como las setas siguiendo la ruta del camión. Si se conquista Salamanca, a continuación caerán las ciudades próximas. La línea argumental parece sencilla, pero el éxito de Zara también se apoya en la sencillez de un hombre que esquiva las estridencias. Los vecinos de la familia Ortega en el paseo de Ronda asocian la figura de Amancio a una maleta, a un estar hoy aquí mañana en otra parte. Recuerdan conversaciones con los padres, con Rosalía, con Antonio, con Sandra

—la hija que estudiaba a unos metros de casa en el colegio de monjas Las Esclavas— y tampoco han olvidado a Marcos. La relación con Amancio Ortega se ciñe a un hola y adiós cortés con una maleta de por medio.

Las ausencias constantes no son el mejor abono para una relación, ésta se resiente y por mucho amor que se profese, los hijos no siempre pueden amarrar un matrimonio que marcha a la deriva. Flori es trasladada a la tienda de Vigo en un último intento de restañar la relación con Rosalía, pero Amancio Ortega abandona el domicilio familiar para instalarse en la céntrica plaza de Ourense. A veces duerme en una habitación que ha montado en la fábrica. Sólo se concede el gusto de desayunar los domingos unos churros en La Popular, mientras un limpiabotas lustra sus zapatos. Con la desaparición de este oficio se fue también uno de sus mayores placeres. Ahora le quedan las cenas en el Pazo de Anceis con un número reducido de amigos. Los huevos fritos con patatas, ternera, verdura y fruta de sus huertos componen el menú. Los comensales preferirían otras delicias gastronómicas de la tierra como el marisco, pero si al patrón le pirran los huevos, huevos se come en la mesa de *El pobre*, sobrenombre que le pusieron los compañeros de la pachanga de fútbol.

Desde su infancia ha sido una persona de amigos contados y no le importan los actos sociales. Pocos y leales. Desconfía de las amistades hechas en los últimos diez años porque cree que es muy difícil discernir cuándo habla el adulador y cuándo lo hace el amigo. Él, que se ha caracterizado por tener un olfato atinado para contratar a esa persona que podía aportar los conocimientos que le faltaban para que la empresa continuase medrando, sospecha de las nuevas compañías. Los que quieran acercarse, y la lista de candidatos para ser invitados a las cenas se ha multiplicado como sus tiendas, tienen que mostrar un interés sincero por sus asuntos. Comentada en la ciudad fue la anécdota de una persona que se jactaba de conocer a Ortega sin saber que se lo estaba contando al aludido. Es lo que trata de evitar.

El 13 de enero de 1987 la muerte sorprende a su hermano Antonio, aquejado de un cáncer de huesos, con cincuenta y nueve años, dos antes de que la empresa por la que luchó diese el salto internacional porque el camión ya había completado toda la ruta. Fue otro revés para el benjamín de los Ortega, que no olvida que cuando fue necesario jugarse los ahorros durante el nacimiento de la empresa, la hucha de Antonio era algo mayor por las suculentas comisiones que revertían en la figura del viajante. Amancio queda destrozado. El dolor le impide acudir al entierro.

El 7 de enero de 2001 fallece en A Coruña la madre, Josefa Gaona. Se queda sin la persona por la que sentía una devoción incondicional.

Un año después, enjuga la pena al casarse en su Pazo de Anceis con Flora Pérez Marcote. La boda civil la celebra el alcalde de Cambre, Antonio Varela Saavedra. Flori es una persona sencilla. Tampoco es dada a la ostentación. Los que la conocen la definen como una mujer alegre y despierta.

En el otoño de su vida Amancio Ortega ha bajado la guardia en lo que se refiere a la protección de la intimidad. En los concursos hípicos se puede ver a padres e hija como unos espectadores más. Con Marta, nacida en 1983, le une la complicidad de los caballos. Gracias a ella, al hombre que declaró «sólo hago lo que debo, trabajar y trabajar» cuando fue nombrado hijo adoptivo de A Coruña —también lo es de Arteixo—, ya no le obsesiona tanto el trabajo. Sigue atento a lo que viste la gente —«por favor, esta camisa no la mires que me costó muy cara en Italia», le pidió una vez una amiga de la familia, temerosa de que la prenda fuera fusilada—, continúa consumiendo el día en la fábrica, pero a las 21.00 regresa puntual a casa.

Las cámaras han cambiado de diana. El interés por el padre ha pasado a la hija y los rumores sobre sus noviazgos se suceden. Primero se la relacionó con el hijo de José Bono, presidente de la Junta de Comunidades de Castilla-La Mancha. «Marta es una gran amiga, compartimos la pasión por los caballos pero nada más», afirma José, el retoño de Bono, que opina que «Amancio es la persona que más ha hecho por la hípica en España». El corazón de la heredera lo ocupó el hijo del presidente del Banco Pastor, pero hay voces que dan por terminado el noviazgo. Por el momento, sus grandes preocupaciones consisten en completar los estudios de Gestión y Administración de Empresas, que cursa en Londres, y en mejorar sus cualidades como amazona. Pero empieza a ser habitual en las revistas del *cuore*. Su mayoría de edad la celebró en el Playa Club, una discoteca desde la que se contempla toda la ensenada del Orzán. A la fiesta acudieron ciento cincuenta invitados y fue portada del periódico local *La Opinión*.

Son los primeros gestos del cambio. Amancio no va a durar siempre. Incluso hay voces que apuntan a que como el imperio lo hizo él, también acabará con él.

Veinticuatro horas con el jefe

Cuando hace dos años la revista *Forbes* incluyó por primera vez a Amancio Ortega en el club de las cincuenta personas más ricas del mundo le atribuyó tres aficiones: es un gran coleccionista de cuadros, posee una bodega con los caldos más exquisitos y su pasión por el fútbol le ha llevado adquirir un gran paquete de acciones del Deportivo de La Coruña. Pleno en desaciertos. «Amancio compró algún cuadro, pero no tiene una gran colección ni es coleccionista. Tampoco posee una bodega elaborada. Le gusta tener algún vino bueno para obsequiar a sus invitados, pero él no suele beber. Y nunca hablamos de fútbol. Creo que no le gusta». Manuel Fernández de Sousa-Faro, presidente de Pescanova y amigo de Amancio Ortega, desmonta las tesis de *Forbes* y de muchas informaciones que iniciaron ese camino. Amancio Ortega representa el éxito de un tipo sencillo. No es pose. Su plato preferido son los huevos fritos con patatas.

Según dice el informe sobre la riqueza en el mundo, elaborado por las consultoras Merrill Lynch y Cap Gemini Ernst & Young, en España hay ciento diez mil millonarios, cifra que supone el 4,23 por ciento del total de los adinerados europeos. Las grandes fortunas —que se concentran en el triángulo Madrid, Barcelona, Valencia— van de la mano del lujo, la ostentación y la excentricidad, la mayoría de las ocasiones.

Amancio puede ser tomado como un marciano. Se ha saltado las barreras geográficas y su excentricidad más notable es llegar a la empresa el primero y marcharse el último. Sus caprichos consisten en un moderno jet Bombardier, adquirido en el año 2000 por 5.200 millones de pesetas; un yate amarrado en Sanxenxo, el *Valoria*, que apenas sale de puerto; y el linajudo Pazo de O Drozo como segunda vivienda, en

Anceis, término municipal de Cambre, a unos 12 kilómetros de A Coruña. El desembolso para adquirir este palacete del siglo XVII rondó los 200 millones de pesetas en 1991. Lujos prosaicos para una persona cuya fortuna está valorada en 10.300 millones de dólares, según la revista *Forbes*.

Javier Barral, que lo conoce desde sus comienzos en La Maja, lo recuerda «con camisa oxford azul o blanca y jersey de pico azul marino o chaqueta cardigan y sigue igual». El padre de la moda a precio razonable pasa de tendencias, casi se podría decir que viste de uniforme.

La única diferencia entre un día en la vida de Amancio y la de cualquier mortal, es que mientras el primero echa cuentas para ganar millones, el segundo lo hace para llegar a fin de mes.

Amancio Ortega Gaona descorre las cortinas del salón de su casa a las 7 de la mañana.Vive en el céntrico barrio de Zalaeta en 400 metros cuadrados conseguidos por la unión de dos pisos en un edificio construido por una empresa participada por Inditex. Desde la publicación de su fotografía y de algunos detalles de su vida al barrio le llaman *Zaraeta*. Escucha el chasquido que producen las olas en la pelea que mantienen con la balaustrada del paseo marítimo. Enciende la radio y se prepara un café mientras espera a que lo recojan los guardaespaldas para acompañarlo hasta el Club Financiero. La dichosa fotografía publicada en la memoria y el revuelo que provocó le siguen dando la lata. Con gusto se iría en su coche, pero desde ese momento nunca va solo por la calle. Echa de menos los paseos con el perro por la playa. Sólo un centenar de metros lo separan de la arena. Tan cerca y tan lejos.

Hace un par de años todavía era habitual verlo en el Zara de la calle Torreiro. Mientras Flori, su mujer, acudía a la peluquería de la tienda de Berskha él echaba un vistazo en la tienda. «Cuando teníamos mucho jaleo nos ayudaba a doblar la ropa —afirma una dependienta—, era una sensación extraña tener al jefe doblando a tu lado». También causaba sorpresa sentir la vigilancia de los guardaespaldas.

Faltan unos minutos para las 8 de la mañana y dos coches salen del edificio. El frutero se apresura para despedirlos. En el barrio se ha corrido el rumor de que es un miembro de la seguridad de Amancio. Pocos creen las habladurias, pero son muchos los que han contribuido a propagar la noticia sin ser conscientes de que es cierta.

Amancio entra en el garaje del Club Financiero. El coche de la escolta espera en el exterior a que haya que reiniciar la marcha hasta la sede de la fundación en Sabón. No suele haber sorpresas en el libro de ruta.

Dedica unos minutos a hacer un poco de ejercicio, se da un baño en la piscina y se reúne con sus amigos para desayunar.

«Antes era un apasionado del tenis. Le gustaba muchísimo. Siempre se preocupó por conservar la forma», cuenta Javier Cañás Caramelo. Al gasto energético del tenis le añadía el de la pachanga de fútbol de los viernes, que también disputaban los empleados. Era otra manera de hacer empresa. «Y aunque era Amancio, le daban patadas como a otro cualquiera», subraya. Quizá se las diesen precisamente por ser Amancio.

Aparte de él, no hay representantes significativos del sector textil en los desayunos en el Club Financiero. Lo acompañan pequeños empresarios de la ciudad. Los negocios representados en la mesa son una industria del frío, una agencia de publicidad, una empresa de bombas de agua y una tienda de decoración.

La pandilla copa las tres mesas que hay delante de la barra convirtiéndola en una. Desmenuzan los periódicos mientras dan cuenta de un desayuno a la inglesa. A veces, lo riegan con una botella de vino, que Amancio no suele probar. Los límites de la tertulia los marca la amistad. Hay chance para bromas y a Amancio le ha caído el apodo de *Penique*. «Si ser rico consiste en eso, prefiero quedarme pobre», le han dicho en más de una ocasión por sus constantes vitales.

El pobre rico o rico pobre para algunos no quiere estar en otro sitio que no sea su fábrica. Pobres pobres que se atreven a juzgar, debe de pensar Amancio.

A la empresa llega de los primeros. «Yo entro a las 9.30 y ya está allí. Me voy a las 19.00 y continúa en la sección de señoras». Lo afirma una empleada que trabaja codo a codo con el jefe. «Si no tiene que hacer un viaje, allí lo encuentras. A veces te relajas porque sabes que se ha ido a Londres y al mediodía lo tienes de vuelta».

No se da un respiro ni se lo concede a los demás. Cuando Ortega, así lo llaman todos los empleados, se toma quince días de vacaciones en Inditex hacen apuestas sobre cuánto tiempo podrá sobrevivir alejado del trabajo. «A los tres días se pasa. No falla», comenta uno de los que acierta casi siempre la porra.

«A lo sumo se va un par de días de vacaciones hasta A Toxa o los pasa en Anceis, pero no más», puntualiza Cañás Caramelo.

La fundación es su cobijo. No utiliza su despacho de la zona noble donde campan los ejecutivos porque tiene mesa propia en el centro de la sección de señoras, aunque revolotea por todas partes aconsejando y corrigiendo. Ha nacido con el olfato de detectar lo que se va a llevar. Ese botón más abajo, el estampado de este otro color, la cremallera en este sitio, el cuello vuelto no pega aquí...

A Ortega le sorprende la hora de la comida. «Entra en la cocina, elige el menú y sale zampándose una patata. Se sienta siempre en la cabecera de la misma mesa, pero en el comedor con todos nosotros. A los proveedores de Asia o de otra parte les ponen un mantelito, pero a él no». La única prebenda es que le llevan la bandeja a la mesa. Y su patrimonio es de 10.300 millones de dólares.

Sólo quebranta esta rutina si tiene una visita que él considera distinguida. En ese caso, y no sucede con frecuencia, o almuerza en uno de los salones privados o acude a El Gallo de Oro, en Arteixo.

La tarde también se le va entre trapos. Sólo se apresura si Marta, su hija, acude a entrenar a la hípica. Ella le ha contagiado el amor por los caballos hasta tal punto que le montó en la antigua granja O Corzo, en la parroquia de Larín (Arteixo), un centro hípico que pasa por ser el mejor de Europa. Le puso de nombre Casas Novas y fue inaugurado el 15 de diciembre del año 2000 con la presencia de las principales autoridades de Galicia.

¿Recuerdan lo que decía su amigo de la niñez?: «Siempre pensaba en hacer todo a lo grande». Nueve millones de euros fue el precio y lo dirige su sobrino político y director general de Inditex, Juan Carlos Rodríguez Cebrián.

Amancio acostumbra a pasar las mañanas de los domingos leyendo el periódico en la cafetería de la hípica, porque es el día de descanso en el Club Financiero.

Casas Novas, el Ascot gallego, concitó en el último concurso de saltos a cuatro mil personas. Una barbaridad si se tiene en cuenta que en Galicia entre vaca o caballo se prefiere vaca. Aquí encuentra Amancio momentos de sosiego. Consigue olvidar esa cremallera que no encuentra su sitio en la chaqueta o ese edificio al que ha echado el anzuelo para montar una nueva tienda que se resiste.

Al igual que en el Pazo de O Drozo, al que acude los fines de semana. Dicen que le gustaría fijar su residencia en esta casa con galones, pero que Flori no está por la labor. No parece probable que se traslade allí, máxime si se tiene en cuenta que está restaurando un edificio en el Parrote, donde las galerías de La Marina regalan cada atardecer malabarismos de luz.

Los vecinos de Anceis no saben indicar dónde está el pazo propiedad de Amancio Ortega. Sólo cuando se pregunta por el pazo del dueño de Zara responden: «Ah, *el de O Zara*».

El Pazo de O Drozo linda con el Pazo do Conde, se empezó a construir en el siglo XVII y se terminó en el siguiente. Cuenta con capilla y una extensión de terreno de algo más de 42.000 metros cuadrados, cercados por un alto muro de piedra. Dos matrimonios de confianza administran la despensa de la familia Ortega. Entre los cipreses y carballos, cultiva tomates, lechugas y todo tipo de hortalizas, además de poseer una cabaña ganadera compuesta por una docena de vacas de carne.

Amancio no es hombre de vicios ni de pasiones desaforadas. Sólo tiene una y es confesable: los coches. Serían necesarios varios rimeros de papel para detallar el historial de su parque automovilístico. En 1979 conducía un BMW 733i y siempre se decantó por la gama más alta. La razón hay que buscarla en su miedo a volar y a la gran cantidad de kilómetros que tuvo que hacer cuando Zara comenzó a multiplicarse. «Fíjate si tenía miedo a volar a París, que en el primer viaje fuimos en tren», explica Cañás Caramelo. «Para entrar en el coche tenía que apartar antes a una docena de niños», recuerda un vecino del paseo de Ronda con la intención de explicar cómo se las gastaba con los utilitarios. Incluso sucumbió a la tentación de comprar un Porsche color dorado. Se deshizo pronto de él. «Era espectacular, pero no valía para viajar», aclara Cañás Caramelo.

El temor a volar tuvo que vencerlo cuando no le quedó más remedio por la dimensión que había adquirido el negocio. Eran tantos los viajes que en febrero de 1990 estudia la adquisición de un Falcón 900.

Realiza un viaje de prueba entre París y Madrid y en el trayecto se avería uno de los motores. Tras hacer escala en Barajas emprende vuelo hacia A Coruña. Tienen que realizar un aterrizaje de emergencia en el aeropuerto de Alvedro por daños en el segundo motor. Al llegar a la sede central de Inditex, en Sabón, Amancio Ortega da la orden de compra del Falcón 900 por 2.500 millones de pesetas. Nada peor podría pasar y estaba con vida para contarlo. El avión se alquila cuando no es utilizado por la empresa y el equipo de trasplantes del Juan Canalejo tiene preferencia a la hora de acceder al aparato.

En el año 2000 jubiló el Falcón 900 y adquirió un jet Bombardier, como se ha dicho, con capacidad para doce pasajeros y autonomía de vuelo de trece horas. Su base está en Santiago. Esta compra obedece más a razones empresariales que a una veleidad de nuevo rico, en un hombre que hace gala del ahorro de gestos ostentosos. Según su ideario, se puede decir que se le fue la mano al poner a remojo un yate de lujo ese mismo año. Seis millones de euros por 32 metros de eslora, 6 de manga, 2 terrazas, camas para 8 tripulantes, salón, cocina, comedor, 2 motos de agua y 2 motocicletas. El *Valoria*, lo llamó así por el pueblo natal de su madre, fue construido a su gusto por la empresa italiana Maiora y tiene plaza de amarre en Sanxenxo hasta el 2027 por 420.000 euros. Su vecino es el yate de Juan Carlos Rodríguez Cebrián, el *Tumberry II*. En Sanxenxo cuentan que este *ferrari* de los mares todavía espera a su dueño.

Cae la noche y Amancio Ortega le sigue dando vueltas a esa cremallera que no encuentra sitio en la chaqueta. Quisiera salir a dar un paseo con el perro, pero tampoco es cuestión de hacerle la faena a su guardaespaldas, Manolo *el Pistolas*.

Capítulo II
Los primeros zurcidos

Entre cucos y batas

«Menudo par se juntaba en el Carrión». El par al que se refiere Javier Cañás Caramelo lo forman Amancio Ortega y su tío José Antonio Caramelo, por entonces viajante de La Maja. «Los dos pensaban a todas horas en hacer cosas, en cómo mejorar esto, en la manera de resolver lo otro. "Tenemos que montar algo, si pueden hacerlo los catalanes, ¿por qué no vamos a poder hacerlo aquí", decían y así se empezó, cosiendo saquitos para que fuesen tapaditos los bebés y no batas como dice la gente». Por supuesto, como la famosa bata, los cucos también eran de *boatiné*.

Al poco tiempo, porque los cucos rentaban poco, decidieron fabricar batas, aunque a las alturas del calendario en que nos movemos fabricar puede resultar un verbo demasiado pretencioso. Rosalía se despidió de La Maja y en un lóbrego bajo alquilado en la calle San Rosendo, frisando con la estación de tren, se instaló con Primitiva Renedo para que ese «algo» soñado por Amancio tomase cuerpo, porque hacer que adquiriese forma costó lo suyo. «Las dos cosían y diseñaban aquellas batas y nosotros colaborábamos un poco porque éramos los que traíamos la información de la calle», recuerda Cañás.

Antes, Rosalía y Primitiva habían destripado en casa de la última una bata rosa confeccionada en Cataluña, con ribetes azules, botones forrados, cuello vuelto y tacto suave para conseguir, con más voluntad que pericia, el primer patrón de cartón marcado a tiza. «Que haya sido más o menos costoso hacer un patrón es cierto, pero que la primera bata destiñese es una mentira que se ha corrido. Pudo haber algún problema, como que en 5.000 metros de género viniesen cincuenta mal acabados, pero que destiñesen los cuellos de la primera bata no es cierto. Al contrario, dábamos la máxima calidad que había en el mercado de tejido a unos precios que eran de coña, por lo que tampoco se podía exigir calidad más alta», insiste Cañás Caramelo con un mohín de enfado en las arrugas de la cara ante el comentario extendido de que con el primer lavado se acababa la bata.

En menos de 100 metros cuadrados se apilan los retales y desgastan las manos Rosalía y Primitiva en cuatro máquinas conseguidas al «*che debo*», práctica extendida en Galicia en aquellos tiempos, cuando la palabra pesaba tanto como una firma ante notario. Amancio, que todavía continúa en La Maja, suele acudir al bajo de la calle San Rosendo a las 20.00 para hacer los paquetes. Está deslomado de trabajar, pero como empiezan a encarrilar el negocio las horas no le alcanzan. O no duerme por las preocupaciones o duerme para darle vueltas a las preocupaciones. Antonio ayuda con la contabilidad, además de dar la cara cuando hay que ir de bancos, y los Caramelo, tío y sobrino, son los que se ocupan de colocar la mercancía; primero en las tiendas de Galicia y de Asturias, más tarde en las de toda España.

Las batas comienzan a tener éxito en la ciudad porque el precio es competitivo, las señoras pueden comprarlas sin que mengüe el sobre de los ahorros. Según Rubén Ventureira, en una información publicada por *La Voz de Galicia,* la primera bata se vendió a los comercios a 98 pesetas. Cañás Caramelo no lo recuerda con precisión, pero sí que las tiendas la vendían a «140 pesetas».

La idea empieza a cuajar, el negocio a crecer y en menos de un año el bajo de la calle San Rosendo se queda pequeño de lo pequeño que era, cumpliéndose así la teoría de que 1 metro cuadrado no mide siempre lo mismo.

Para hacer un experimento se consigue la tela en cualquier comercio, pero para empezar a confeccionar por cuenta de uno son necesarios proveedores que sirvan a buen precio la materia prima. ¿Dónde conseguirla? ¿A quién comprársela? Barcelona es el destino. Amancio Ortega y José Antonio Caramelo se suben al *Shanghai,* como era jocosamente conocido el tren expreso que unía A Coruña y Barcelona por el sur de la cornisa cantábrica. Más de treinta horas de ida, otras tantas de vuelta. No van a la aventura. Llevan la recomendación de la madre de Cañás Caramelo, que poseía un pequeño negocio de ropa infantil y se surtía de un proveedor de Barcelona.

«Era muy difícil conseguir tela porque había industrias muy asentadas en el mercado y absorbían la producción de tejidos. En aquel momento era casi tan difícil comprar como vender. Llegabas a una fábrica y no te vendían salvo que fueses recomendado por otro», recuerda Cañás Caramelo. Los tiempos han cambiado, las formas no tanto, porque Inditex utiliza ahora la trampa de engullir tejidos, dejando para los demás las migas y a veces ni eso. En 1963, Amancio y José Antonio regresaron de Barcelona con el compromiso de que serían servidos.

En menos de un año, Amancio Ortega Gaona decide dar otro paso hacia adelante en su camino hacia el éxito. Se muda del taller de la calle San Rosendo al bajo número 61 de la calle Noia, donde ya pueden trabajar casi una treintena de empleadas en la bata que iba a significar el despegue del negocio. «GOA hizo unas batas con corte, con diseño; eran como un abrigo bonito. Y es que, a mediados y a finales de los sesenta, salían miles de mujeres a la calle en bata».

Al contrario de lo que se presupone y hasta se ha dado por descontado, GOA no pasó por excesivas dificultades en su amanecer. «Canutas nunca se pasaron porque, afortunadamente, hubo trabajo desde el primer momento. Lo que se hizo siempre se colocó y, a veces, había más demanda de lo que se producía. Sólo se dieron los aprietos propios de un negocio como el de la confección, que fabricas una prenda en marzo para venderla en septiembre y cobrarla en diciembre», explica Cañás Caramelo. Los aprietos llegaron más adelante, en el momento de la expansión.

La mayor traba consistió en convencer a los almacenistas de toda España de que en A Coruña se confeccionaban batas y, para más inri, etiquetadas a un precio superior al de los catalanes: «Nosotros queríamos vender tanto como los que vendían barato pero, por supuesto, a nuestro precio. Éramos más caros que los que tenían la mayor parte del mercado, pero más baratos que los que utilizaban un tejido de la calidad del nuestro». Y en medio de ese trabalenguas, el intríngulis del éxito está en el diseño: «GOA hizo batas con corte, con diseño. Se rompió con el concepto tradicional de bata, que era un saco con mangas. También se consiguió porque, además de diseño, éramos meticulosos en la entrega. Conozco muchos negocios que se han ido al traste por una mala comercialización. Amancio tuvo esa visión y mi tío conocía a la perfección los canales de venta. Así comenzó todo». Diseño y puesta inmediata en el punto de venta. ¿Les suena de algo?

No sólo en dar una pincelada de diseño a la bata fue visionario el protagonista de la historia. Conoce los gustos de la clientela porque tiene callo de tanto mostrador y se da cuenta de que hay un amplio mercado que todavía le falta por exprimir. Muchas señoras entradas en carnes contemplan con envidia las batas de *boatiné* que ellas no pueden ponerse. Decide fabricar las tallas «e» y «doble e», es decir: talla especial y doble especial. Fue un éxito rotundo que significó la instauración de la democracia en el mundo de la moda.

GOA avanza con un ritmo que nadie ha calculado. Amancio Ortega deja La Maja porque su negocio pide entrega absoluta y con él se van empleados con una soldada incluso inferior a la que percibían en el afamado comercio. Antonio aún tardaría unos años en dedicarse exclusivamente a su empresa. «No quería irse de La Maja porque cobraba mucho dinero», recuerda Paulino Fernández (aunque no le quedó más remedio cuando se creó Samlor, pero sigamos con un relato lineal).

Amancio Ortega, casi sin proponérselo, ha democratizado las vistosas y baratas batas con precios asequibles y con la introducción de las tallas «e» y «doble e». Y como tiene una empresa que es cuidadosa con la distribución, decide salir a ver qué se cocina en el extranjero para comprobar de primera mano por dónde van los tiros. Con esta decisión, que le costó lo suyo, establece, quizá sin pretenderlo, los pilares que van a sustentar su empresa: diseño a precios asequibles, vender lo que el cliente quiere comprar, entrega inmediata y conocer cómo respiran los mercados. El sistema *just in time* —fabricación en tiempos— puede decirse que nació de la necesidad porque no se podían permitir el lujo de almacenar mercancía.

Emprender viaje a París fue una decisión difícil porque hay otros mundos, pero el de Amancio, el del hombre que viste al mundo, empieza en la fábrica y termina en la fábrica. «Nosotros le insistíamos en que tenía que ir a visitar a clientes que le compraban millones, pero él contestaba: "¿Y a qué voy a ir yo?"». Javier Cañás Caramelo fue, en 1963, el compañero de viaje de Amancio a París para ver una feria de lencería. Tras pasar un mes con la capital francesa en la boca, los dos se suben de nuevo al *Shanghai*.

Estamos a mediados de los sesenta, las primeras imágenes de televisión acaban de llegar a la ciudad herculina, se inaugura la planta de envasado de la Coca-Cola cuyo sistema de producción permite llenar quince mil botellas a la hora, en el aeropuerto de Alvedro comienza a operar la primera línea regular A Coruña-Madrid, se instalan los primeros semáforos en la ciudad y los almacenes El Pote estrenan las primeras escaleras mecánicas de Galicia. La bruma del atraso provocada por la dictadura empieza a despejarse. De estos pequeños avances hablan camino de Barcelona, donde tienen que tomar otro tren hacia París con trasbordo en Burdeos. Una pasajera les tiene que avisar de que se tienen que cambiar de tren «porque de francés no entendíamos papa». Nada más llegar a París se llevan la primera decepción: «En A Coruña acababan de inaugurar el hotel Riazor, de tres estrellas, y pensamos que un hotel como ése estaría bien. Pues en aquel momento un hotel de tres estrellas en París era como la pensión de la Paca, sin cuarto de baño en la habitación. Amancio se quería volver ya esa misma noche». Cañás Caramelo consigue convencerlo de seguir el programa, así que visitan la feria y recorren Ópera, el céntrico barrio donde se alojan, y Amancio le suelta: «¿Por qué no nos vamos? La feria ya la hemos visto». Le dan vueltas al asunto mientras cenan un bocadillo comprado en la calle, con la sorpresa de que la persona que atiende el carrito les dice: «Tomad, *meus filliños*».

La primera oleada de la emigración gallega hizo las américas, la segunda, en los años sesenta, las europas. Y esos dos *filliños* que estaban de visita, de los pocos que quieren triunfar sin abandonar Galicia, regresan al segundo día pese a tener el viaje cerrado para cuatro. Por supuesto, no subieron a la Torre Eiffel.

Amancio Ortega echaba de menos su mundo y éste era tan grande como su fábrica. GOA ya tiene la maquinaria perfectamente engrasada y el bajo de la calle Noia también se queda pequeño. A mediados de los setenta, trasladan la marca a La Moura, en el polígono de A Grela, y en el bajo desalojado crea Samlor, que se dedica a la confección de prendas de vestir como abrigos o pantalones.

En A Grela los terrenos son demasiado caros para su proyecto de gran industria así que adquiere, a finales de la década de los setenta, más metros de los que en principio necesita en el polígono de Sabón, en el municipio de Arteixo, de reciente creación. Porque, como había anunciado Paulino Fernández, Amancio Ortega «todo lo hace a lo grande».

«Si hay que señalar una línea filosófica de Amancio Ortega es "no existe el no". Para él todo se puede hacer —desvela Cañás Caramelo—. Igual le decían en un taller que era imposible tener las prendas para el día siguiente y él las animaba: "¿Cómo va a ser imposible, mujer? Ya verás como vosotras podéis hacerlo". Y al día siguiente tenían las prendas confeccionadas».

Otra de las virtudes de uno de los próceres de la moda es que «escucha a todo el mundo». Puede parecer lógico, porque «si quieres que el 80 por ciento de la población compre tus productos, tienes que saber lo que quieren y lo que les gusta».

Además, ha nacido con la habilidad de hacer fácil lo difícil y de ser hábil y rápido en las decisiones. «Recuerdo que una máquina estaba parada en la fábrica de Sabón porque se había estropeado la canilla y tenían que traerla desde Alemania. Él le dijo al mecánico: "Coge el primer avión, vete a Alemania y trae la canilla". Hacer esto hoy, que vas por la mañana y vuelves por la tarde, no sorprende, pero hace veintitantos años era increíble».

El taller de la calle Noia se convierte en un laboratorio. Si una marca funciona, pasa a La Moura y a continuación al polígono de Sabón. Así, después de Samlor creó Noite, concebido para la confección de pijamas de caballero. A Noite le siguió Fíos, que fabricaba camisas para niños. «Todo esto nació antes que Zara», afirma Cañás Caramelo.

Para acometer la expansión recurre a socios que aporten capital, pero al final acaba siendo dueño y señor de todo. José Samaniego, que había sido escaparatista de La Maja, se convirtió en socio de Samlor desde su constitución en 1974; Isidore Benhamou Zermati lo fue de Confecciones Noite S.L., sociedad constituida el mismo año. En 1977, a la misma se sumó José Antonio Vázquez Sánchez. Y Rogelio García Vigo y Enrique García Amil lo hicieron a Confecciones Fíos S.A. Alguien puede echar en falta a la familia Caramelo, pieza clave en los inicios y que llegó a llevar la dirección comercial de GOA. «Amancio insistía en que entrásemos en la empresa, pero nosotros teníamos unas excelentes representaciones y decidimos crear nuestro propio negocio», afirma Cañás Caramelo. No les fue mal. Hoy son queridísimos enemigos.

Amancio Ortega era dueño ya de un imperio. Sólo le faltaba vender sus propios productos para que todo el valor añadido quedase en casa. Tenía veintisiete años cuando montó GOA y casi le costaba peinar treinta y nueve cuando decidió abrir su primera tienda. Ya era rico.

La primera piedra

Amancio Ortega pasa doce años confeccionando prendas que venden otros. Es consciente, porque lo ha masticado, de que los beneficios más jugosos engordan las cajas de las tiendas y decide regresar a sus orígenes para controlar todo el proceso. Como fabrica lo que va a vender y vende lo que sobre el papel ya está vendido, la decisión de abrir tienda es más de sentido común que de osadía. La posibilidad de fijar precios y de decidir las promociones sin ser prisionero de las colecciones o de la época del año son alicientes que inclinan la balanza cuando sopesa pros y contras. Tiene tablas detrás del mostrador y se ha enfrentado con éxito a catalanes y valencianos con las batas de *boatiné*. Se encuentra en una magnífica lanzadera.

Además, si se da por válido que no se puede echar de menos algo que nunca se ha tenido o algo que nunca se ha visto, también se puede afirmar que la decisión de instalarse en las mejores calles es de cajón. En las mejores tiendas de las mejores calles se ha gastado la mitad de su vida. Nunca abandonará esa política. Las tiendas Zara son de gran utilidad en las ciudades que se visitan por primera vez: si se topa con una está usted en el mismísimo centro.

El 15 de mayo de 1975, Amancio Ortega inaugura la primera tienda Zara en el número 64-66 de la calle Juan Flórez, a 200 metros contados de la camisería Gala, en pleno ensanche de la ciudad. Se hubiera llamado Zorba en vez de Zara si no fuera porque en el registro de marcas y patentes ya había otro comercio con ese nombre. Según desveló en su día la revista *Actualidad económica* y confirma la empresa, Amancio jugó con las letras hasta que le salió Zara. En quechua, la antigua cultura incaica, zara significa maíz. También existe un pueblo con esa nomenclatura en la costa dálmata y otro en Turquía, pero llamó Zara a la criatura por casualidad y no por motivos más profundos.

La historia del registro deja marcado al dueño de Zara que preferiría serlo de Zorba. Así, en marzo de 1996 el Tribunal Superior de Xustiza de Galicia desestimó un recurso interpuesto por Inditex contra la mismísima NBA, la liga de baloncesto profesional norteamericana. Los abogados de la empresa habían argumentado que entre su marca N&B y la línea textil NBA existía identidad o semejanza fonética, gráfica y conceptual que podían inducir a confusión en el mercado. Sostenían, además, que N&B había sido registrada antes para comercializar con ese nombre productos textiles como prendas de vestir, calzado y sombrerería. La sentencia del tribunal, que no entró a discutir la similitud de productos ni la fecha de registro, dice que la marca N&B debía pronunciarse «ene y be» y la de la liga de baloncesto «ene be a». Subrayó además que, mientras N&B carecía de «significación, al menos conocida, la marca impugnada responde al acrónimo de una liga de baloncesto, cuyo conocimiento por la generalidad parece imposible discutir».

La misma suerte corrió el intento de impugnar la concesión de la marca Zarra al mítico ex futbolista vasco, autor del celebérrimo gol contra Inglaterra en el Mundial de fútbol celebrado en Brasil en 1950. La victoria gracias a ese tanto del delantero pillo significó el cuarto puesto, la mejor clasificación de la selección española en la historia de las copas del mundo hasta entonces. El Tribunal Superior de Xustiza de Galicia estimó esta vez que «una sola letra no es suficiente para que exista riesgo de confusión entre las marcas Zara y Zarra».

Antes de que la primera tienda Zara entrase en escena, Amancio Ortega había experimentado con un comercio en el que enseñaba sus cartas: ropa con tendencia. Incluso, llegó a vender discos en este establecimiento situado a unos metros de los populares Almacenes Barros. Ahora, en lugar de éstos, hay un Berskha, tras fracasar en el intento la compañía británica Virgin.

«Pasó un tiempo y se hizo cargo de la dirección de Sprint. Es en ese momento cuando la filosofía de Zara se plasma en papel», aclara Javier Cañás Caramelo. Fue como un banco de pruebas. Sprint sobrevivió unos años, pero también fue devorada por Zara. Hoy se encuentra en su lugar un Massimo Dutti.

Amalia, la encargada de la tienda en la calle Juan Flórez, asistió como dependienta al estreno de Zara. No quiere hablar del momento y eso que ha recibido el plácet del jefe. El dato manifiesta su lealtad tras veintiocho años en el mismo puesto de trabajo.

Según otros testigos, Zara arrancó como el nombre del primer experimento de Amancio Ortega: al *sprint*. Los precios hacían olvidar la calidad y en cinco meses, impulsado por las excelentes perspectivas, inaugura el segundo Zara en la calle Torreiro, al lado de Sprint, cara a cara con los citados Almacenes Barros, en el corazón de la ciudad, a caballo entre la plaza de María Pita y la zona nueva.

Sucedió el 1 de diciembre de 1975, vísperas de una Navidad convulsa por la muerte del dictador. Había euforia porque Francisco Franco era historia tras pasar cuarenta años subido a la peana del poder e incertidumbre porque la España que celebraba su muerte suspiraba por la democracia y la que le lloraba soñaba con remedar el modelo.

En Zara se vende un poco de todo. Confección de caballero y de niño que se suele comprar a terceros, las batas y los camisones que ya tenían excelente aceptación en las boutiques de la ciudad, toallas, ropa de casa y, sobre todo, los *shetlands* de los estudiantes. En pocos meses abarrotan con ellos la Universidad de Santiago, como si se tratase de un uniforme.

Los precios son irrisorios y compensan que el tejido sólo resista una temporada. «Él marcaba con un margen muy pequeño, con el 40 por ciento, cuando todos lo hacíamos con el 70 y hasta con el 80 por ciento. Había problemas en el sentido de que todos le poníamos la proa porque se interpretaba como competencia desleal», cuenta Javier Barral, que actualmente posee la boutique Stylmar en Vigo y diseña para Adolfo Domínguez. Fue una de las personas a las que Amancio Ortega pidió consejo para afrontar su nueva singladura. «No recuerdo con precisión si me llamó o nos encontramos por la calle, pero me enseñó la tienda de la calle Torreiro. Yo le dije que era maravillosa y que lo único que echaba en falta era un buen escaparate». Por aquel entonces, un escaparatista *free-lance* de origen alemán conocido por *Lence* hacía las delicias en los principales comercios de la ciudad, como Barros o La Maja. Para ayudarlo se había traído de Barcelona a Jordi Bernardó, un escaparatista con aire ensoñador y pinta *hippie*. Amancio lo conoce porque ha coincidido con él en algún arreglo en La Maja y le propone unirse a la aventura. Significó el despegue definitivo, algo que llega a reconocer el mismo jefe: «El 90 por ciento de la venta es del escaparate».

También para Javier Barral: «Eran unos escaparates preciosos, muy temáticos, no como ahora que son minimalistas. A Jordi le dabas cancha y hacía unos escaparates que concentraban a media ciudad. Lo fichó en el momento justo, porque en estas cosas no se trata de ser un genio, sino de dar con una idea y ser después inteligente para desarrollarla, crecer y encauzarla. A partir de ese escaparatista fue cuando realmente comenzó la expansión de Zara».

Eran tiempos en los que la empresa no presumía de contar con los mejores patronistas como ahora. El escaparate era un excelente reclamo, aunque una vez en el probador se pusiese en duda que la falda que se probaba la clienta y la del maniquí fuesen la misma. No sabían que Jordi Bernardó la había recosido con alfileres hasta darle la apariencia de comercio exclusivo.

Los escaparates de Zara son comentados y celebrados por la clientela. Un día se sorprenden con una granja con conejos y gallinas vivas; otro con una barra de bar envejecida tal y como son las tabernas irlandesas que crecen por todas partes desde hace unos años; al siguiente con la reproducción exacta del puerto con barcas de verdad. Hasta la réplica de una calle con la ropa colgada en el tendal se pudo ver en las dos primeras tiendas Zara.

El escaparate con conejos y gallinas vivas fue de los que todavía se cuela en las conversaciones de los veteranos de la empresa cuando aluden a los inicios. Hasta la Protectora de Animales llegó la noticia de la ocurrencia del artista que hacía escaparates para Ortega. Jordi Bernardó tuvo que armarse de paciencia para explicarles que los animales estaban a cuerpo de rey, pues se iba a la plaza de San Agustín todos los días a comprar verdura fresca y las jaulas se limpiaban con más esmero que la misma tienda. Les dijo la verdad, porque el escaparate significaba la carta de presentación, invitaba a entrar y hacía olvidar el rumor extendido de que la calidad de las prendas que se apilaban en el interior era, cuando menos, sospechosa.

¿Era tan mala la ropa? «En aquellos tiempos sí porque una prenda de poliéster se tenía por algo maldito, sólo se valoraba el algodón. Y para conseguir los precios de Zara se necesitaba mucho poliéster y mucha viscosa. Hoy la viscosa tiene gran valor y el poliéster, que antes era duro y áspero, parece lana», aclara Javier Barral.

El gremio le achacaba, porque era el único pero que se podía poner a una empresa que vendía como rosquillas, que la ropa era de ínfima calidad. Amancio Ortega, cansado del choteo, decide abrir una tienda multimarca para acallar comentarios cuando estaba apuntalando su proyecto. Acude otra vez a Javier Barral para asesorarse sobre las marcas que triunfan en el mercado y se establece en la calle Real con su tercera tienda, que nace bajo el nombre de N&B y en la que empezó a trabajar de encargado Juan Carlos Rodríguez Cebrián, el yerno de Antonio y ahora director general de Inditex. «Hablar de la mala calidad de su ropa era lo que nos quedaba al resto de comerciantes para defendernos. Decide entonces montar N&B, pero la acabó cerrando. Estaba acostumbrado a rotar la mercancía en sus tiendas siete veces al año y en ésta sólo la rotaba dos: en invierno y en verano. Se ve que es una persona pragmática en ese sentido», asegura Javier Barral.

Los empleados que comenzaron a trabajar con él lo recuerdan como una persona maravillosa. Nunca faltaba a la cita de los sábados en la cafetería Habana para tomar un café con los chóferes. En el Habana también se encontraba con clientas que habían dejado a sus hijos en la guardería que Zara había dispuesto para que hicieran sus compras con tranquilidad. Pero él nunca se dio a conocer ni les echó en cara esa pequeña trampa.

El pragmatismo y el trabajo son la divisa de Amancio Ortega. «Trabajábamos muchísimo, pero cuando estás a gusto te da igual estar ocho o catorce horas dando el callo». Los empleados no se pueden olvidar de cuando barría los escaparates de la tienda de Vigo, en la que Flori, su segunda mujer, era la encargada: «Ver al jefe con la escoba te tocaba el amor propio y trabajabas más duro». En una ocasión se atrevieron a preguntarle por qué llegaba siempre el primero y se iba el último. Sólo contaba con media docena de tiendas. Su respuesta fue sincera: «Podría vivir sin trabajar el resto de mi vida como hacen muchos comerciantes de la ciudad. Pero a mí esto me gusta». Y esos comerciantes a los que se refiere acabaron cerrando el negocio.

A Javier Barral lo intentó fichar cuando ya contaba con medio centenar de tiendas. Es otra de las claves del éxito de Amancio: siempre se ha rodeado de lo mejor. «Yo destacaba y me llamó para que me fuese con él. Me dijo que en su ideario lo primero era el trabajo, incluso antes que la familia. Yo era una persona entregada al trabajo, pero el comentario hizo que me lo pensase y le respondí que no. Con el paso del tiempo me di cuenta de que utilizó la empresa como refugio para soportar la mala suerte del hijo».

Estudios en Harvard sobre Inditex, conferencias en las más prestigiosas escuelas de negocios, analistas dejándose las pestañas... Mucho papel para descifrar cómo es posible que en el culo del mundo, «bonito culo» como escribió Manuel Rivas, se haya podido revolucionar un negocio como el de la moda sin el aval de la tradición. «Para mí —sostiene Barral—, que lo conozco desde el principio, lo que ha hecho es elemental. Después de dar con la esencia, ha sabido crecer, ha sabido asesorarse y adoptar cauces modernos de distribución. No ha sido milagro, sino el más puro sentido común».

Muchos han apuntado explicaciones torticeras e incluso han dejado caer, por mera deducción geográfica, que sólo el narcotráfico hace multimillonarios en tan poco tiempo. «No hay que buscar ese tipo de explicaciones porque no las hay. Él llamaba la atención con la ropa. Prenda que funcionaba, prenda que hacía a un precio muy asequible. No hay ninguna cosa anormal, sólo sentido común», insiste Barral, que ha mencionado otra de las manchas que le achacan al rey midas del dedal para empañar su currículum. Son muchos los que lo acusan de que Zara no se inspira, sencillamente fusila. «Copia Zara y copian todos. Incluso me atrevería a decir que ahora muchos van a Zara a copiar.

En este oficio el invento puro, partiendo de la nada, no existe. Uno transmite una idea de una forma, otro de otra. Y el más listo la hace más comercial».

La estrategia comercial

Dada la opacidad de la compañía, atenuada tras la salida a Bolsa, resulta difícil saber cómo y dónde se efectúa la toma de cada una de las decisiones, y qué otros cerebros acompañan al de Amancio Ortega a la hora de fijar las diferentes estrategias, porque la empresa huye de los personalismos y proclama institucionalmente: «Nuestro trabajo en equipo». Aun así, admitiendo que Ortega no está solo, nadie pone en duda que cada iniciativa empresarial, al menos en la parte que concierne al diseño y concepción global del negocio, lleva el sello de su principal accionista.

El Grupo Inditex, al cierre del ejercicio de 2002, reunía más de un centenar de sociedades vinculadas con las tres actividades fundamentales —comercialización, fabricación y servicios— que conforman el negocio principal de la sociedad; basado, según la doctrina que siguen al pie de la letra los estrategas de Sabón, en que «la singularidad de nuestro modelo de gestión, sobre los cimientos de la innovación, la flexibilidad y nuestros logros, han convertido a Inditex en uno de los mayores grupos de moda a escala mundial».

Otro de los logros empresariales, del que se saca constantemente pecho desde el Grupo, es que: «Nuestra forma de entender la moda —creatividad, diseño de calidad y una respuesta ágil a las demandas de nuestros clientes— nos ha permitido una rápida expansión internacional y una excelente acogida social de nuestro concepto comercial».

En 1975 abrió sus puertas la primera tienda de la cadena Zara en A Coruña, ciudad en la que inició su actividad integral el Grupo y provincia en la que se ubica ahora su sede central, aunque ya ni todo se produce ni se comercializa desde allí. Hoy, algunas de las cadenas tienen su sede fuera de Galicia —en Zaragoza se ha inaugurado un nuevo centro logístico hasta ahora impensable—, y cualquier cliente puede encontrarse con tiendas de Inditex en lugares tan distantes como la zona comercial de Shibuya en Tokio, la Quinta Avenida neoyorquina, París, Londres, países orientales como Qatar y algunas repúblicas ex soviéticas. Y lo que se sostiene desde la Dirección Corporativa de Comunicación es que «el crecimiento continúa».

En el mundo económico en general, y dentro del sector del textil en particular, los expertos aún no han asimilado ni encuentran una explicación lógica para lo que no dudan en calificar como «milagro» Inditex. Todo parecía inventado hasta que Ortega y su gente rompieron con los esquemas tradicionales del sector. Ante la falta de respuestas, para explicarlo muchos han preferido recurrir a la rumorología, que quizá en algunos aspectos sea cierta. Pero lo cierto es que Inditex y Amancio existen. ¿Qué ha sucedido entonces?, se preguntan.

Para Carlos Herreros de las Cuevas (HFC Consultores, S.L.), autor del informe *Zara: un reto al pensamiento maduro*, Amancio Ortega entró en el juego de la moda con reglas diferentes y rompió los esquemas tradicionales, porque «mientras que para la mayoría de los empresarios del sector los cambios de modas significan problemas, para Inditex son oportunidades y, de hecho, estimula los cambios continuos de moda».

La empresa de Ortega, según Herreros, no apuesta por dos colecciones al año: primavera y otoño. La sabiduría tradicional del sector, lo que en su lenguaje se llama un *atractor*, es que los sistemas que constituyen las empresas de la moda se estabilizan en torno a la idea de dos colecciones anuales. Inditex es la pionera en un *atractor* diferente: «Colecciones vivas, diseñadas, fabricadas, distribuidas y vendidas casi con la misma rapidez con la que la volubilidad de los clientes modifica sus gustos».

Luis Blanc, que fue director internacional para Europa de Inditex, hasta 2003, comparte la tesis genérica, impuesta por la doctrina institucional del Grupo, de que su éxito se basa en ofrecer la última moda y un buen servicio a precios bajos, pero no es la única razón. «Intentamos —dice— que nuestros clientes entiendan que si ven algo que les gusta tienen que comprarlo en el momento porque horas, o como mucho días después, no estará allí ya. Con ello hemos creado un clima de escasez y de oportunidad de compra inmediata». Es otro de los secretos.

Pero eso no es todo, para satisfacer esa oportunidad inmediata, Inditex no sólo ha recurrido a la utilización de mano de obra intensiva a través de las cooperativas y talleres externos, sino que ha hecho una apuesta por la tecnología de última generación aplicada en todos los niveles: gestión, diseño, confección, logística y comercialización. Ello le ha permitido integrar verticalmente el negocio y conseguir que se tarde sólo doce días, por término medio, en hacer llegar la prenda desde la imaginación del diseñador a la tienda más lejana. Un tiempo que cada vez se pretende reducir aún más.

Sus competidores coinciden en señalar que la base del éxito de Inditex está en que ofrece moda para masas de jóvenes y no tan jóvenes; así como continuos cambios de diseño y de colores durante todo el año; en que percibe, casi de forma instantánea, los gustos del mercado, lo que le permite dar una respuesta rápida a los mismos, y en la utilización masiva de la tecnología para reducir costes y tiempos.

Y todo lo anterior, además, se produce rompiendo con otro de los moldes de la economía de mercado: nada de publicidad. La publicidad convencional no va con Inditex. Tampoco las habituales ruedas de prensa forman parte del engranaje del Grupo. Ni siquiera un simple comunicado a los medios de comunicación. Nada. Inditex se ha mantenido fiel a su política inicial en este campo, incluso tras su salida a Bolsa. Ahora su «gabinete de prensa» es la Comisión Nacional del Mercado de Valores (CNMV), organismo que utiliza para difundir no sólo la evolución económica de sus actividades, sino todos aquellos hechos relevantes como pueden ser los resultados económicos, la apertura de nuevas cadenas o la inauguración de una tienda en el lugar más insospechado del planeta. Siempre la misma estrategia, bajo una única premisa: «Dejad que sean otros los que hablen de nosotros, pero sirvámosles en bandeja que lo hagan».

«No somos ningún bicho raro dentro del sector de la confección y comercialización de moda; nuestra estrategia es muy similar a la que siguen otras compañías del mismo nivel en el sector», asegura Raúl Estradera, del departamento de Comunicación Corporativa de Inditex. «Hay otras compañías que tampoco hacen publicidad convencional», continúa Estradera, quien se defiende asegurando que esta postura no es maximalista y obedece más bien a un concepto empresarial. «Hacemos publicidad de algunas cadenas en épocas de rebajas e hicimos publicidad con la salida a Bolsa. Fuera de esto, nuestro esfuerzo lo concentramos en invertir para conseguir los mejores emplazamientos de las ciudades». Para él «la inversión que Inditex realiza en los emplazamientos de sus tiendas, en el diseño de sus escaparates y en el interiorismo de las mismas, en nada desmerece a la que puedan hacer otras compañías en publicidad y promoción». Además, matiza que el comportamiento de Inditex en este terreno no significa desprecio por la comunicación; cierto, pero el concepto social que predica el Grupo en estos campos no parece ir con los medios de comunicación, que viven en un alto porcentaje de los ingresos publicitarios procedentes, entre otros, de las grandes empresas. «¡Menos mal que los demás no siguen este ejemplo!», exclama un responsable de publicidad de un conocido grupo de comunicación español.

Estradera insiste: «No hacemos mucha publicidad convencional, pero eso no significa que no la hagamos nada; de hecho, Zara tiene las vallas publicitarias mejor ubicadas de las principales ciudades de Europa», y, por encima de todo, las tiendas de las distintas cadenas «son el principal vehículo de comunicación con el consumidor».

Esta abstinencia publicitaria hace que Inditex no contrate externamente agencias de publicidad, ni de relaciones públicas, ni escaparatistas, ni diseñadores. Todo lo cocina en casa, porque, según Estradera, «hay que tener en cuenta que más del 80 por ciento de nuestro personal trabaja en, por y para la tienda y a ellos corresponde en ese porcentaje mantener nuestra imagen».

Para los expertos del mercado publicitario español se trata de un esfuerzo por mantener la leyenda: Inditex es una compañía de perfil bajo, que ha conseguido estar donde está sin estridencias, sin vocear su nombre, sin comprar espacios masivos en los medios, obligando casi a que su marca se pronuncie *sotto voce*.

Hoy, según los expertos en *marketing*, desembarcar en un mercado así, casi de puntillas, y mantener a toda costa ese bajo perfil del que hace gala la compañía, sí constituye una rareza y hay que entenderlo como una prueba más de la seguridad que el Grupo tiene en sí mismo desde la producción hasta la comercialización.

«Cuando tengo que buscar un ejemplo de marca que ha realizado una combinación distinta a la usual en el *marketing mix* —producto, precio, distribución y comunicación— siempre cito a Inditex», dice Marçal Moliné, consultor experto en difusión de marcas. «Zara le ha dado más peso al precio y al producto que a la comunicación, pero no significa que no haga comunicación. La hace, y no sólo a través de los escaparates, sino también con las bolsas que sus clientes pasean por las ciudades de todo el mundo». Moliné considera que no supone un excesivo riesgo para Inditex el continuar con esta fórmula del silencio, porque su «gran riesgo fue revolucionar el negocio textil en la forma en que lo hizo, y el saldo ha sido un éxito rotundo».

Quizá el mejor *marketing* es el que hacen, a sabiendas o no del Grupo, los propios clientes y los personajes *vips*. La transmisión boca a boca de las excelencias, sobre todo en cuanto a precio, de las prendas confeccionadas por el Grupo es sin duda la mejor publicidad. ¿En qué casa hoy en día no hay algo de Inditex?

El proceso de penetración en las familias empezó por los más jóvenes, pero a medida que éstos han ido ganando en poder adquisitivo, ellos mismos han ido convenciendo a los padres de las bondades de las prendas textiles de Inditex: primero un jersey, después una camisa o blusa, hasta que, por curiosidad, sus progenitores acaban por entrar en un establecimiento de la empresa textil gallega, y dado este paso es imposible que no salgan con algo. El círculo, según la mercadotecnia que maneja la empresa gallega, se ha cerrado con este gesto, y ahora sólo es cuestión de ir ampliando la oferta: ropa, complementos, manteles, zapatos, perfumes. ¿Cabe mejor publicidad?

Después, claro está, hay que vestir el proceso final de venta de cierto *glamour*. Para ello, Diego Copado, del Departamento de Comunicación, lo sabe muy bien, sólo hay que recordar, a través de determinados medios de comunicación, que la infanta doña Elena es clienta de la tienda madrileña situada en la calle… o que la actriz tal elige para ir por la calle los modelos distribuidos por Zara.

Pero no todo acaba ahí. En los distintos laboratorios de diseño, el personal de Inditex se divierte hojeando las revistas del mundo rosa como *¡Hola!* o *Semana* para «adivinar» qué *vips* visten sus modelos. Incluso se cruzan apuestas. Las series de televisión tampoco son ajenas al fenómeno Inditex, y aunque las productoras dicen que pagan religiosamente, pocos se lo creen, aunque conociendo al jefe todo es posible.

Su majestad la moda

Por encima de las críticas que cada día recibe el Grupo Inditex, la realidad parece ser tozuda, y lo cierto es que hoy, a través de sus diferentes cadenas, son capaces de vestir a una mujer o un hombre desde que tiene unos meses de edad hasta su madurez. Su capacidad de producción es tan fuerte que dos veces por semana renuevan parte de la oferta en cada tienda del mundo adaptándose a todas las tendencias de la moda de cada momento. Y eso se ha transmitido de boca en boca, nada de publicidad, de tal manera que su clientela lo sabe y es consciente de que puede encontrar en sus tiendas todas las novedades —copiadas o no— mucho antes que en las firmas más prestigiosas del sector.

De alguna manera, desde la Dirección de Corporativa de Comunicación se trata de sentar entre la opinión pública la máxima de que estamos ante una «generación Zara» (sería más correcto generación Inditex), un tipo de cliente que ha aprendido a vestirse en sus tiendas desde muy joven.

Casi todos los que han seguido el desarrollo del Grupo admiten que cuando nacieron no eran genuinos creadores de moda, pero han hecho mucho por universalizarla y hacerla accesible a todo el mundo. Ésa quizá sea la verdadera clave de su éxito, conectar las «originalidades» que a menudo se ofrecen desde las pasarelas, con el gusto de la gente de la calle. Lo dice sin reparos un experto de la competencia, que prefiere guardar su nombre y el de su firma en el anonimato: «Es evidente que Zara nos ha hecho mucho daño a todos, pero también tengo que reconocer que nos ha abierto un camino, porque nadie podía pensar que una empresa española pudiera imponerse en el mundo de la moda, un sector que parecía exclusivo de franceses e italianos».

Una encuesta realizada por la revista *Vogue* desvelaba que la marca Zara era ampliamente conocida por los consumidores franceses (Inditex suma en Francia más de noventa tiendas de sus distintas cadenas), pero que muchos de ellos creían que era una firma nacional francesa, lo que nos puede dar una idea de su internacionalización.

De lo que no hay duda hoy es de que Inditex viste de moda a europeos, americanos, asiáticos y a ciudadanos de Oriente Próximo, y de todas las clases sociales bajas, medias y altas. Proporciona la ropa que una adolescente necesita para ir al colegio y la que es de su agrado para vestirse de fiesta. «A nuestras clientas les gusta estrenar algo divertido cada fin de semana», dice una encargada de Bershka. «No uniformamos a nadie, ayudamos a vestir a la gente. Vendemos, pero no hemos impuesto nada», afirma su responsable de comunicación para contrarrestar los dardos envenenados que les lanzan sus competidores, que vienen a decir que Inditex no crea moda, simplemente la copia.

Y en este punto es donde aparecen las discrepancias, ante las preguntas: ¿qué es la moda?, ¿cómo surgen las tendencias?, ¿qué diferencia hay entre tendencia y moda? Desde Inditex sostienen que «en nuestro caso se trata de un modelo que es muy complejo, que requiere una gran organización, y es ese modelo el que marca la diferencia. Luego, el valor añadido es la tendencia o la moda».

Nuestro interlocutor, experto en tendencias y modas, recurre a un ejemplo: «Supongamos que la protagonista de una película cala por sus modos y vestimenta entre el público, y que en esa película la actriz viste unos pantalones de camuflaje, tipo comando de operaciones especiales del ejército, tal y como ha sucedido en la temporada 2003. Por ese fenómeno, que nada tiene que ver con la moda, miles de jóvenes sienten deseos de vestirse como la actriz en esa película. Nosotros tenemos la capacidad para detectar esos deseos y hacerlos realidad en nuestras tiendas en un par de semanas. Pronto empiezan a verse por la calle y despiertan una demanda generalizada entre los clientes. Eso es quizá lo que nos diferencia de otras empresas del sector».

La evolución de la compañía gallega es un recurso imprescindible como ejemplo, y de estudio, en los centros de formación de futuros empresarios. Es el caso del Instituto de Estudios Superiores de Empresa (IESE), de la Escuela de Fontainebleau (Francia), o cuando se tratan los modelos verticales de producción en Harvard (Estados Unidos). Pero la información escrita sobre la misma es escasa: apenas unos informes anuales, algunas conferencias de su vicepresidente, José María Castellano, y desde la salida a Bolsa la información que están obligados a comunicar como hechos relevantes o información periódica a la CNMV. Por no haber ni hay un catálogo de prendas que llevarse a los ojos mientras esperamos en la peluquería. Y no es porque Diego Copado, responsable de las ediciones de Inditex, no le tenga ganas.

José Luis Nueno, director del sector de distribución del IESE, no se cansa de difundir las virtudes de Inditex entre sus alumnos y no oculta su admiración. Lo primero que tiene claro este profesor, y coincide con la apreciación más general, «es que Inditex es una sociedad vertical porque ha unido lo industrial con la distribución. Su éxito es que van años por delante de todo el mundo, lo cual es de alguna manera antiespañol y antitextil. No hay opacidad (intermediarios) entre lo que diseñan para el mercado y quien lo vende. Es un modelo de operaciones alucinante, verdaderamente relevante para el consumidor. Podría definírseles como editores de moda, porque está claro que en este sector todos se copian unos a otros. Ellos reconocen que una tienda no puede servir a todo el mundo. Por eso han lanzado ocho cadenas de tiendas».

Pero no se han detenido ahí, añade José Luis Nueno, «han conseguido algo mucho mejor, que es reeducar a sus clientes. Les han enseñado a comprar de una determinada forma, saben que dos veces por semana hay modelos nuevos, que todo lo expuesto está en continuo movimiento, que no deben esperar para otro día porque posiblemente ya no esté en las estanterías esperándoles. Si elimináramos todas sus tiendas del mundo de repente, esa gente buscaría algo parecido en otro sitio».

A la hora de explicar el «milagro» Inditex, el profesor Nueno distingue cuatro modelos en la industria de la moda:

—El tradicional «que necesita de un ciclo de más de trescientos días, desde que se diseña un modelo, se hacen los patrones, se encarga el tejido, la confección y se procede a su distribución. Y en trescientos días pueden pasar muchas cosas, desde que varíe el tiempo y haya que cambiar los abrigos por gabardinas, hasta que se pongan de moda otros colores o que aparezca un personaje público con una camiseta color lila en lugar de amarillo. Es un modelo muy arriesgado y que responde a un momento ya pasado, en el que las marcas tenían autoridad sobre los consumidores. Ahora empieza a ser al revés y por eso tiende a estar anticuado».

—Un segundo modelo sería un híbrido, «es, digámoslo con apellidos, una especie de modelo Adolfo Domínguez: una parte sigue la pauta del primer modelo, junto a unas producciones más cortas y más flexibles que garantizan una rotación en las tiendas».

—El tercer modelo sería el liderado por Mango, de mucho éxito en los últimos diez años. «Tienen una colección con una coherencia. Es lo que ahora se resume con el aforismo de orientación-moda. Esas colecciones se producen mayoritariamente en países asiáticos o del norte de África y se ponen en tienda. Se les da una rotación y lo que no se vende acaba en rebajas. Es un modelo que permite anticiparse a los otros con más facilidad y que les está dando éxito».

—¿Y el modelo Zara? «Parte de una colección fija, que viene a ser el 60 por ciento de su producción, lo que en Inditex denominan básicos, prendas que no pasan de moda. Luego, el 40-50 por ciento restante es lo que llamaríamos prendas oportunistas, susceptibles de estar en las tiendas cada dos semanas». Son los *just in time*, buena parte de los quince mil modelos diferentes (sin contar tallas o colores) capaces de poner en el mercado en un año.

No obstante, el modelo de Inditex tiene algunos trucos más que por eso le hacen diferente. El primero es que se pueden permitir una continua rotación de la ropa, entre otras cosas porque sus centros de producción para prendas oportunistas están muy cerca, ya sea en Galicia, donde trabajan con cooperativas, talleres externos y empresas propias, como en el norte de Portugal, independientemente de las producciones que se realizan en países asiáticos o del norte de África.

El segundo de los trucos es que los modelos de tienda, de prendas o complementos se reproducen antes milimétricamente en sus centros de producción, a imagen y semejanza de lo que será una tienda y la producción final en su oferta al cliente: son los que se conocen como laboratorios. A estos laboratorios, algunos de ellos instalados en Sabón, no acude el público ni se efectúan transacciones, pero por ellos desfilan expertos en todo: diseño, patronaje, tejidos, modelos, los maniquíes que irán a cada tienda, e incluso hasta el almacén... Todo cuidado hasta el mínimo detalle para que no haya sorpresas en ninguna de las tiendas de las distintas cadenas.

Todo lo anterior no sería suficiente para entender la moda que oferta Inditex. Una parte importante de la responsabilidad, a la hora de definir las tendencias por donde van a ir los distintos modelos, recae en los captadores (ojeadores) de moda que están trabajando continuamente por todos los países donde se cuece algo que tenga que ver con el sector: Italia, Francia, Japón y Estados Unidos son sus objetivos fundamentales. Las pasarelas son otro de los campos de atención, que conjugan con la visita a tiendas de la competencia, comparando los modelos que les han llamado la atención, calibrando los colores que se impondrán... nada parece escapárseles. Y siguiendo la táctica de su «jefe», quizá la más práctica, se sientan en los bancos de las aceras de las calles más transitadas de las ciudades, para ver lo que su público objetivo lleva puesto, porque a buen seguro eso es lo que más les gusta. La respuesta desde las fábricas no se hace esperar. ¿Es ése su secreto para triunfar? Posiblemente.

Lo que sí tiene claro un destacado empresario de la competencia es que «están en todos los sitios en los que se cuece algo que tiene que ver con la moda por venir». De cuanto hayan visto estos captadores hablarán a primeros de cada semana en sus lugares de encuentro. Lo estudiarán y lo propondrán para, si procede, ponerlo en marcha.

Sin embargo, Inditex puede observarse también desde otra perspectiva: como una gran agencia de escucha que trata de poner en contacto el mundo exterior con la información detallada que a cada minuto le facilita cada una de sus tiendas. Es otro de sus secretos. Saben en cada momento lo que se mueve en la moda, cómo visten los clientes de un determinado barrio de Madrid o París. Conocen al instante qué están demandando sus clientes en cada una de sus tiendas sea el país que sea. El cruce de toda esa información les permite saber cuál es la prenda que mayoritariamente reclaman los clientes. Toda esa información se procesa y produce la prenda más requerida, si es que no existe, o se retira de la tienda en la que tiene menos aceptación.

Visto el proceso desde dentro de los laboratorios centrales de Inditex en Sabón, según la cadena, este proceso de producción genera una mezcla del presente con el futuro: en una de sus tiendas laboratorio pueden llegar a estar expuestos modelos para la colección de tres temporadas posteriores a la actual.

Para la periodista especializada en moda, Cecilia Martínez, otra de las claves del éxito de Inditex es «su inteligencia comercial: haber sabido ganarse el respeto de grandes diseñadores».

Martínez, durante una conferencia pronunciada en A Coruña en julio de 2000, aseguró que los tres pilares sobre los que se sustenta el imperio de Ortega son: «La implantación mundial de sus tiendas, inventar la llamada moda democrática y la capacidad del grupo textil para implantar el concepto de "en el aire", sin caer en la mera copia de los diseños. No fusilan todo, sino que recrean el aire de los grandes creadores».

En todo caso desde el Grupo se defiende que si «la moda es global Inditex también». Éste es el *leitmotiv* que guía la expansión de la multinacional gallega, que ahora se define como «multicultural» y «multinacional».

Tiendas con diseño

El universo del imperio Inditex no es el mundo, son sus tiendas. Son su verdadera imagen de marca aunque sólo porten el nombre de la cadena correspondiente para mantener a buen recaudo la sociedad matriz. Cada cadena de tiendas es una marca en sí misma.

Desde que en 1975 abrió su primer establecimiento Zara en A Coruña, la imagen de las tiendas ha evolucionado, aunque el concepto inicial se mantiene. Tres son los aspectos que priman a la hora de enfrentarse con el público: escaparate (fachada externa y composición), espacio interior y la ubicación de la mercancía para que el público no se acumule ante un mismo mostrador o estantería.

Superados los tiempos en los que Zara vendía ropa muy barata, y no del todo bien confeccionada detrás de un escaparate llamativo, comparable al de las mejores firmas, y la marca discretamente impresa, ahora han conseguido un equilibrio entre el exterior y el interior de cada establecimiento.

Las tiendas inauguradas en los últimos cinco años son más espaciosas, cómodas, cuidadas hasta el último detalle, y con una paulatina introducción, en algunas de ellas, de otras ofertas ajenas al textil: peluquería, masajes o rayos UVA. Resuelta la configuración de la tienda en el laboratorio correspondiente, se toman fotografías para su distribución por la red de tiendas, para que todas respeten la decisión adoptada en la sede central, y reúnan un identificador común de cadena. No obstante, cada responsable de establecimiento puede sugerir algunas variaciones en función de la idiosincrasia de su clientela.

El caos aparente es un orden calculado. Nada es lo que parece en una tienda de Inditex lista para ser invadida sin rubor por una clientela generalmente joven. La responsable de la tienda recibe productos nuevos dos veces por semana, aunque el escaparate sólo se modifica en su composición una vez al mes. El mobiliario rara vez está más de dos años consecutivos a la vista del público.

Los espacios reservados al hombre o la mujer, en aquellas tiendas que ofertan para ambos sexos, son distintos. En la zona de caballeros, asegura una directora de tienda ubicada en Madrid, el orden es casi absoluto, está calculado: «Primero las prendas de *sport*, luego las de vestir. Eso sí, combinadas por colores a juego y todo junto, la camisa, por ejemplo, con el pantalón que le corresponde, porque al hombre le gusta que se lo den masticado. También es cierto que nos facilita el trabajo, porque el hombre no revuelve, coge lo que le gusta, nada más».

El espacio reservado a la mujer ofrece un aspecto distinto. Nuestra interlocutora madrileña dice que la mujer «es creativa y pide más espacio para moverse. Por ello las prendas no están separadas por colores. Es la propia clienta la que los combina según su gusto».

El escaparate es otra cosa, eso es terreno casi exclusivo de los escaparatistas. Ellos y sólo ellos lo tocan. Lo mismo rige para el decorado de la tienda, que se modifica cada dos años, según la tendencia imperante, sea el blanco, sean los colores cálidos o los basados en gamas de grises y rojos.

A título de ejemplo, el mínimo de inversión estimado por Inditex para la apertura y remodelación de tiendas a lo largo del año 2003 se situaba en torno a los 500 millones de euros, de los que el 80 por ciento era para aperturas y el resto para reformas. El 70 por ciento de la inversión en nuevas tiendas va a parar a la firma más emblemática, Zara, más que justificado ya que aporta más de ese porcentaje al negocio anual de Inditex.

Tras el capítulo de personal, los alquileres constituyen el segundo mayor gasto del Grupo. Inditex destina a este concepto una cantidad que oscila entre el 5 y el 10 por ciento de la cifra de ventas. Esto significa que en 2003 el Grupo pagará en alquileres una cantidad superior a los 350 millones de euros.

Inditex y sus cadenas son una máquina que no puede detenerse y el número de tiendas crece cada día y cuando eso se agota, se crea otra cadena. Posiblemente, en este momento, estén pensando cómo van a ganar dinero dentro de cinco años. Cómo y dónde lo harán es un misterio, tanto como para los ajenos al Grupo escuchar la voz de Amancio Ortega.

La mejor muestra de que este movimiento no cesa es que, culminado el proceso de prendas de vestir y accesorios, ahora le toca el turno al hogar, incluida la decoración. Es un hecho con su cadena Zara Home. Con razón sus competidores empiezan a definir a este Grupo como «el exterminador».

Los números no dejan lugar a dudas. Vencido el primer semestre del ejercicio de 2003, contaba con 1.776 tiendas en cuarenta y siete países. A finales del mismo año el mundo parece haberse quedado pequeño para Inditex y la compañía que preside Amancio Ortega ha empezado a dar un giro de ciento ochenta grados para evitar el estancamiento de las ventas, y ha puesto sus ojos en los municipios más pequeños a la hora de abrir nuevas tiendas.

La primera experiencia sobre población real se inauguró oficialmente en noviembre de 2003 en el municipio coruñés de Cee, que cuenta con poco más de siete mil habitantes. En contra de lo que cabría esperar, en esta ocasión no fue la cadena Zara la que inició el desembarco, sino que la elegida fue Kiddy's Class, especializada en ropa infantil. ¿Por qué? Es su nueva forma de arrasar.

Los patronistas del imperio

En la edición del Informe Anual correspondiente al ejercicio de 1989, Amancio Ortega firmaba una carta de presentación a los accionistas en la que aseguraba que «el afán de innovación y superación permanente con el que iniciamos este proyecto hace treinta y seis años es la idea motriz que nos ha guiado hasta aquí. Hoy tenemos el privilegio de ver cómo aquella idea original, a partir de la cual han surgido y están surgiendo, con una mentalidad abierta y creativa, otras muchas, se ha convertido en el Grupo Inditex.

»Este afán de innovación nos conduce a encarar la sociedad del siglo XXI con una visión de futuro que, basada en la diversidad de los componentes y escenarios que conforman nuestra empresa, nos siga impulsando para afrontar los retos de la sociedad en la que nos integramos, cada vez más global. Debemos sentirnos en la obligación de pensar que la experiencia acumulada no es suficiente para garantizar nuestro liderazgo».

Amancio siempre utiliza la primera persona del pronombre personal —nos, nosotros, nuestro— a la hora de distribuir entre sus colaboradores la responsabilidad del éxito de Inditex, pero nunca ha desvelado pormenorizadamente «quiénes iniciamos» e hicieron posible el impresionante desarrollo empresarial alcanzado en los últimos años del siglo XX. Por ello no es fácil remontarse más de treinta años atrás para encontrar a los ideólogos que dieron lugar a este imperio, porque quien más y quien menos quiere ser incluido para formar parte del éxito.

Como en el negocio actual, a la hora de ubicar y dar con esos ideólogos, hay que deslindar dos territorios: el que es parcela exclusiva de los que están unidos por lazos de sangre, y el de los que poco a poco se van integrando a medida que la maquinaria textil va creciendo y necesita por lo tanto de más especialistas.

Nadie duda de que la piedra angular, el punto de partida, lo señala Amancio el día que le comunica a sus hermanos, mujer, cuñada y algún compañero de trabajo que, como en la copla, lo deja todo por nada. A la vez que fabrican tienen que vender y distribuir si realmente quieren llegar a ser alguien en el mundo textil. Es la idea germinal de Inditex, que perfeccionada a medida que adquieren experiencia y volumen sigue aplicándose hoy.

Verdaderamente, en una ciudad como A Coruña de comienzos de la década de los sesenta, en la que las oportunidades laborales más seguras estaban en la emigración, los Ortega Gaona apostaron fuerte, quizá con más corazón que cabeza. Esta apuesta fue aún mayor si se analiza fríamente la ubicación del territorio elegido para el incipiente despliegue de una empresa que llegaría a codearse con las multinacionales. Para cualquier analista frío, el Finisterre europeo, sin apenas comunicaciones con el exterior —sirva de ejemplo que el expreso de RENFE *Shanghai* tardaba casi treinta horas en llegar a Barcelona y Madrid quedaba a más de doce horas—, no era el lugar más idóneo para una empresa que iba a sustentar su pilar principal en la logística y la expansión comercial. De la red por carretera existente entonces, mejor ni recordarla, estaba para eso, para ser utilizada por carretas.

Pero los Ortega quizá vieron, por su propia experiencia, lo que a los *brokers* urbanos se les habría escapado en un análisis sesudo: el potencial humano existente en Galicia. Trabajadores dispuestos a confeccionar las prendas en su propia casa, en talleres comunales o en cooperativas. Todo ello a bajo precio, rivalizando con los países asiáticos, porque al fin y al cabo era mejor cobrar «cinco duros en casa que veinte marcos en Alemania», dicen algunas de las pioneras en este tipo de negocio.

A lo anterior se suma la inexperiencia genética. Sin ningún tipo de tradición familiar en el negocio del textil, Luis Alonso Álvarez, de la Universidad de A Coruña, asegura en su trabajo *Vistiendo a tres continentes*, que Amancio Ortega Gaona «aparcó en él de una manera muy circunstancial, algo que recuerda las biografías de los hombres de empresa que recrean las factorías de Hollywood».

Lo cierto es que —como se recoge en páginas anteriores— a esa inexperiencia los Ortega le fueron dando la vuelta desde abajo, y así ejercieron como repartidores, trataron directamente con el público con el mostrador de por medio e, incluso, fueron costureros y planchadores en la trastienda de algunos de los establecimientos donde hicieron el «rodaje» en el sector del textil: la Camisería Gala y La Maja. En esta última Amancio ya era encargado, empezaba a ser alguien en el sector y en la sociedad coruñesa.

De toda esta experiencia, como sostienen Fabián Blanco y Polo Redondo en un estudio, lo que marcó definitivamente a Amancio fue el contacto con «las tendencias de la incipiente confección de masas, el acceso directo a los fabricantes de tejidos, a las redes de distribución y, sobre todo, el don de la oportunidad ». No había ido a una escuela, pero no hay la menor duda de que hizo el mejor máster posible entonces para desembarcar en el textil.

Luis Alonso Álvarez, en el citado trabajo, sostiene que «sus primeras tentativas como empresario comenzaron de manera muy modesta, primero en una vivienda familiar —con la única ayuda de los suyos como empleados—, donde compaginó el trabajo para otros con el propio, y luego en un local comercial alquilado en el que experimentó con diseños de batas y lencería. Sus contactos con fabricantes de tejidos catalanes le dieron acceso a precios de mayorista. Conseguir un perfecto aprovechamiento de esas telas sobre las que se redibujaban miles de veces los patrones para "optimizar" su utilización eliminando retales, confeccionarlas y distribuirlas sin intermediarios entre sus antiguos clientes le permitieron vender a unos precios que no conocían competencia».

El primer local industrial que —si somos generosos con el término— abren los Ortega en la calle Noia de A Coruña recuerda en muchos detalles a los talleres o cooperativas que hoy trabajan para Inditex en Galicia. La plantilla de personal era escasa y estaba formada fundamentalmente por su hermano Antonio, su hermana Josefa, su primera mujer, Rosalía Mera, su cuñada, Primitiva Renedo e, incluso, echó una mano en las primeras puntadas su madre, Josefa Gaona. Este núcleo duro nunca se imaginó que la fabricación y posterior venta de cucos, batas y el más variopinto catálogo de productos acabaría siendo lo que es hoy Inditex.

De hecho, Amancio ha reconocido en más de una ocasión que, tras abrir la primera tienda de Zara, realmente él y su familia tenían el suficiente dinero como para vivir sin más preocupaciones, y podrían haberse dedicado a mirarse el ombligo como hicieron otros, disfrutando de los placeres que ofrece la ciudad de A Coruña. Una situación que se repetiría con la salida a Bolsa cuando se encontró con mucho dinero. Entonces, como después, lejos de hacer un alto, apostó por invertir y seguir creciendo. Y como si de un laboratorio se tratara, Amancio fue ensayando y consolidando los cimientos de Inditex.

En 1963, consideró que el negocio empezaba a madurar y que había que ampliar mercados más allá de Alvedro y subir la Costa da Sal, no con pescado, sino con tejidos. Dicen que, empeñados hasta las cejas, ese año el clan familiar creó Confecciones GOA (Gaona Ortega Amancio). Fue un gran salto cualitativo porque empezaba a cumplir su gran sueño: democratizar la moda para que ésta llegase al mayor número posible de ciudadanos. La idea no era nueva. Lo mismo había hecho Ford sesenta años antes en el sector del automóvil.

Alonso Álvarez en su trabajo llega a aventurar que esta fábrica arrancó con ciento veinticinco empleados lo que le permitió comercializar «lencería y ropa femenina de su propio sello a minoristas, mayoristas, centrales de compra (algunas de ellas extranjeras) y más adelante grandes superficies —Simago, Pryca, Continente— que por entonces comenzaban a emerger en el mercado español».

Amancio poco a poco iba asentando su sueño. Por primera vez había unificado las actividades de diseño y fabricación bajo un mismo techo, y lo que era un paso más en la configuración de Inditex, GOA se diversificaba con dos nuevas sociedades: mientras Samlor confeccionaba prendas femeninas en general, Noite se dedicaba a la confección de lencería. Pero faltaba dar el gran salto.

Amancio lo había vivido durante su experiencia como trabajador por cuenta ajena. El mercado tradicional del textil tenía una máxima, que aún se mantiene hoy: los recién llegados al segmento de la confección se limitaban a fabricar. La distribución eran palabras mayores para los talleres que alimentaban las tiendas. Desde un principio los Ortega se dieron cuenta de ello y no cejaron en su empeño hasta que, en 1975, consiguieron cerrar el ciclo: la apuesta se completó con la comercialización y venta directa al cliente. Con ello habían conseguido, siguiendo el modelo que se aplicaba a otros sectores de la economía americana, una integración vertical del negocio.

Para ello abrió en A Coruña la primera tienda Zara, dedicada a comercializar las prendas de mujer, hombre y niño que casi en su totalidad salían de sus fábricas. Si bien la calidad era la que era, los precios sí resultaban lo suficientemente atractivos como para que la competencia empezara a preocuparse, y algunos, como los Almacenes Barros, tuvieron que cerrar sus puertas. Con su sistema integral, Ortega ve cómo sus márgenes aumentan, lo que le permite apretar aún más las tuercas bajando los precios.

En 1976, de la unión de GOA y Samlor, nace GOASAM como propietaria de Zara, cuyo domicilio social se establece en Arteixo (A Coruña), territorio que desde este momento se convierte en el centro de operaciones del Grupo.

Por estas fechas desembarca uno de los hombres de confianza de Amancio, y clave en la configuración del negocio, se trata de Amador de Castro, antecesor de José María Castellano en el cargo de director general. También por estos años se incorpora otro de los personajes clave en el desarrollo de Inditex: Juan Carlos Rodríguez Cebrián, casado con la hija de Antonio Ortega y hoy algo más que un sobrino político, para Amancio es como un hijo. Su carácter le hizo y hace válido para cualquier cometido. Inicialmente, conjugó labores comerciales de venta directa con el aspecto más duro como era el control de los trabajadores directos de GOASAM.

Mientras, Zara sigue abriendo tiendas para absorber la producción que día a día sale de Arteixo, pero con dos objetivos más: sus empleados deben reportar a las fábricas las preferencias de los clientes, para que estos encuentren lo que buscan en el menor tiempo posible, y se debe conseguir el *stock* cero. El ciclo soñado por el clan de los Ortega, quizá basado en la intuición de Amancio, quedaba cerrado. El experimento se había convertido en realidad y, curiosamente a medida que el Grupo crecía, la fabricación propia integral iba decreciendo, recurriéndose cada vez más a talleres externos y al trabajo en cooperativas. Quizá para que la máxima del sector siguiese cumpliéndose en el sentido de que los recién llegados deben dedicarse nada más que a fabricar, y los veteranos a comercializar.

La dimensión alcanzada por GOASAM a finales de la década de los setenta requería, según sus patronistas, dar un paso más en la apertura de nuevos mercados. La solución mercantil vino en 1979 con la creación de Industria de Diseño Textil, S.A., (Inditex) la actual sociedad matriz de todas las sociedades que configuran el Grupo. Ya no había marcha atrás, y ese salto requería algo más de lo que el clan familiar podía seguir aportando, aunque ninguno de ellos había dejado de trabajar por y para el negocio, y lo siguieron haciendo hasta que las nuevas generaciones se han ido incorporando.

La solución la encontró Ortega en la misma ciudad de A Coruña. Para ello, según Luis Alonso Álvarez, «contó con la colaboración de un primer grupo de mánagers, en parte, procedentes del *staff* de la Escuela de Estudios Empresariales de A Coruña». La misma en la que ejerce su actual vicepresidente, José María Castellano, como profesor y verdadero brazo derecho de Amancio para todo lo relacionado con las finanzas. Para el autor de *Vistiendo a tres continentes*, esta ayuda «resultó fundamental, porque en el salto de la firma familiar a la de mayor escala era donde fracasaban muchos curtidos hombres de negocios. Ortega, no obstante, supo realizarlo razonablemente, delegando funciones en aquellas actividades que no dominaba».

El capital de la empresa seguía siendo familiar, pero en la toma de algunas decisiones empezaban a influir personas a las que sólo se les exigía, aparte de su entrega al proyecto, un requisito: ser los mejores en su especialidad. Y aunque por experiencia propia, Amancio siempre promocionó a los trabajadores que habían empezado desde abajo en la propia empresa, no dudó en efectuar contrataciones selectivas externas cuando fue necesario.

De esta forma la universidad entraba en Inditex o, como sostienen algunos profesores para el bien de todos, la empresa entró en la universidad. Procedentes de ella empezaron a desembarcar algunos de los más significados economistas, de la mano claro está de José María Castellano, que se unió al equipo de Ortega en 1985, convirtiéndose desde entonces, poco a poco, en el número dos del Grupo. Más tarde, en 1989, se incorporaría otro de los imprescindibles en Inditex, Antonio Abril, vocal y secretario del Consejo, para hacerse cargo de todo lo relacionado con las leyes. A medida que el Grupo crecía también lo hacían las demandas y las normativas que debían ser aplicadas. En cualquier caso, en el anexo 3.2., «Quién es quién en Inditex», se detalla la aportación personal de cada uno de los que marcan a diario el pulso de Inditex.

Si como parece, todo el desarrollo conceptual del Grupo gira en torno al clan familiar de los Ortega liderado por Amancio, el salto financiero hubiera sido impensable sin la presencia de, entre otros, José María Castellano. De forma esquemática el organigrama embrionario que dio lugar al actual Inditex fue el siguiente:

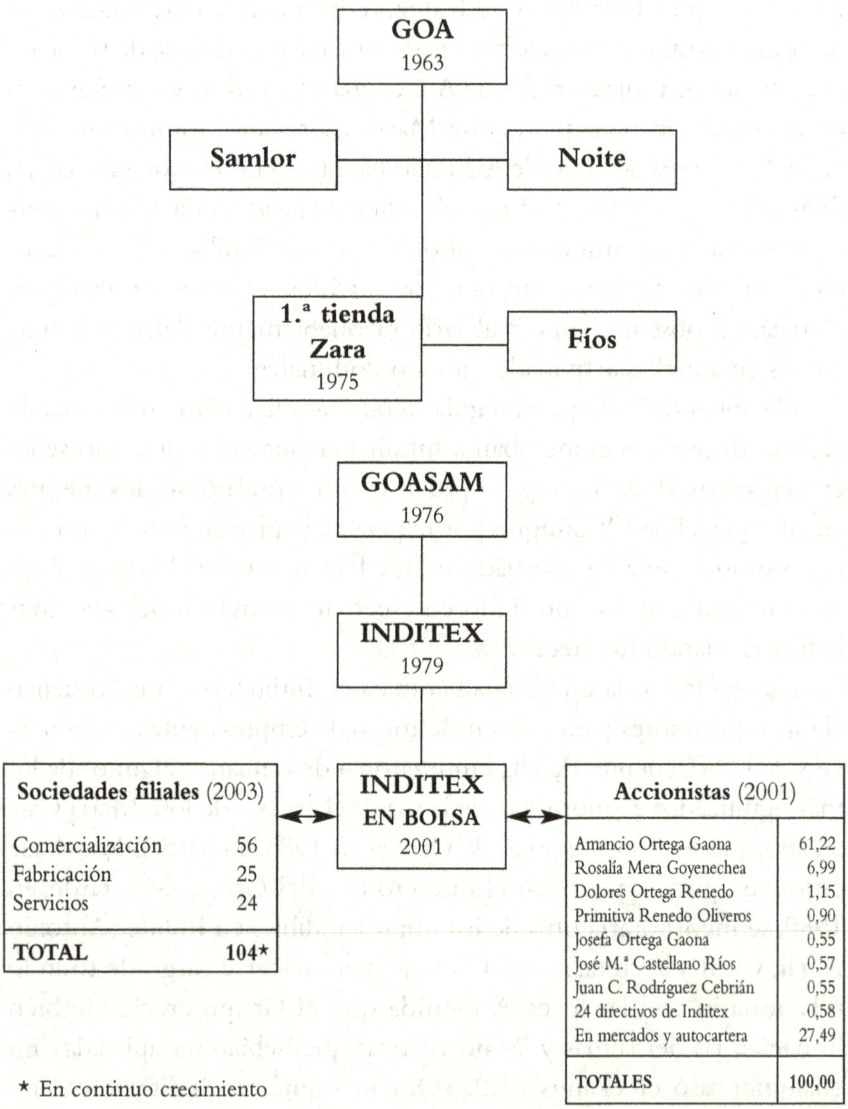

* En continuo crecimiento

El futuro no está escrito, pero según Amancio Ortega pasa por seguir siendo «fieles al compromiso de esfuerzo y superación que inspira a nuestra empresa, la creación de nuevas cadenas y la ampliación de las líneas de producto son nuestras respuestas a las nuevas oportunidades del entorno». En suma debe prevalecer, sentencia Ortega en su primera carta a los accionistas, la idea de innovación y superación permanente, que deberá seguir siendo la idea motriz del Grupo a lo largo del siglo XXI. Sentadas las bases ideológicas, que están en constante evolución, la continuidad del imperio es ahora cuestión de los especialistas.

Dios también echó una mano

¿Cómo ha sido posible que se haya producido el milagro Inditex en Galicia? Quizá los analistas estén formulando mal la pregunta, porque ¿sería posible el fenómeno Inditex en otra parte? Y no sólo de Inditex: Adolfo Domínguez, Roberto Verino, Unicen, Caramelo, Florentino, Vicente Romeu, Antonio Pernas y tantas otras marcas que han puesto a Galicia en primera línea de la moda, hasta el punto de que está cobrando fuerza la tesis de que la gran sede de la pasarela española debería trasladarse a la tierra que posee el mejor balcón para contemplar el adiós de cada día en Finisterre.

La historia de todos ellos se parece. Hijos de sastre o antiguos empleados crean una empresa y se aventuran en el mundo de la moda. Gracias a los talleres y a las cooperativas que germinan en municipios pequeños como Arteixo, San Cibrán das Viñas, Lalín, Fisterra, Verín y un largo etcétera, afianzan sus empresas y con la rentabilidad y la productividad conseguida en el extranjero disparan su facturación.

Contaron con la experiencia de Regojo, el precursor del milagro textil. Primero como principal abastecedor de uniformes y calzado del ejército nacional durante la Guerra Civil y luego con la camisa Dalí, José Regojo se convirtió en la tercera empresa textil tras El Corte Inglés y Cortefiel. En 1965 vendió dos millones de prendas apadrinadas por el celebérrimo pintor. El grupo, con sede en Redondela (Pontevedra), llegó a poseer seis fábricas en funcionamiento y mil quinientos empleados, pero acabó cerrando en 1981. La decisión del gobierno de Adolfo Suárez de abaratar los aranceles para muchos productos de consumo, debida a una inflación desorbitada, fue un golpe que no pudo afrontar. En Extremo Oriente la soldada no llegaba al 10 por ciento de la que se pagaba en Galicia y Regojo no supo diversificarse con la premura necesaria.

Todos tomaron nota. Ahora el 50 por ciento de la ropa se cose en terceros países, como Marruecos, Rumanía, Perú, Pakistán, Malaisia... pero el milagro sería imposible sin la laboriosidad y el oficio de un ejército de abnegadas costureras.

Las mujeres gallegas, sobre todo las de los sectores más desfavorecidos como el mar y el campo, sabían, cuando menos, hacer un remiendo. Amancio Ortega se encontró así, en la puerta de la fábrica, con mano de obra a precios competitivos. Lo poco que estas mujeres ganaban cosiendo en sus casas para Zara era de gran ayuda para la depauperada economía familiar. «Hasta hicimos cooperativas donde había chicos que eran albañiles», recuerda el padre Jorge López Neira, de la orden de los pasionistas y párroco de Santa Gema, barrio obrero a las afueras de A Coruña.

El religioso, que había cursado estudios en el Instituto Social Pío XII de Roma, fue decisivo en el crecimiento de Inditex al crear una red de cooperativas textiles semiclandestinas que, aún hoy, en la legalidad, son las que permiten al gigante de la moda dar respuesta inmediata al mercado cambiante. El sacerdote resolvió el quebradero de la empresa de tener que recorrer aldea por aldea e ir puerta por puerta dejando patrones y recogiendo las prendas confeccionadas en una población tan dispersa como la gallega.

«Yo empecé en el año 1983 con Fíos. Rogelio García, que era el director, me llamó y me sugirió que montásemos un taller», puntualiza el padre Jorge. Había gente trabajando por las aldeas, una, dos, tres personas, pero la fabricación en aquellos momentos era ridícula si se compara con el actual volumen de producción. «A Santa Gema venían continuamente mujeres necesitadas a pedir y yo pensaba que nada remediaba darles 1.000 pesetas porque al día siguiente estarían igual». Pensó que la idea del taller podía ser el remedio. «Empezamos doce personas de la parroquia en economía sumergida. Llamé a Vigo a la única fábrica de máquinas de coser que conocía, a Refrey, y les invité a que viniesen porque había un grupo de mujeres que quería empezar a coser. Dejaron las máquinas sin que se firmase nada y estuvimos un año trabajando con ellas. Las chicas dejaban de vez en cuando 5.000 pesetas porque había que pagar las máquinas. Al año, volvieron y se hicieron unas letras. Nadie quería firmarlas hasta que me presté yo, pero advertí que no tenía nada y que si no pagaban o desaparecían, allá ellos. Al final cobraron todo. A continuación pasamos a hacer una cooperativa y la Xunta de Galicia entró en sociedad, ya que era el sistema que utilizaba en aquellos tiempos para subvencionar un proyecto. Era un sistema ilegal porque en las cooperativas no podía haber socios capitalistas. Al cabo de un año, cuando comprobó que la gestión era buena, cedió todo y se fue».

La Xunta aportó un capital de «1,4 millones de un total de 4 millones. Se utilizó para pagar las máquinas».

El sistema de cooperativas y de talleres de confección echaba a andar. El boca a boca propagó la noticia de las mañas del cura para crear puestos de trabajo. Tenía experiencia. En Navarra había participado en los inicios del cooperativismo agrario. También en Melide había ayudado a constituir varias cooperativas ganaderas. «Estaba todos los días en la carretera. Me llamaban curas, alcaldes, mujeres que querían empezar a trabajar y así lo fuimos haciendo hasta montar ciento veinte cooperativas. Unas dos mil quinientas chicas empezaron a trabajar conmigo», detalla.

Lo que estaba sucediendo en Galicia también se conoció en el País Vasco y Cáritas de San Sebastián organizó su cooperativa con la ayuda de este sacerdote. Y lo mismo hizo en Zamora, en Reinosa y, por supuesto, en las cuatro provincias gallegas.

El padre Jorge declaró hace años: «Los bancos y yo actuábamos como verdaderas putas». Lo reconoce, pero le molesta que se utilice para enfrentarlo a Inditex. «Y actuamos como putas. Lo que pasa es que hay gente que viene con la intención de desacreditar a Zara. La empresa tiene fallos, pero también muchos aciertos. Por ejemplo, cuando un taller se desploma, no se le puede achacar a Zara. Hay que ver cómo trabajan las mujeres y cómo están organizadas en las cooperativas. La confección se hizo siempre en los países subdesarrollados. La venta de la confección, que es donde está el valor añadido, perteneció siempre a los países ricos. En la confección hay trabajo de negrero y punto. Y si los precios son ajustadísimos, que lo son, tendrás que suplirlo con horas y horas. Y, entonces, tendrás economía sumergida, no porque los talleres no estén dados de alta en la Seguridad Social y en Hacienda, sino porque no hay derecho a vivir para trabajar».

Las mujeres que fatigan el día entre trapos se contentan con la ilusión de que en el futuro cobrarán la jubilación, «aunque tampoco tienen adonde ir y aguantan trabajando once horas seguidas», señala el religioso. A la empresa sólo le reprocha que no se implicase más en la puesta a punto de esos talleres. «Tendrían que haber orientado y enseñado a esas mujeres, aunque también hay que decir que ellas no se dejan. Evidentemente, Amancio Ortega no se implicó porque a medida que fue aumentando el volumen del grupo se preocupaba menos de estos temas, que quedaban en manos de cada fábrica. El sistema es tan complejo que realmente quien domina la confección no son las fábricas, sino los comerciales. Éstos son los que exigen y aprietan».

Hay una constante en la opinión que los empleados tienen de Amancio Ortega. Los que comenzaron con él y los que trabajan codo a codo en diseño hablan bendiciones. Los que dan el callo en los talleres y en logística opinan lo contrario. «Siempre ha sido muy justo. A veces lo he llamado y le he dicho cómo habéis hecho esto o lo otro. Él no lo sabía. Corregía de inmediato el problema», disculpa Javier Cañás Caramelo.

La treta urdida por el padre Jorge y por los bancos fue fruto del ingenio agudizado por la necesidad. «Llegamos a financiarnos por encima de lo legalmente permitido», declaró a *Artículo 20*, en un reportaje firmado por Mónica Sabatello. Cada chica adelantaba 700.000 pesetas, pero «además conseguíamos otras cuatrocientas a través de ayudas a hijas de agricultores menores de treinta y cinco años; otras quinientas mil de la renta de subsistencia y, por último, créditos subvencionados». Los suministradores de las máquinas engordaban las facturas. «Ponían veinte millones en vez de los quince que costaban las máquinas y los bancos nos daban el crédito sin aval. Como el dinero de esas chicas ya lo teníamos, el crédito era un comodín de papel pero la subvención de la Xunta por financiación de intereses era de verdad». La jugada terminaba con el padre Jorge devolviendo el dinero al banco menos las 500.000 pesetas de cada una. «No corrían riesgos y cobraban 200.000 o 300.000 pesetas por firmar. Todos estábamos contentos». El ardid proporcionaba 1,4 millones de pesetas por cooperativista, el doble de lo que habían invertido, «y así ellas pagaban su capital y se llevaban dinero para casa».

López Neira no desmiente la información que salió publicada por la revista, pero cree que «a veces las cosas se escriben con mala intención».

En el transcurso de nuestra conversación, el padre Jorge es interrumpido en varias ocasiones. Son mujeres iletradas a las que continúa aconsejando, aunque mal pinta el negocio del textil para las cooperativas gallegas. «Ahora no manejo cifras exactas, pero deben de ser diez mil las mujeres que trabajan para Inditex en cuatrocientos talleres. Hubo treinta mil cooperativistas en 1992 y eso quiere decir que se perdió más de la mitad», manifiesta con nostalgia y desánimo.

Pese a este paulatino descenso de puestos de trabajo, el religioso pasionista tiene un alto concepto del dueño de la empresa. «Amancio tiene claro, y de eso quiere ser responsable, que a su cargo hay treinta mil trabajadores directos. A mí me lo dijo un día y lo demostró creando la fundación para conducir la empresa cuando él falte. Claro que hay muchas quejas, pero cada uno habla de la feria según le va en ella y en la situación en que nos encontramos no queda más remedio que la globalización. Este hombre no puede pretender hacer aquí la prenda pagando más a nuestras trabajadoras y no competir en el mercado. Significa que el trabajo se va a los países que todavía no se han desarrollado. Nuestro nivel de vida es más alto que el de Marruecos y el de otros países como los del Este, que además cosen muy bien. Sólo con las cargas sociales no podemos hacer frente a los precios de Zara. Lo mismo empieza a pasar en Portugal».

Cantan los números. Una mujer marroquí que ensamble cien prendas al día percibe 108 euros al mes. Por la misma operación, en Portugal los emolumentos ascienden a 300 y en Galicia el coste por operaria se dispara a los 500.

Inditex ha decidido no abrir más talleres en Galicia. «No dan números bajo ningún concepto porque se desprestigian. Son conscientes de que es imposible conseguir un sueldo digno si no es invirtiendo muchísimas horas y con los que tienen les llega», afirma el padre Jorge.

Estos talleres propios, de una plantilla media de veinte personas, son los que garantizan la respuesta inmediata. Los pedidos oscilan entre siete mil y diez mil prendas por centro de producción y el tiempo para hacer el trabajo es de tres días máximo. Los talleres reciben 2,25 euros por prenda confeccionada.

A José Regojo lo hundieron los bajos salarios del Lejano Oriente. Inditex creció por la capacidad de trabajo de las costureras gallegas y por el bajo coste de la mano de obra en países más desfavorecidos, como sus competidores. Capitalismo duro.

Un siervo de Dios echó en su día una mano. Cuando se toca al padre Jorge en cualquier conversación que apunte a Inditex, a renglón seguido se alude al gran número de testigos de Jehová que oran y laboran en Zara. No hay que buscar explicaciones torticeras. Un responsable de personal que ya no está en la empresa profesaba esa religión. Magnífico cargo para abrir la puerta. Es un dato anecdótico en una compañía que sólo cree en el negocio. Que se lo pregunten a las costureras.

La familia

En la dinastía de los Ortega Gaona, pese a que sus progenitores aportaron cuatro hijos (dos hombres en los extremos y dos mujeres en el centro), lo cierto es que las sucesivas uniones matrimoniales no han sido muy prolíficas, a pesar de la ventajosa situación económica que disfruta la tercera generación. Sin contar a sus cónyuges, esto es, tomando la línea directa de sucesión, a finales de 2010 la dinastía estaba compuesta por dieciocho personas, y lo que aún es más significativo, el apellido Ortega se perderá, si se sigue la inscripción de acuerdo con la tradición del Registro Civil español, en la quinta generación. Por lo tanto los biznietos de Amancio Ortega no llevarán su apellido.

Es lo que menos importa, porque no volverán a pasar hambre. No sólo por la herencia recibida, sino por las uniones matrimoniales, más o menos teledirigidas, de la tercera generación.

LA DINASTÍA DE LOS ORTEGA GAONA*

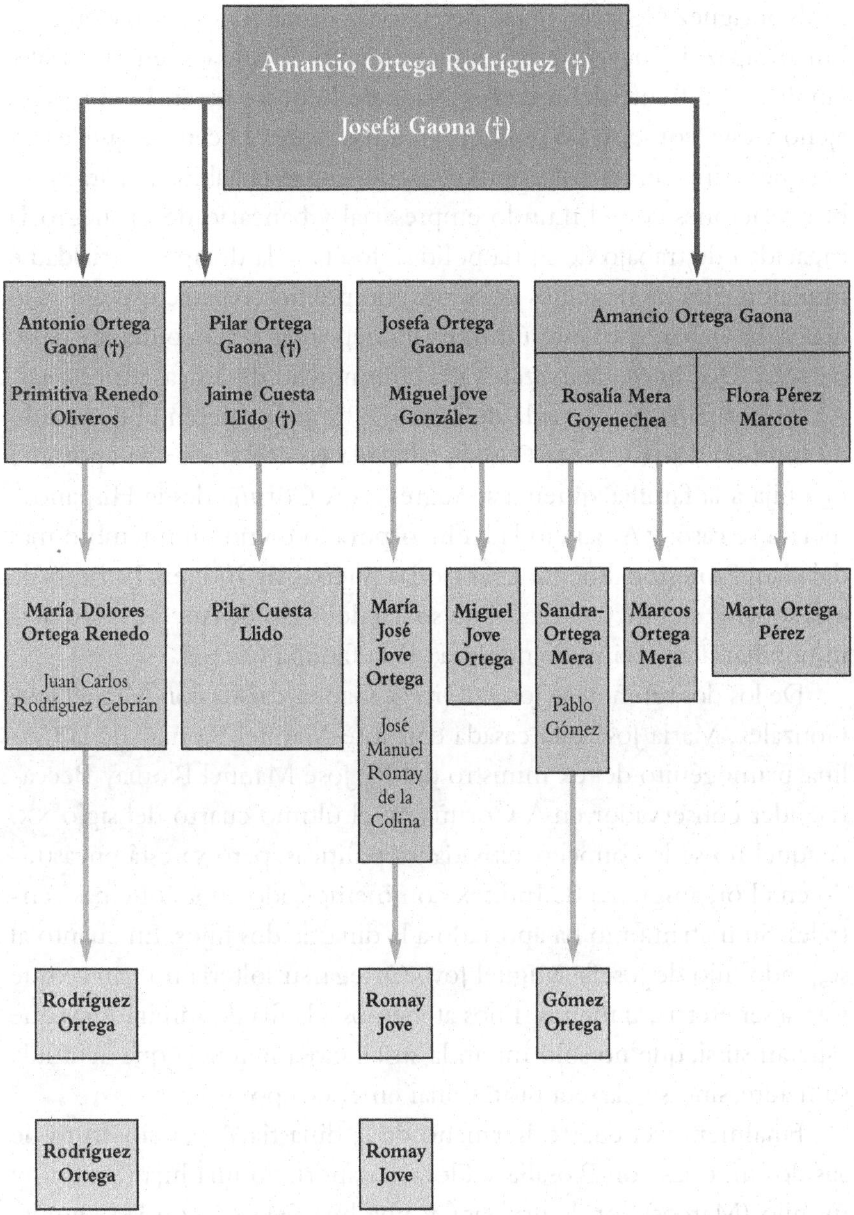

* A febrero de 2011

María Dolores Ortega Renedo, la única hija de Antonio Ortega, ya fallecido, el primogénito de los Ortega Gaona, se casó con Juan Carlos Rodríguez Cebrián, brazo derecho de Amancio Ortega, y quizá el único capaz de sucederle con conocimiento de causa —empresarial y familiar— al frente del imperio. Nada de lo que pasa en Inditex le es ajeno y está, como su tío político, en todas partes. Dicen los que le tratan que reúne, sin tener lazos directos de sangre, la habilidad para entablar relaciones con el mundo empresarial y bancario de su suegro, la capacidad de trabajo de su tía política, Josefa, y la disciplina, frialdad e intuición para los negocios de su otro tío político, Amancio. Y eso es lo que debe haber visto este último para depositar tanta confianza en su persona. Dos hijos garantizan ya la continuidad dinástica por esta vía.

La hermana descarriada de Amancio (entiéndase en el desarrollo de Inditex), Pilar Ortega Gaona, fallecida en 1991, sólo ha aportado una hija a la familia, quien a su regreso a A Coruña desde Hispanoamérica se casó, y Amancio la ha incorporado como un miembro más del clan. Profesionalmente le abrió las puertas de Inditex. La boda de esta sobrina significó el reestreno social del Pazo de Anceis, referencia inmobiliaria, con aires de nobleza, de la familia Ortega.

De los dos retoños de Josefa Ortega Gaona, casada con Miguel Jove González, María José está casada con José Manuel Romay de la Colina, primogénito del ex ministro del PP, José Manuel Romay Beccaría, líder conservador en A Coruña en el último cuarto del siglo XX. A aquél no se le conocen actividades políticas, pero ya está encastrado en el organigrama de Inditex como empleado en las oficinas centrales. Su matrimonio ha aportado a la dinastía dos hijos. En cuanto al segundo hijo de Josefa, Miguel Jove Ortega, su soltería no parece que vaya a ser eterna, al menos si nos atenemos a la fila de admiradoras que esperan su sí, que no sólo miran la sustanciosa herencia que acumula su madre, sino su carrera profesional en el Grupo.

Finalmente, el cuarto hermano de la dinastía, Amancio, fruto de sus dos uniones con Rosalía y Flora, ha aportado una hija (Sandra) y un hijo (Marcos) con la primera, y, una hija (Marta) con la segunda. Sandra está casada con Pablo Gómez empleado en Inditex, y ya han hecho abuelo a Amancio. La discapacidad psíquica de Marcos le mantiene alejado de toda actividad.

De su segunda unión nació Marta, quien con apenas veinte años ya deshojaba la margarita de sus romances entre políticos, como el hijo de José Bono, presidente de la comunidad de Castilla-La Mancha, con el que comparte su afición a los caballos. Después se la vinculó sentimentalmente con el hijo de uno de los presidentes del Banco Pastor, cuya fortuna se complementa perfectamente con la que heredará de su padre, aparte de la amistad personal que une a ambos progenitores. Cuando todos en A Coruña apostaban por esta relación y se preparaban para el gran acontecimiento social, ha irrumpido en su vida Gonzalo Testa, jinete de gran trayectoria hijo de empresarios catalanes.

Pero ese momento, el del casamiento, no ha llegado aún. Marta, recién licenciada, ha empezado la formación empresarial desde abajo. El escenario, una de las tiendas de Zara en Londres, donde está viviendo en primera persona todo el proceso desde que la mercancía llega a la tienda hasta que se devuelve a su origen por resultar invendible. Un trabajo duro que compagina con la gestión de alguna de las sociedades de inversión que le ha encomendado su padre.

¿Qué piensa Amancio de todo ello? Lo cierto es que no suele intervenir en los asuntos del corazón de sus hijos y sobrinos, pero con su forma de fruncir el ceño puede indicar el resultado final de la relación.

Con independencia de los latidos del corazón, de lo que no cabe la menor duda es de que los lazos de sangre juegan un papel fundamental en el desarrollo de Inditex, y éstos, lejos de estrecharse, se amplían a medida que la dinastía aumenta en el número de miembros. Está claro que de los Ortega Gaona y sus adláteres no trabaja en Inditex el que no quiere. Amancio sabe que en la familia reside una de las claves del desarrollo y el futuro de Inditex. Sus respectivos patrimonios también están unidos en cuanto a su gestión, por idénticos lazos. Los que ya están en edad de «tener» patrimonio generalmente lo administran a través de sociedades Simcav, siguiendo los sabios consejos del que más entiende en la casa sobre la materia: José María Castellano. (Ver anexo 3.1., «Los Ortega Gaona, uno a uno»).

CAPÍTULO III
EL HILVANADO DEL IMPERIO

Un paseo por la cocina del imperio

Inditex no tiene oficina en Madrid. Desde la inauguración del primer Zara en 1975 hasta las más de mil ochocientas tiendas repartidas por cuarenta y ocho países de hoy (aunque la cifra crece cada día), la sede del puente de mando ha permanecido en el mismo sitio: Edificio Inditex, Avenida de la Diputación s/n, Polígono de Sabón, Arteixo. A 600 kilómetros de Madrid, con el agravante de que el último tramo de la autovía A-6 fue inaugurado en julio del año 2002. Ni a Galicia ni a Zara se lo han puesto fácil. Una locura si se siguen criterios logísticos. Está en la punta de la punta.

¿Por qué mantener la central en una zona que obliga al departamento de logística a desenmarañar un sinfín de combinaciones?

José Bono le habrá contado a Amancio Ortega en alguna cena, que Carlos V dio un último consejo a Felipe II, su hijo y heredero a la corona, en el lecho de muerte: «Si quieres mantener el reino, deja la capital en Toledo; si quieres que crezca, trasládala a Lisboa; y si quieres perderlo, llévala a Madrid». La anécdota viene a cuento por la trillada comparación entre los dominios de Felipe II y los de Amancio Ortega, y porque José Bono la utiliza mucho para sacar pecho con Toledo. En el caso del primer imperio no se ponía el sol; en el del segundo no hay un solo momento de las veinticuatro horas del día sin un establecimiento abierto al público.

El axioma dice que los problemas mantienen despierta la imaginación y los talleres están desperdigados por Galicia. Imposible el traslado de la sede. «Amancio no es de los que dé patadas al tren para que ande», como lo describe Javier Cañás Caramelo. Si hay un problema, se le busca solución y listo.

La incomunicación de Inditex por nacer en Galicia se solucionó precisamente con comunicación. Así, cuando Zara se abre al mercado internacional en 1989 e internet era una ilusión, la empresa creó una *extranet* privada. Los proveedores accedían mediante un código a un sistema de navegación básico pero muy rápido a todo el reglamento de la compañía, desde el empaquetado hasta el etiquetado. Todo para agilizar el proceso de fabricación y puesta en el punto de venta de lo que quería el cliente. Hasta 1995 los pedidos de las tiendas llegaban a la central por fax. Desde Galicia se enviaba a cada tienda el listado de artículos y las opciones de talla y colores disponibles. El encargado rellenaba el rollo de cruces y devolvía la comanda por el mismo camino. Para la empresa el proceso era un poco lento, pues en Sabón había que pasar la información al ordenador. Demasiados errores. La solución se encontró mucho antes de que las Palm Pilot o las PDA fuesen una herramienta común. En 1995 se dotó a las tiendas con una agenda electrónica Newton (Apple). El aparatejo fue una pequeña revolución, con él, el encargado tiene a mano las ventas de los últimos tres días y las prendas que esperan en el almacén. Esa información también la gobierna la AS/400, la computadora madre, que recoge a diario los informes de ventas. En la sede central saben al momento qué y cómo está vendiendo la tienda de Kuala Lumpur.

Otra de las genialidades fue *la Cobi*, un lector óptico que ha acabado con la etiqueta de las banderitas marca de la casa. El futurista invento lee el código de la etiqueta y reconoce el precio correcto. También el de rebajas. Con un movimiento, la empresa se ha ahorrado un dineral. Para colocar las banderitas de los cuarenta y ocho países (que hoy ya podrían ser más), son necesarios tres cartoncitos. Millones de prendas hacen millones de cartoncitos y al cambio son miles de euros. El lector se estrenó con la dura prueba del euro y fue un éxito. En las tiendas le llaman *la Cobi* por Juan Cobián, padre de la criatura y responsable del área de internet. Es pura filosofía Zara. Operatividad y diseño. Las empleadas se sienten como Lara Croft cambiando precios.

Zara llega a los mercados europeos por carretera. En avión distribuye al año más de 10 millones de kilos. La expansión y la adquisición o creación de marcas comerciales han propiciado nuevos emplazamientos: en Ferrol (Pull & Bear), Tordera y Sabadell (Massimo Dutti, Bershka y Stradivarius), Elche (fábrica de calzado) y Zaragoza (nuevo centro logístico). Pero el buque insignia comercial, Zara, continúa con el cuartel general en el mismo polígono. En él está el jefe en cuerpo y lo estará en alma cuando la fundación que lleva su nombre asuma el mando para perpetuar «la obra». A Amancio Ortega le plantearon la opción de llevar la fundación a Holanda por cuestiones fiscales, pero por una vez pesó más el corazón que el negocio.

Los servicios centrales de Inditex y los departamentos de diseño de Zara (mujer, hombre y niño) se asientan en un edificio inteligente proyectado por Váquez Liñeiro. Fue levantado en 1999 sobre 350.000 metros cuadrados por un precio de 9 millones de euros. El cubo que preside la edificación alberga la fundación y los despachos de los notables de la empresa. A Amancio Ortega le han dejado un sitio, aunque él prefiere el atafago del departamento de señora.

Estamos en el Polígono de Sabón, municipio de Arteixo, a unos kilómetros de A Coruña, en el sitio donde cada día se cortan 130.000 metros cuadrados de tela, en el lugar de donde salen cada año 12.000 referencias distintas. Inditex se extiende por una superficie total edificada de 600.000 metros cuadrados. Dieciséis fábricas comunicadas con el centro logístico por dos túneles y 212 kilómetros de raíles para repartir a la semana dos millones de prendas sorprenden al más pintado. La superficie que ocupan equivaldría a cien campos de fútbol. A diferencia de los otros dos gigantes de la moda, la americana Gap y la sueca H&M, que encargan la confección a terceros, Zara fue la pionera en cerrar el ciclo: fabricar y distribuir.

Son las 11 de la mañana y hay poco movimiento. Dadas las dimensiones de la empresa se presupone un ritmo frenético, un ir y venir continuos. Sólo dos hombres con rasgos orientales hacen cola en los dos puestos de seguridad que acotan la entrada. Tras identificarse y dar las razones de la visita, esperan a que el visitado dé el visto bueno desde el otro lado del hilo telefónico. Son proveedores con un muestrario de telas bajo el brazo y la ilusión de hacer negocio mal disimulada en la cara.

Ser recibido cinco minutos compensa el viaje. Hoy puede ser no, pero mañana puede ser sí. Amancio Ortega y su equipo directivo se libran de pasar la tarjeta como hace el resto de empleados. «Podían predicar con el ejemplo», dicen unos. «Es por seguridad», comprenden otros. Circula la anécdota de que hace unos años al propio Amancio no le permitieron la entrada en una fábrica. Se presentó como el dueño, pero el vigilante contestó «que sí, que muy bien, lo que tú digas pero venga los papeles». Amancio Ortega tuvo que dar media vuelta. Ahora se encuentra siempre la barrera abierta.

Un largo y luminoso pasillo separa la fundación y las oficinas del sitio donde se decide qué va a estar en quince días de moda. En las oficinas triunfan el traje y la corbata y eso que hay manga ancha en cuanto a la vestimenta. «Sólo nos llevamos las sorpresas propias de una empresa de estas características», señala Raúl Estradera, que va a hacer de cicerone en un paseo por el corazón del imperio.

A lo largo del pasillo se extienden una treintena de pequeños habitáculos de unos diez metros cuadrados. El único mobiliario es una mesa amplia para que los proveedores extiendan el muestrario. No hay sillas. El tejido se enseña y se examina de pie. En cinco o diez minutos sabrán si ingresan en el club o si tendrán que esperar otra oportunidad. Amancio Ortega, acompañado de José Antonio Caramelo, se subió al *Shanghai,* recorrió la cornisa Cantábrica y por una recomendación consiguió que una empresa de Barcelona les vendiese tejido. Cuatro décadas después, esas empresas esperan turno en su puerta a que él les compre. «Son muchos los proveedores que pasan por aquí en un día», afirma Estradera.

Justo detrás se encuentra el área de diseño. Ocupa un amplio espacio en una misma planta, donde se afanan doscientas personas. Es el territorio en el que Amancio Ortega se mueve con más soltura. Las secciones de niño, caballero y señora se vertebran en tres rectángulos de dimensiones parecidas. Unos ventanales separan los tres ambientes. Cada sección está integrada por tres tipos de profesionales. De la tensión de los tres vértices del triángulo sale la decisión de lanzar una determinada prenda.

Primero están los diseñadores. Lápiz, cuaderno y dinero para comprar las prendas que les gustan es todo el equipo que llevan las dos veces al año que salen de media a inspirarse. El ordenador es su otra herramienta.

La siguiente pata son los encargados de la gestión comercial. Trabajan con proveedores o con fábricas propias para ajustar precios y están en permanente contacto con el tercer vértice, que son los agentes de países. Éstos escuchan lo que se cocina en la tiendas, olfatean las calles y examinan la oferta de la competencia. Más peros a la prenda pensada por el diseñador. El diseño es bárbaro, el tejido entra dentro de los parámetros de la empresa, pero no se va a fabricar porque no se va a vender porque a su vez no se lleva. Y Zara sólo fabrica lo que el cliente quiere comprar.

«Si solamente tomáramos decisiones por temas de costes de producción, tendríamos un producto muy competitivo pero no daríamos moda ni haríamos caso a lo que nos piden los clientes. Si las decisiones las tomaran los diseñadores, tendríamos cosas muy bonitas en las tiendas, pero no las compraría nadie por su precio. Y si las decisiones las tomaran sólo los agentes de países, en las tiendas tendríamos sólo el tipo de pantalón que mejor se vende». Raúl Estradera lleva el ejemplo al extremo: «Lógicamente, el diseñador sabe mucho de tejidos, sabe mucho de fabricantes y lo que cuesta hacer las cosas y sabe mucho de países porque trabajan juntos, pero, digamos, cada uno desempeña un cierto papel».

Por este motivo el espacio es abierto. Nadie permanece mucho tiempo en la silla y de la comunicación continua van saliendo las prendas.

«Nuestro sistema se basa en que muchas decisiones no se toman hasta el último momento. Se intenta que el tiempo entre una decisión y la puesta de un determinado producto en las tiendas sea lo más corto posible. De esa manera disminuyes el riesgo inherente a nuestro negocio, que es el riesgo de la moda», explica Estradera.

El método tradicional decide un año antes confeccionar un traje determinado, encarga la producción con tres meses de antelación, lo almacena y a medida que avanza la campaña lo envía a las tiendas. Si se ha equivocado en algo tan nimio como la solapa, no queda más remedio que hacer promociones, abaratar la prenda o recurrir a la publicidad para poner de moda la solapa en cuestión.

Zara procura «que la producción antes del inicio de la campaña sea lo más pequeña posible. Si en el sector lo normal es que esa cifra ronde el 50 por ciento, nosotros intentamos que sólo comprenda el 25 por ciento, en cifras orientativas». La empresa consigue con esta fórmula margen para maniobrar según el cariz que tome el mercado.

Inditex encarga a proveedores externos las prendas conocidas por básicos. Es decir: *jeans*, *tops*, camisas blancas de caballero, etcétera. Todo lo que no pasa de moda. «La capacidad de respuesta nos la reservamos para los productos a los que les afecta la tendencia. Nuestras fábricas son capaces de colgar una prenda en las tiendas de todo el mundo en dos semanas», aclara Estradera.

Hay prendas colgadas por todas partes. Los diseñadores dejan el ordenador, se levantan, comentan, preguntan, van, vuelven.

¿Copian o crean? «Todo el sector recibe las mismas influencias, observa las mismas cosas, prevé por dónde va a ir la moda, y conoce las tendencias generales. Todos nos miramos unos a otros y entonces, más o menos, los diseñadores de Zara, al igual que los diseñadores de otras compañías, hacen productos que van en la misma línea. Lo que tratamos nosotros es la capacidad de cambiar antes de fabricar los productos y de haberlos tenido que almacenar. La filosofía Zara es que en las tiendas haya lo que la gente quiere. No explicarle a la gente lo que quiere ponerse».

No hay rastro de Amancio, que suele gravitar por diseño dando y quitando razones.

Al fondo trabajan las patronistas, las que saben, con echar un vistazo, si al diseñador se le ha ido la mano. «De todo lo que nosotros vamos a poner en las tiendas hacemos prototipos. Hacemos prendas de verdad». Al fin se ven máquinas de coser. El prototipo se prueba para comprobar cómo sienta. Si es prenda de niño en maniquíes (el de bebé tiene el pañal); la ropa de hombre y de mujer con modelos de carne y hueso.

«Todo se convierte en patrones, que no son más que piezas como en un puzle. Se hacen escalados para tener todas las tallas y eso es información, informática pura, que se guarda hasta que en algún momento vaya a un proveedor o a una fábrica con una ficha pormenorizada para producir la prenda», explica nuestro guía.

La moda tiene algo de cacao cósmico. Hay poco movimiento porque faltan unos días para las rebajas. Muchos diseñadores están de viaje para preparar la colección a año y medio vista. En la mesa de al lado otra persona habla con las tiendas del mundo y sopesa si enviar camisetas de color azul o amarillo a la tienda de Kuala Lumpur.

Para Zara la clave del negocio está en las tiendas. «Puedes ir a las pasarelas, pero es más importante lo que te pueda contar la encargada de la tienda de la calle Gran Vía, del Paseo de Gracia o de Copenhague, porque te va a explicar lo que dice la gente que manda, que son los clientes de nuestras tiendas».

Las pautas de trabajo se repiten en niño, hombre y mujer. Diseñadores, agentes de países, comerciales de compras, prototipos saliendo de las máquinas... La jornada comienza a las 9.30. Concluye cuando lo considera el trabajador, que administra el ritmo.

Mujer ocupa más espacio. Es el departamento más complejo al contar con tres grandes líneas independientes: Basic (las prendas básicas), Woman (moda) y Trafaluc (la línea juvenil). Las máquinas de coser ronronean en otra sala.

Es la zona en la que pasa los días el jefe porque «el despacho no lo utiliza casi nunca». Encabezando una hilera de mesas debería de estar Amancio Ortega, pero hoy su sitio se encuentra vacío. ¿Casualidad o causalidad?

Su mesa de trabajo es como la de los demás diseñadores. No ha puesto una fotografía de la familia ni se aprecia objeto alguno que no sea material de trabajo. El ordenador está apagado, pero unos papeles amontonados sobre la mesa dicen que ha sido utilizada hace no mucho tiempo. Quizá Amancio Ortega esté observando desde otra parte. «No hay nada especial», dice Estradera. ¿Se manejará con el ordenador el hombre que ha revolucionado el mundo de la moda? «Sí, aunque su trabajo tampoco es ése», contesta Estradera. ¿Sí o no? «Regular, normal...». Es terreno resbaladizo y no se vuelve a formular la pregunta. Quizá se sientan incómodas las personas que dan el callo al lado del jefe, que gasta fama de fomentar la competitividad. «Yo creo que todo lo contrario. Precisamente como está aquí todos los días, no deja de ser un compañero más. Es una persona muy accesible y muy normal con todo el mundo. Él hace fáciles las relaciones».

De diseño damos el salto a una tienda piloto de Zara. Es exactamente igual a cualquier establecimiento de las céntricas calles de las primeras ciudades del mundo. Están probando unos cambios en la iluminación. «Aquí vemos desde los pavimentos que se utilizan, la iluminación, el color... Todo se trata al milímetro. Estás continuamente investigando para mejorar la decoración de las tiendas porque hay un elemento muy grande de tendencia e imagen. Es como una especie de laboratorio de I+D», aclara nuestro guía. Se discuten hasta detalles tan baladíes como qué clase de caramelos van a ser ofrecidos en el mostrador.

La dimensión de la tienda laboratorio viene a ser la de un establecimiento medio-grande: 1.200 metros cuadrados. Una tienda gigantesca puede llegar a los 3.000 metros cuadrados. Aún quedan zaras de ochenta metros. Cuando se inauguró el primer Zara de Ourense, Jordi Bernardó llevó los elementos de decoración en una *Mini*, pero ahora ya no se establecen en locales de menos de 300 metros. «Entre ochocientos y mil quinientos metros cuadrados se mueven la inmensa mayoría de nuestras tiendas. Luego, hay tiendas gigantes como la primera que abrimos en Italia, la de Milán», explica Estradera. En esos casos se valora también la imagen y la irrupción de la marca en un nuevo mercado. «Abres una tienda muy grande en Milán —en la céntrica avenida de Vittorio Emmanuelle II— porque va a ser tu escaparate y va a generar una rentabilidad que no es puramente económica: rentabilidad de imagen por el tipo de planteamiento de no hacer publicidad convencional. Pero sí invertimos mucho dinero en la imagen de las tiendas y en dónde las situamos y en los escaparates. La rentabilidad de imagen no es óbice para que la tienda tenga que vender y justificar unos resultados».

En otra sala contigua un equipo de diseño discute sobre una prenda que luce un modelo. Es lo que se conoce como *show-rooms*, con el matiz de que «los de las empresas que se dedican a esto son lugares abiertos donde presentan sus colecciones. La pasarela la hacemos para nosotros», aclara Estradera. Los equipos de diseño presentan en este espacio su trabajo al resto de creativos y a los que se encargan de las tiendas. Si no gusta, se corrige de inmediato.

En el pasillo que comunica los laboratorios hay colgados carteles enormes del reportaje que Canal plus realizó después de la salida de la empresa a Bolsa. Fueron las primeras cámaras en registrar lo que sucedía dentro de los muros de Inditex con la condición de que no tomaran una sola imagen de Amancio Ortega.

Un letrero en el que reza «Prohibido el paso» impide la entrada al laboratorio de los escaparates. «Está prohibido el paso para todo el mundo. Para mí, para ti, para todos». Sin embargo, tras cruzar unas palabras con la alemana Doris, discípula de Jordi Bernardó y encargada de una pieza fundamental del puzle Inditex, podemos franquear la entrada. Varias personas trabajan en un escaparate milimétricamente montado. A los tres meses de la visita se puede comprobar que en las tiendas se reproduce lo que se ideó en la central. «Es un laboratorio muy potente y muy importante para nosotros, porque es lo que vamos a poner en la calle y es lo primero que van a ver nuestros clientes o nuestros potenciales clientes antes de entrar en la tienda. Y va a ser uno de los principales elementos de atracción. Luego, en la tienda entran en juego los otros elementos que hemos estudiado en la tienda piloto, como el ambiente que queremos crear: debe ser confortable, cómodo, que haga que comprar sea una actividad casi lúdica y que el encuentro con la moda sea una cosa agradable. Pero el escaparate es lo que primero va a ver la gente».

A lo largo de una temporada, Zara presenta dos grandes escaparates: el de la campaña de invierno y el de la de verano. A ellos hay que sumar el de rebajas, que suele ser muy simple, y el de Navidad. «Pero como lo que tienes dentro de la tienda está cambiando continuamente, el escaparate tiene que reflejar el cambio de tu colección o tu propuesta a lo largo de toda la campaña. Eso significa que cada tres o cuatro semanas —en función de lo que esté sucediendo— se cambia el escaparate. Cambia la ropa y algún pequeño elemento. Los escaparates son sagrados. Nadie puede entrar ahí ni tocar nada, excepto las personas que se dedican a eso», explica Estradera.

La visita al cuartel general concluye con una ojeada a la tienda piloto de Zara Home con la que la compañía ha entrado a competir por el mercado del hogar. Están trabajando en el diseño y en el producto que se va a vender. Suena jazz por el hilo musical, tal y como sucederá en las tiendas, porque «el detalle más mínimo es importante».

El siguiente salto es fuera del edificio que alberga los servicios centrales para comprobar cómo funciona el centro de logística. El jefe sigue sin dar señales de vida. Seguramente ya esté ocupando su mesa de trabajo.

Desde la primera fábrica GOA en el Polígono de Sabón, allá por 1976, hasta las dieciséis que hoy en día trabajan para Zara han pasado menos de tres décadas. Los dieciséis puntos de producción están comunicados con el centro logístico por 212 kilómetros de raíles y dos túneles que atraviesan hasta la carretera.

En el centro logístico todavía queda una fábrica integrada. Se dedica a la producción de prendas de señora. La información de un determinado modelo pasa del departamento de diseño a los ordenadores de la fábrica, que hacen directamente la marcada. Es decir, en la bobina de tejido se proyectan todas las piezas que conforman una prenda aprovechando hasta el último centímetro de tela. Los patrones se dibujan también en papel para que sirva de guía, aunque no sería necesario porque el ordenador transmite directamente la información a los robots de la mesa de corte. Un chorro de aire permite mover las telas pesadas. La misma mesa aspira el tejido hasta dejarlo firme como una tabla para que el corte del robot sea más preciso.

«Todas las piezas se marcan. Cuando fabricas un traje, por ejemplo, las piezas que hacen la manga, el delantero, la espalda, se cogen de la misma capa y de la misma zona de la bobina para evitar hasta una pequeña diferencia de tintada. Aunque has hecho un control del tejido según lo has ido extendiendo, si hay un error, una tara, afecta a unas determinadas prendas y no aleatoriamente a un montón. Con eso minimizas costes», detalla Estradera.

Las empleadas de la fábrica están comiendo. En el suelo esperan unas bolsas negras a que sean enviadas a los talleres. En tres días, ya confeccionadas, estarán de vuelta. Con el planchado, también tecnificado e informatizado, la ropa está lista para ser distribuida por el centro logístico. Un pedido tarda sólo una media de diez días en llegar a la estantería de la tienda.

A la prenda que es transportada colgada se le coloca una clave que la envía a un sitio determinado de los 212 kilómetros de raíles. No habría cabeza humana con capacidad para almacenar todas las combi-

En esta casa semiderruida del pueblo leonés de Busdongo de Arbás es posible que naciera Amancio Ortega, uno de los hombres más ricos del mundo. (Foto: Autores.)

Un joven Amancio Ortega en la fotografía de su DNI. (Foto: *El Mundo*.)

Cuando la familia se trasladó a A Coruña vivía en una casa que les proporcionó RENFE, la compañía en la que trabajaba el padre de Amancio. (Foto: Autores.)

En la camisería Gala, un joven Amancio de catorce años consiguió su primer trabajo como chico de los recados. (Foto: Autores.)

El padre de Amancio Ortega en una reunión de ferroviarios celebrada en Ordes en marzo de 1967. (Foto: Cedida por Manuel Navarro.)

La Maja en los años cincuenta, cuando era uno de los comercios de referencia en A Coruña. En la tienda coincidieron los hermanos Ortega —Antonio, Amancio y Josefa— y Rosalía Mera, primera mujer de Amancio. (Foto: cedida por José Luis Castro Quintás.)

Las dependientas de La Maja posan detrás del mostrador. Rosalía Mera es la primera por la izquierda. (Foto: cedida por José Luis Castro Quintás.)

Amancio Ortega abrió su primer taller en la calle San Rosendo de A Coruña, pero a los pocos meses se tuvo que trasladar a otro más grande en la calle Noia —en la imagen—, que sigue con los mismos portales de entonces. (Foto: Autores.)

José María Castellano, Juan Carlos Rodríguez Cebrián y Carlos Espinosa de los Monteros en el parqué madrileño el día de la salida a Bolsa de Inditex. (Foto: Cordon Press.)

Rosalía Mera, primera mujer de Amancio Ortega, es la segunda accionista de Inditex. (Foto: Xurxo Lobato/*La Voz de Galicia*.)

Ésta fue la primera imagen que Inditex hizo pública del presidente del Grupo. (Foto: *El Mundo*.)

Josefa Ortega Gaona, hermana de Amancio, mantiene un importante paquete de acciones de Inditex. (Foto: Xurxo Lobato/*La Voz de Galicia*.)

María Dolores Ortega Renedo, hija del hermano de Amancio, está casada con uno de sus hombres de confianza, Juan Carlos Rodríguez Cebrián. (Foto: Xurxo Lobato/*La Voz de Galicia*.)

Juan Carlos Rodríguez Cebrián podría llegar a ser uno de los sucesores de Amancio al frente del Grupo Inditex. (Foto: César Quian/ *La Voz de Galicia*.)

Las instalaciones de Inditex en el polígono de Sabón, en Arteixo (A Coruña), ocupan un gran edificio de oficinas y numerosas naves industriales. (Foto: Xurxo Lobato/ *La Voz de Galicia*.)

Juan Carlos Rodríguez Cebrián, director general de Inditex; José María Castellano Ríos, vicepresidente del Consejo de Administración; y Antonio Abril Abadín, secretario general del Grupo y del Consejo, presiden la Junta General de Accionistas. (Foto: Xurxo Lobato/ *La Voz de Galicia*.)

En el departamento de diseño el trabajo se desarrolla en equipo. (Foto: Xurxo Lobato/ *La Voz de Galicia*.)

Trabajadoras en el área de planchado de ropa de la fábrica de Sabón. (Foto: Xurxo Lobato/*La Voz de Galicia*.)

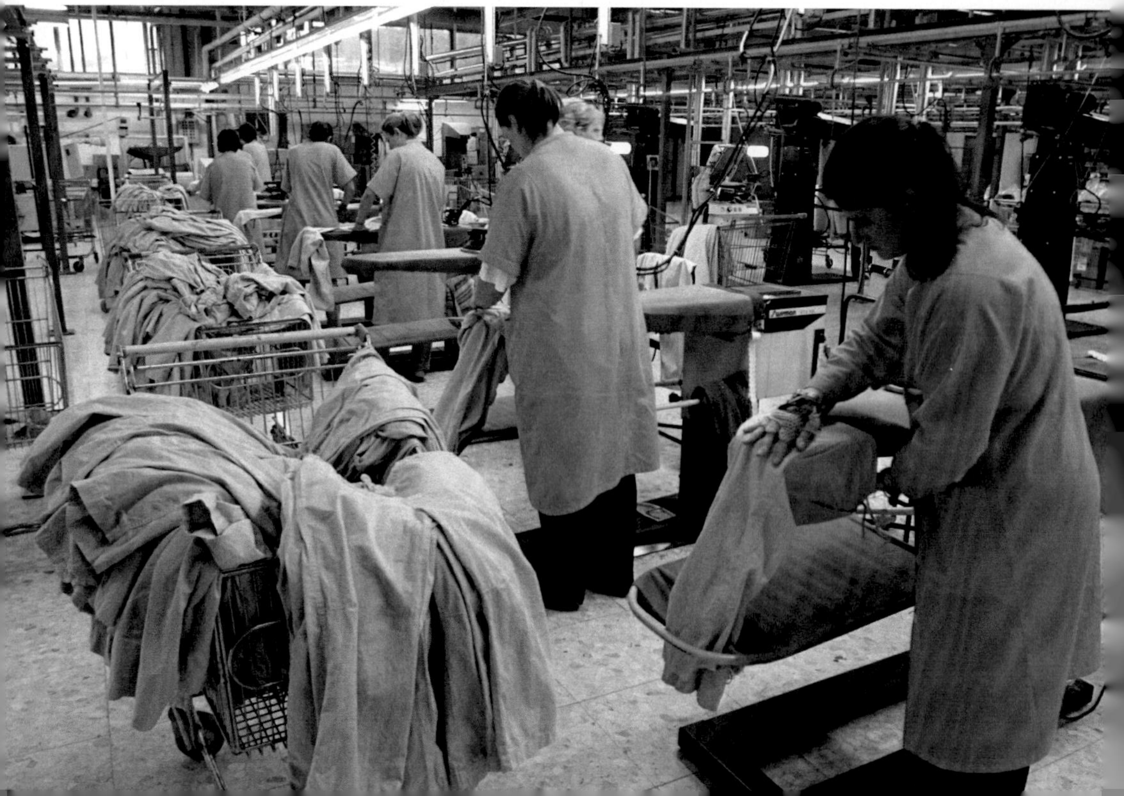

Uno de los grandes aciertos de Inditex es la rapidez y el bajo coste en el etiquetado de las prendas. (Foto: Xurxo Lobato/*La Voz de Galicia*.)

Un trabajador supervisa en bicicleta la mercancía en el almacén logístico de Sabón. (Foto: Xurxo Lobato/ *La Voz de Galicia*.)

El transporte de las prendas se realiza con camiones, barcos y aviones a todas las partes del mundo en las que hay tiendas de Inditex.
(Foto: Xurxo Lobato/*La Voz de Galicia*.)

Para sus desplazamientos privados o de trabajo, Amancio utiliza este avión de su propiedad. (Foto: Xurxo Lobato/*La Voz de Galicia*.)

Hay tiendas de Zara, como ésta del pequeño reino de Bahrein, repartidas por todos los rincones del mundo. (Foto: Xurxo Lobato/ *La Voz de Galicia*.)

En el Zara de la calle Torreiro de A Coruña, su local preferido, Amancio conoció a su segunda mujer, Flora Pérez, que trabajaba allí. (Foto: Xurxo Lobato/ *La Voz de Galicia*.)

Amancio Ortega vive en este edificio del céntrico barrio de Zalaeta (A Coruña), al que han bautizado jocosamente como *Zaraeta*. (Foto: Autores.)

Pazo de O Drozo, en Anceis, donde Amancio disfruta los fines de semana. (Foto: F. Miñones)

Marta Ortega es la hija pequeña de Amancio, nacida de su relación con Flora Pérez. (Foto: Marga G. Brea/*La Voz de Galicia*.)

Marta Ortega en el II Concurso Internacional de A Coruña, en el Club Hípico Casas Novas, construido por su padre. (Foto: César Quian/ *La Voz de Galicia*.)

Amancio conversa con el duque de Lugo en el Club Hípico de Casas Novas. (Foto: César Quian/*La Voz de Galicia*.)

Victoria Federica, la hija de la infanta Elena, en brazos de Flora Pérez, la segunda mujer de Amancio, en Casas Novas. (Foto: César Quian/ *La Voz de Galicia*.)

José Bono y Amancio Ortega en un concurso hípico. A los hijos de ambos se les vinculó sentimentalmente, pero lo que mantienen es una relación de amistad nacida de su pasión común por los caballos. (Foto: Xose Castro/ *La Voz de Galicia*.)

Amancio y Marta conversan en el centro hípico con José María Arias, hijo del presidente del Banco Pastor, novio de la joven. (Foto: Xose Castro/*La Voz de Galicia*.)

Amancio Ortega y Mariano Rajoy durante una visita del vicepresidente primero a las instalaciones de Sabón. (Foto: KOPA/ *La Voz de Galicia*.)

José Luis Rodríguez Zapatero también visitó Sabón junto a Amancio, Emilio Pérez Touriño y José María Castellano. (Foto: César Quian/ *La Voz de Galicia*.)

Manuel Beiras, líder del Bloque Nacionalista Galego, flanqueado por Castellano y Ortega en su visita a Sabón. (Foto: Xurxo Lobato/ *La Voz de Galicia*.)

Josep Piqué también visitó las instalaciones de Inditex cuando era ministro de Ciencia y Tecnología (Foto: César Quian/ *La Voz de Galicia*.)

naciones. Zara apostó por la informática cuando el mundo estaba todavía saliendo de la era Gutenberg. En el núcleo del centro logístico, dos carruseles de algo más de kilómetro y medio de largo se encargan de empaquetar solitos las prendas que viajan dobladas. Inditex tomó prestada la idea de la industria de la paquetería. La danesa DHL lo puso en funcionamiento y los ingenieros de la empresa le dieron una vuelta para adaptarlo a sus necesidades. Algo tan peregrino como la pintura es fundamental en una máquina con capacidad para empaquetar y distribuir de setenta mil a ochenta mil prendas a la hora. «Según el tipo de pinturas que utilices, los envoltorios plásticos resbalan de una manera o de otra. Utilizamos la mejor tecnología disponible y le hacemos mejoras para que nos dé un rendimiento mayor», cuenta Estradera.

Hay analistas que sostienen que la logística es la clave en el negocio de Inditex. Raúl Estradera acude inmediatamente al corte. «Si quitas "la" y lo dejas en que la logística es clave para nuestro negocio, diré que sí. Pero hay seis, siete o diez cosas que son claves. El diseño, la fabricación, la integración vertical —que fabriques una parte de lo que tú vendes—, el capítulo inmobiliario, el escaparatismo. Hay muchas cosas que son clave, pero yo diría que alrededor de la tienda está lo más importante de nuestro negocio».

Para dar por finalizada la visita, Raúl Estradera pone especial empeño en encontrar una de las bocas de los dos túneles que comunican las fábricas. Hay poca gente que conozca a la perfección el centro logístico. Empieza a llegar un turno. Visten un jersey de cada color según la sección en la que trabajen. Son del club de las quejas. Los mentideros dicen que el nuevo centro logístico en Zaragoza no rinde al mismo ritmo que el originario. Los empleados no están dispuestos a hacer jornadas más largas de ocho horas y en Sabón el trabajo va por oleadas. Ésa es otra historia.

Tras treinta minutos de caminata aparece el punto de conexión de los dos túneles. Hay que descender cinco plantas mientras un centenar de chaquetas suben solas. En la planta baja hay aparcadas tres bicicletas parecidas a la que utilizaba Amancio para hacer el reparto cuando trabajaba en la camisería Gala. El vehículo de los empleados de mantenimiento para responder a un problema es la única mota de herrumbre. La cadena sí está engrasada.

Son las dos de la tarde. Las chaquetas siguen a lo suyo. En el exterior se yergue un aerogenerador eólico. El bicho anuncia a varios kilómetros dónde se encuentra Inditex. Pretende ser la nueva contribución de la casa a la causa de la ecología. Se suma a las dos plantas de cogeneración y a la reutilización del cartón. Inditex también ha sido pionera en plantar un aerogenerador en la puerta de casa. Tanto, que ha cogido a contrapié a los legisladores. Mientras el litigio se resuelve, alimenta a Fíos y la empresa espera que proporcione el 20 por ciento de la energía que consume.

Llueve, pero en los dominios de Amancio Ortega, el hombre más rico de España y quinto de Europa, no se pone el sol.

El trabajo fuera y dentro de Inditex

Toda empresa exitosa que se precie siempre aparece rodeada de cierto halo de misterio que justifica lo que para los expertos, los mercados y la sociedad resulta difícil de asimilar desde una perspectiva del razonamiento cartesiano. Dice Cecilia Monllor, autora del libro *Zarápolis. La historia secreta de un imperio de moda*, que la rumorología sobre los negocios sucios de Inditex daría para escribir varios tomos, pero lo cierto es que nadie se ha atrevido con ello, quizá porque no dan para tanto o porque nadie se atreve a contar todo.

Cierto que, en este campo de la rumorología, se barajan, según las distintas fuentes, decenas de posibilidades sobre el origen del milagro Inditex y de la fortuna de Amancio, desde barcos fantasmas en aguas internacionales con costureras esclavas que cosen a bordo, hasta conexiones internacionales con cárteles colombianos del narcotráfico. Porque todos se hacen la misma pregunta: ¿es posible pasar, en apenas cuarenta años, de vender cucos y batas, a rivalizar con las principales multinacionales del sector? Dada la situación geográfica de la central de la sociedad en Galicia, el tema del narcotráfico a gran escala es uno de los rumores más extendidos.

Sin embargo, parece que nada de esto es verdadero. De sus supuestas relaciones con el narcotráfico, lo cierto es que la única vez en la que lateralmente se vio implicado Inditex en un caso de este tipo fue en marzo de 2001, cuando los empleados de la factoría de Inditex de Arteixo (A Coruña) descubrieron en el interior de un contenedor 26 kilos de cocaína. El contenedor —según informó *La Voz de Galicia*— había llegado a bordo de un camión procedente de Vigo, según la empresa, o de Bilbao, según fuentes gubernativas. La documentación que acompañaba la carga decía que el contenedor sólo contenía camisetas confeccionadas en Perú, que habían sido embarcadas en el puerto de El Callao de este país, desde donde salieron rumbo a España. Las fuerzas de seguridad se hicieron cargo de la mercancía y de la investigación. Y ahí acabó todo. Desde Inditex sostienen que éste es un recurso de la competencia para echar por tierra su expansión internacional.

Por otra parte, Inditex ciertamente participa en el negocio naviero, pero lo hace con fines fiscales, y aunque tiene activas varias sociedades no aparece, de momento, como armador directo de ninguno de sus buques, tal y como queda patente, más adelante, en el epígrafe «La hora del naviero».

En esa búsqueda de motivos que justifiquen lo que hoy es Inditex, otra de las explicaciones podría ser que estamos en el complicado mundo de la moda. «El mundo de la moda puede llegar a entontecerte si no andas con cuidado. Está lleno de superficialidad, estulticia, provocación y soberbia», sostiene Cecilia Monllor en su libro. Pero todos siguen preguntándose: ¿puede un empresario, por mucho talento que tenga, ganar durante cuarenta años cientos de millones de forma lícita? Ahí queda la duda.

Lo que sí es cierto es que, en sus orígenes, Inditex apenas inventaba los diseños, y son muchos los que aseguran que se limitaban sencillamente a «fusilarlos». De ello saben en el departamento jurídico regentado por Antonio Abril, a cuyos buenos oficios se debe que no hayan trascendido los pleitos y denuncias que le han interpuesto a las distintas cadenas, pero sobre todo a Zara, por presunto «fusilamiento» del diseño de muchas de sus prendas.

En Francia no han podido mantener la opacidad tan íntegramente como ha ocurrido en España y Portugal, a causa de las severas leyes francesas de protección a sus marcas y productos. Cecilia Monllor sí recuerda en su libro las redadas de la policía francesa en la tienda de la

Ópera de París: «Al principio ocurría con cierta frecuencia. Llegaban, efectuaban un registro, incautaban las prendas que estaban buscando y se iban por donde habían venido».

Pero todo lo anterior, sea cierto o no, no deja de ser un pequeño eslabón, casi insignificante, en el desarrollo de Inditex. La realidad es otra.

Aunque la trayectoria profesional y personal de Amancio Ortega pueda parecer la de un hombre que se ha hecho a sí mismo, el proyecto Inditex difícilmente hubiera salido adelante sin el recurso de la economía sumergida y el trabajo en condiciones precarias que para el Grupo hicieron y hacen los talleres externos, las cooperativas y las fábricas dispersas por África, Asia y América.

Los sociólogos gallegos Carlos Rabuñal y Marta Casal son los primeros que realmente han puesto el dedo en la llaga. Para ellos, hay que buscar a los verdaderos autores del milagro del Grupo en los «talleres concebidos únicamente como un instrumento de alta productividad a bajo coste...», en estos talleres, dicen, «se fuerza a los empleados a trabajar en unas condiciones pésimas». Una de las frases preferidas de los encargados, aleccionados por los enlaces o representantes de Inditex, suele ser ésta: «Mira, si no estás de acuerdo, ahí están los negros deseando trabajar».

Prácticamente desde sus orígenes, el trabajo de ensamblado de las piezas, cortadas previamente en las fábricas de confección del Grupo, se encarga a talleres externos. Se trata de un proceso que no es susceptible de automatizarse y muy intensivo en mano de obra, por lo que desde Inditex se considera que lo más apropiado y rentable es realizarlo externamente.

A estos talleres —a veces se trata de la propia vivienda del trabajador— se les suministran las prendas cortadas en piezas de tejido para su unión e incorporación de fornituras y complementos. El número de talleres superaba en 2001 los cuatrocientos, situados en su mayor parte en España y Portugal (96 por ciento), pero ya entonces se atisbaba un aumento de los mismos en países africanos y asiáticos en detrimento de los ibéricos. Cada fábrica de Inditex trabaja con sus propios talleres, y corresponde a cada director la negociación de precios y el control de calidad del trabajo de los mismos.

La fórmula de pago a estos talleres es distinta según la nacionalidad de los mismos. A los situados en territorio español no se les facturan los cortes de las prendas, sino que se les envían en depósito, y éstos cargan, en el retorno, las cantidades previamente fijadas por sus servicios de ensamblaje. A los talleres situados fuera de España (fundamentalmente Portugal) se les facturan los materiales y se les compran las prendas una vez acabadas. Este orden, que no altera el precio final, sí puede dar lugar a operaciones financieras que a veces resultan un poco opacas.

Cuando las prendas están ensambladas vuelven a la fábrica correspondiente de Inditex para su acabado (planchado, embolsado, etiquetado) y para realizar el control final de calidad de las mismas. Las prendas, una vez rematado el proceso productivo, son trasladadas al Centro de Distribución, mediante camiones o por carriles automáticos que conectan una gran parte de las fábricas del Grupo con el centro logístico.

Mar Iglesias, doctora en Psicología del Trabajo y de las Organizaciones, describe en su estudio sobre «Panorámica sociológica del sector textil gallego» la imagen típica de una manufacturera del textil gallego en el mundo de la economía sumergida: «Grupos de mujeres acuden a los talleres a la hora señalada con el carro de la compra para recoger el material y llevárselo a casa. Esta situación no es exclusiva de Galicia, los tentáculos de este sistema laboral en el textil se han extendido a Portugal, México, Marruecos, Turquía, Grecia, Hungría, Isla Mauricio, Taiwán, Corea del Sur, Vietnam, India... De casi todos estos lugares recibe Inditex telas que serán transformadas en prendas de vestir por las cooperativas gallegas, cuyos cooperativistas han hecho posible el milagro Inditex».

El textil es un trabajo de fieras —sostiene Iglesias en su estudio— y las cooperativas más o menos legalizadas, por no hablar de los talleres clandestinos, son un campo idóneo para la explotación laboral. La relación laboral de Inditex con estos trabajadores no existe. Inditex ofrece trabajo a destajo a cientos de pequeños talleres sin adoptar ante ellos ningún compromiso. Así, el inmenso pulpo textil impone condiciones a unas quince mil personas que faenan en alguna de las dos mil sociedades independientes que funcionan en Galicia y en el norte de Portugal. Sobre esta red cae lo más duro del milagro de Inditex, no importa en qué condiciones producen, porque no existe relación laboral alguna con el Grupo.

«Trabajo como una perra todo el día, y a veces toda la noche. Estoy como drogada de cansancio. Y me llaman empresaria. ¡Ja!, ¿empresaria de qué? Soy la peor de las pringadas. No cierro el taller porque no quiero dejar en la calle a estas mujeres y porque estoy endeudada hasta las cejas». Así se expresaba hace cinco años, en *Artículo 20*, una de las dueñas de un taller externo que trabaja para una de las cadenas de Inditex.

En 2002 su «nuevo» local, como todos los que es posible localizar, se esconde detrás de un portón metálico, tipo garaje, a medio camino entre A Coruña y Santiago. Carece de rótulo exterior, no tiene nada que lo identifique. El suelo es de hormigón gris y aún conserva las franjas blancas de lo que pudo ser un *parking*. Los recortes de las telas aparentan estar desordenados por todas partes, pero la dueña asegura que es la única forma de trabajar que tienen para rendir.

La falta de ventanas se suple con tubos fluorescentes que penden del techo de unas cuerdas metálicas trenzadas por las telarañas. En torno al pasillo central de la nave, las máquinas de coser están dispuestas en fila. Muchas han sido traídas por las propias trabajadoras. A la hora que visitamos la nave tan sólo tres mujeres se afanan en coser y unir lo que aparentan ser retales. «Es la hora de la comida y tienen que atender a sus hijos y maridos», dice con sentimiento esta dueña que admite que es de lo poco bueno que tiene este trabajo, «echas muchas horas, pero con cierta flexibilidad que te permite atender otras obligaciones».

Terminado el recorrido, nuestra interlocutora afirma de forma rotunda: «Te exprimen hasta la última gota. Por eso prosperan los talleres que trabajan de forma clandestina, los que no aseguran a sus empleadas y en muchos casos las hacen coser hasta en sus casas. Si quieres tener la conciencia tranquila, dormir de noche y tratar con dignidad a tu gente, lo pasas fatal. A veces no sabes si llegarás a cubrir los gastos».

Estas manifestaciones coinciden con otras recogidas por los sociólogos gallegos Carlos Rabuñal y Marta Casal, quienes concluyen, en una amplia investigación sobre el *holding* que lidera Amancio Ortega, que «para Inditex los talleres son únicamente un instrumento de alta productividad a bajo coste», lo que los lleva a forzarlos «a trabajar en unas condiciones pésimas».

«El único objetivo de Inditex —dice otra dueña de un taller situado en la periferia coruñesa— es que saquemos la mayor cantidad posible de prendas, al mínimo coste y con la mayor rapidez. A ellos no les importa en absoluto nuestra situación. Lo único que nos exigen ahora es que tengamos el TC2, o sea, que nuestras empleadas estén aseguradas». El alta en la seguridad social ha sido uno de los escasos avances que han conseguido las trabajadoras de estos talleres, pero muchas confiesan que son ellas mismas las que corren con el cien por cien de las cotizaciones.

Las dueñas de estos talleres también se quejan del mal trato que reciben de parte de algunos de los responsables de Inditex que controlan su actividad. El informe de Rabuñal y Casal pone en boca de una de ellas la siguiente afirmación: «Esos señores brutos que no saben hacer la o con un canuto y que desahogan sus frustraciones tratándonos a todas las empresarias como si fuéramos zapatillas». Dicen, asimismo, que su actitud es inhumana: «Cogen la ropa y la pisotean diciendo que es una mierda. No hablan, sino que gritan su frase preferida: "Mira, si no estás de acuerdo, ahí están los negros deseando trabajar". Así que los pequeños talleres no tenemos más remedio que aceptar las cortapisas y normas que estable el gigante».

Otro de los requisitos que tienen que cumplir estos talleres a la hora de conseguir adjudicaciones de Inditex son los tiempos. Las urgencias están contempladas en los contratos y si tienen que realizar jornadas de veinticuatro horas se hacen, porque si no, dice una de las afectadas «no hay más trabajo». En cuanto a los precios es algo que nadie discute. Los fijan los responsables de Inditex (el precio por ensamblaje de prenda está en torno a 3 euros hora, que es lo que tardan en dejar listo un vestido).

Junto a todo esto, Inditex también les exige exclusividad: «Nos obligan a comprometernos a trabajar sólo para ellos. De ese modo, nos tienen totalmente cogidos. ¿Que cómo nos controlan? Como hacen todo: a través de sus encargadillos, unos tíos chulos y prepotentes que examinan el taller. Si encuentran una prenda que no sea de Inditex no te vuelven a dar trabajo y se acabó. Las otras empresas textiles de Galicia no tienen tanto volumen de trabajo, ni son constantes, por eso tenemos que aceptar lo que ellos digan».

Como no existe relación laboral, Inditex no paga cursos a los trabajadores de estos talleres, ni les compra maquinaria, ni les abona seguros sociales o médicos. No les ayuda a la hora de alquilar los locales ni a montarlos. Se limita a utilizar su personal como si fuera propio. Para la empresa son un simple instrumento; aunque sea la base de su gran éxito empresarial. A pesar de ello, no muestra ningún interés en integrarlos ni en hacerlos participar de sus grandes beneficios, de su política o de sus decisiones. Poco parece importarle que apenas puedan subsistir. Acaso porque en esta Galicia periférica y marginada económicamente a lo largo de los siglos, siempre podrá encontrar a alguien dispuesto a promocionar nuevas cooperativas o talleres externos basados en la autoexplotación.

El salario es siempre un tema tabú en los talleres y lo más habitual es que los 522 euros que figuran en las nóminas no se correspondan con lo que realmente perciben y que muchas veces no llega ni a los 300 euros una vez que se detraen las cotizaciones, lo que depende en parte de lo trabajado y de la honestidad y buena voluntad de las empresarias. Las trabajadoras saben que el pago de Inditex a los talleres es por trabajo a destajo, por pieza, lo que supone que no existen unos ingresos asegurados. Por eso, después de trabajar diez horas diarias, muchas cobran por seis y firman por ocho. Y callan.

Pragmatismo sindical

«Ojalá tuviéramos más empresarios como Ortega». La frase no corresponde a ningún portavoz de la compañía, sino a Manuel Patiño, representante de CC. OO. en el sector textil gallego, en unas declaraciones a *Artículo 20*. Un hombre que admira «a este gigante por su modelo empresarial paternalista y por su tratamiento campechano» y porque «se dirige a las antiguas trabajadoras por sus nombres de pila». Éste es el único sindicato con algo de peso entre los trabajadores directos de Inditex, aunque con escasa representatividad en la mayoría de los talleres independientes, cuyas trabajadoras tienden a huir tanto de inspectores como de sindicalistas, debido a que incumplen a conciencia la legalidad laboral, por pura y dura necesidad.

Patiño, que se definió entonces como «muy rojo», siente «auténtico fastidio de que se hable tanto de economía sumergida o de blanqueo de dinero de Inditex, cuando el misterio de su éxito se debe a la laboriosidad de las gallegas, a los buenos escaparates de sus tiendas y a que accidentalmente han encontrado una forma de producir que abarata costes y les permite competir». Con respecto al eslabón más débil de todo este proceso, los talleres, explica que «en los ochenta descubrimos toda esta economía sumergida y le dijimos a Inditex que aquello tenía que emerger, pues de lo contrario les haríamos a ellos responsables subsidiarios. A partir de entonces, sus encargados exigen a los talleres cada mes los comprobantes de la Seguridad Social (TC2)». Desde entonces, los sindicatos y los estamentos oficiales hicieron borrón y cuenta nueva, sin reclamar el pago de las deudas atrasadas a la Seguridad Social. Todos miraron hacia otro lado. «Sí, hacia delante».

Reconoce Patiño que los talleres «se encuentran achuchados» debido a que Inditex exige a sus diferentes fábricas, con razones sociales distintas, precios cada vez más bajos. Si no lo logran, les advierten de que las harán en países asiáticos. Los encargados, entonces, ajustan precios y pagan menos a los talleres. Y éstos, a su vez, tienen que recurrir a la economía sumergida, cuyo papel, sin embargo, Patiño considera «insignificante». Incluso cuando habla de trescientos talleres reconocidos, con una media de quince a veinte trabajadores, obtiene una cifra de seis mil. ¿Dónde están las otras nueve mil trabajadoras?

Según Mar Iglesias, autora del estudio «Panorámica sociológica del sector textil gallego», el grueso del trabajo sumergido se mueve en torno a los talleres subcontratados. Algunos llegan a tener entre noventa y cien mujeres trabajando en casa de forma habitual, y en algunas comarcas gallegas el número de las que lo hacen en sus hogares supera el 50 por ciento. En total se ha calculado que la economía sumergida supone en Galicia el 40 por ciento de la actividad del sector.

El representante de CC. OO. desmiente la apreciación de Mar Iglesias, considerándola «exagerada», y a la vez se ríe de la que hace Carlos Oliva, de UGT, para quien Inditex aplica en Galicia el modelo asiático.

No obstante, Manuel Patiño reconoce que la mayoría de las costureras de los talleres «no llega a cobrar el mínimo de 523 euros que firma cada mes». La explicación es lógica: «Si un taller con diez o quince empleadas consigue facturar 3.000 euros, de los cuales tiene que pagar la Seguridad Social, la luz, las máquinas y otros gastos, ¿qué opción le queda, si no es repartir lo que hay?».

A pesar de reconocer esto, no ve necesario exigir a Inditex que vaya incorporando a estas mujeres a la plantilla, por si hubiera una crisis textil. Si eso llegase, sólo tendrá las espaldas cubiertas Inditex. Para Patiño, el sistema es válido, ya que «permite a las mujeres gallegas seguir habitando y trabajando en sus comarcas y pueblos, y ayudando así a la economía familiar. Además —agrega—, no podemos presionar mucho porque en Portugal producen por la mitad de precio». Un planteamiento que favorece a Inditex.

Este pragmatismo sindical choca con los informes que se han hecho sobre el textil en Galicia, uno de ellos por el mismo sindicato CC. OO. El mundo laboral, cuasi idílico, que se pretende transmitir desde los grupos que lideran la moda gallega nada tiene que ver con la cruda realidad del sector en Galicia, según este estudio. Dicho informe, realizado en febrero de 2003, puso al descubierto las miserias del textil en Galicia: Uno de cada cuatro empleados en la industria de la moda gallega es un trabajador (en su mayoría mujeres) clandestino, sin contrato ni Seguridad Social y con un salario, en muchas ocasiones, en dinero negro.

Tras cruzar las cifras oficiales de la Encuesta de Población Activa, la Seguridad Social, la Contabilidad Regional de Galicia y los padrones municipales, el sindicato llegó a la conclusión de que en Galicia hay 5.900 personas, en su gran mayoría mujeres jóvenes, como empleadas clandestinas de la industria textil auxiliar.

«Lo peor es que hay un enorme incremento de este tipo de empleo a partir del año 2001, de tal forma que prácticamente todo el crecimiento del empleo en el textil durante los últimos años se basa en la economía sumergida», según Manuel Lago, el economista que dirigió el estudio.

El auge de la economía sumergida en el sector textil gallego ha ido creciendo, paradójicamente, con la consolidación industrial de los grandes grupos gallegos de moda. ¿Por qué? Según diversos empresarios del sector, es debido al crecimiento de la subcontratación y la expansión de la industria auxiliar.

Muchos talleres textiles legales ocupan una parte de su útil industrial y de su mano de obra en confeccionar clandestinamente en las temporadas en las que no cuentan con encargos de las marcas que les exigen los documentos de alta en la Seguridad Social de sus empleados. «La gran empresa tiene responsabilidad legal subsidiaria ante las deudas laborales de los talleres con sus trabajadores e incluso con la Seguridad Social», recoge el estudio de CC. OO.-Galicia, para añadir que este cambio legislativo obligó a muchos talleres a legalizar su situación.

Según el estudio de este sindicato, «la economía sumergida en el textil gallego se realiza básicamente a través del trabajo en el propio domicilio y no en los talleres, y en su mayoría por mujeres que trabajan desde su casa para los talleres».

Otro de los datos llamativos del informe es que el 5 por ciento de los empleados del sector textil en Galicia son chicas de entre dieciséis y diecinueve años. Según el estudio de CC. OO. hay más de ochocientas mujeres empleadas en fábricas y talleres en este tramo de edad.

El retrato robot de un empleado del textil gallego es muy diferente al del empleado medio gallego en cualquier otra actividad industrial. El primer rasgo diferencial es que el empleo es, en un 78 por ciento, femenino. En segundo lugar, el 51 por ciento de las trabajadoras tiene menos de treinta y cinco años. Y en tercer lugar, hay más de un 45 por ciento de empleados que no son asalariados de una empresa: entre autónomos, cooperativistas, familiares empleados irregularmente y empleadas clandestinas suman casi la mitad de todo el empleo de uno de los sectores considerados, económicamente, más potentes de Galicia.

Para el sindicato, ésta es la gran paradoja de la industria de la moda gallega y el problema que se propone resolver: que uno de los sectores con mayor volumen de negocio, creación de empleo, exportaciones y beneficios genere una verdadera estructura empresarial que consolide la localización de esta industria en Galicia.

Pero no sólo cuecen habas en Galicia. La moda gallega se gastó el año 2002 más de 232 millones de euros (38.601 millones de pesetas) en importar del extranjero tejidos, fibras, hilos y materiales sintéticos con los que confeccionar sus prendas de vestir. Italia, el mayor proveedor de seda para los diseñadores gallegos, es la principal beneficiaria del déficit gallego en la industria de elaboración y transformación de tejidos y tintados de ropa.

Lago subraya que «la industria textil en Galicia se sitúa en la fase final de la cadena de generación de valor, ya que es básicamente importadora de materias primas y productos semielaborados y exportadora de productos finales».

La fuerte internacionalización de la moda gallega queda patente por sus más de 781 millones de euros (130.000 millones de pesetas) en exportaciones, con una relación de negocios en ciento diez países de todo el mundo. Sin embargo, el saldo comercial con el extranjero es negativo, es decir, que Galicia gasta más en importaciones de lo que ingresa por exportaciones de ropa.

La principal razón del déficit comercial está en la ausencia de industria de fabricación de fibras, tejidos, hilados y tintes. En el año 2001, el último con datos completos del Instituto de Comercio Exterior (Icex), el textil generó más de 78 millones de euros (13.000 millones de pesetas) en divisas por prendas confeccionadas, mientras que contabilizó un déficit con el extranjero de 156 millones de euros (26.000 millones de pesetas) en materias primas. El textil gallego es, tras automóvil y pesca, el tercero más exportador de Galicia y, aun así, genera déficit en su saldo comercial internacional.

A la falta de materias primas se suma la confección en terceros países. En el año 2001, la industria textil gallega importó más de 301 millones de euros (50.090 millones de pesetas) en ropa confeccionada en China, Turquía, Marruecos, Vietnam, Tailandia, Bangladesh o Indonesia. Fuentes del sector aseguran que, en la mayor parte de los casos, se trata de prendas diseñadas por las marcas gallegas, que llevan la confección allí para abaratar los costes de producción, los cuales llegan a alcanzar el 150 por ciento sobre los mismos productos confeccionados en Galicia.

Esta tendencia es general en todo el sector textil europeo y se basa en el bajísimo costo de la mano de obra en los países del Tercer Mundo. China se ha convertido en el mayor productor textil del mundo y también en el proveedor de mano de obra clandestina fuera de sus fronteras, incluida Galicia.

En mayo de 2002, el titular del Juzgado número 2 de Santiago, Francisco Javier Míguez Poza, tomó declaración a los representantes legales de Inditex, sociedad que aparecía como imputada en el caso de la empresa María Lucía Landeira Antelo S.L., un taller de confección en Montouto (Teo-A Coruña) en el que, supuestamente, según un informe policial, se explotaba a trabajadores asiáticos que se encontraban en situación ilegal en España.

El portavoz de la firma de Amancio Ortega aseguró que, después de una inspección de las instalaciones, que habían cambiado su sede desde el lugar de A Picota (Mazaricos) a la nave finalmente intervenida por la policía en Teo, decidieron suspender la relación comercial al detectar irregularidades y sospechar que el trabajo se subcontrataba.

En una situación similar, los Mossos de Esquadra localizaron en Badalona un taller ilegal de confección, similar al de Teo, en el que también trabajaban, clandestinamente y en condiciones de explotación, una veintena de ciudadanos chinos, bajo el mando de tres personas de la misma nacionalidad, que fueron detenidas. En el local aparecieron etiquetas de prendas de cadenas del Grupo Inditex. En este caso, la multinacional aseguró que no ha realizado «contratación alguna ni mantiene relación de ningún tipo con este taller de confección».

Esta cadena de situaciones ilegales, que no afectan sólo a Inditex, coincide con el informe publicado por el Ministerio de Hacienda, a través del Instituto de Estudios Fiscales, en 2003, en el que se analizaba la evolución de la economía sumergida durante los últimos veinte años. Tres de las cuatro provincias gallegas —A Coruña, Lugo y Ourense— aparecen entre las doce con mayor proporción de dinero negro, que el estudio sitúa en Galicia en torno a los 6.500 millones de euros, lo que representa más del 21 por ciento del PIB gallego. De las tres provincias, destaca A Coruña como la quinta más defraudadora, con casi un 24 por ciento de su producción en el marco de la economía sumergida.

Los defensores de este sistema de producción no se ruborizan al afirmar que «cuando en un río hay una crecida de caudal rápida —una riada— las aguas siempre bajan turbias. Los ríos nunca crecen —rápidamente— con agua limpia. Pues lo mismo ocurre con las fortunas».

Para salir al paso de estas críticas, la empresa se marcó como una de sus prioridades, antes de su salida a Bolsa, la creación de un departamento de ética. Pero dicho departamento, según los trabajadores, no debe ser un borrón y cuenta nueva y limitarse a velar por la ética de la empresa desde ahora en adelante sino que también debe analizar lo que ha ocurrido en los años anteriores.

El personal de Inditex

La situación de los trabajadores directos de Inditex se ajusta a la relación contractual del textil, basada en convenios marco, pero el pragmatismo sindical impide que pueda ser mejor. Aun así, ya han empezado a surgir los primeros conflictos, impensables hace cinco años, que reivindican mejoras sociales y económicas.

Inditex, en enero de 2011, estaba integrado por más de 100.000 profesionales, la mitad de ellos en España y el resto en los diferentes países en los que el Grupo tiene presencia comercial. Casi el 90 por ciento son mujeres, que ocupan más del 60 por ciento de los puestos directivos, técnicos y de gestión. Su edad media está en torno a los veintisiete años y en un 88 por ciento procede de países europeos, el área de mayor implantación del Grupo. Inditex considera que parte del éxito que ha alcanzado el modelo de negocio hay que atribuírselo a las capacidades profesionales de su personal y al esfuerzo desarrollado por los directivos del Grupo.

La importancia que los trabajadores tienen para Inditex queda de relieve en la declaración institucional que sostiene que «nuestro Grupo tiene una vocación de liderazgo global, que sólo es posible gracias a la contribución de nuestra gente, a su capacidad para generar ideas y relacionarse con nuestros clientes, a su orientación para trabajar en equipo y a su compromiso personal, tanto con Inditex como con su propia carrera profesional».

«Inditex —añaden las fuentes institucionales del Grupo— ofrece a sus empleados un entorno dinámico, realmente internacional, donde se valoran sus ideas, y queda claro que su futuro profesional depende de ellos y de su capacidad, forman parte de un equipo ganador».

Del más del centenar de sociedades que controla el Grupo, Inditex canaliza, prácticamente en su totalidad, su relación contractual laboral (fija o temporal) con los empleados contratados a través de las sociedades:

Bershka BSK España, S.A.
Bershka Logística, S.A.
Brettos BRT España, S.A.
Comditel, S.A.
Confecciones Fíos, S.A.
Confecciones GOA, S.A.
Choolet, S.A.
Denllo, S.A.
Glencare, S.A.
GOA-Invest, S.A.
Grupo Massimo Dutti, S.A.
Hampton, S.A.
Indipunt, S.A.
Industria de Diseño Textil, S.A.
Jema Creaciones Infantiles, S.L.
Kenner, S.A.
Kettering, S.A.
Kiddy´s Class España, S.A.
Lefties España, S.A.
Massimo Dutti Logística, S.A.
Nikole, S.A.
Nosopunto, S.L.
Oysho España, S.A.
Pull & Bear España, S.A.
Pull & Bear Logística, S.A.
Samlor, S.A.
Sircio, S.A.
Stear, S.A.
Stradivarius España, S.A.
Tempe, S.A.
Textil Rase, S.A.
Trisko, S.A.
Tugend, S.A.
Yeroli, S.A.
Zara España, S.A.
Zara Logística, S.A.
Zintura, S.A.

En la mayoría de los convenios colectivos que se aplican en las diferentes empresas del Grupo se establece, como mejora de las prestaciones de Seguridad Social, la obligación de suscribir una póliza de seguros, a favor de los trabajadores, que cubra las contingencias de fallecimiento o incapacidad permanente derivadas de un accidente de trabajo. Esta obligación se cumple en todos los casos. Sin embargo, no existen planes ni fondos de pensiones ni participación en los beneficios para los empleados, salvo para aquellos que adquirieron acciones.

Una de las áreas a las que presta especial atención Inditex es a la formación de su personal. La compañía contrata, generalmente, personas «dinámicas y entusiastas con capacidad para responsabilizarse de su trabajo y de trasmitir continuamente a la organización la información que surja del desempeño de su tarea», sobre todo en el caso de los empleados de las tiendas. Se aplica en todos los casos una política de promoción interna consistente en ascensos y movilidad funcional, que va acompañada de una remuneración basada en la productividad.

Naturalmente que el crecimiento y la expansión del Grupo marcan la política de formación. Un 70 por ciento de la misma se destina a «adiestrar» a las nuevas incorporaciones. El colectivo que recibe más inversión es el centro de actividad de la compañía: el personal que está en contacto directo con el público —dependientas, cajeras y encargados de tiendas.

Cada empleado recibe una media de treinta y cinco horas de formación y la inversión en esto equivale aproximadamente al 1 por ciento de la masa salarial. Esta actividad formativa está avalada y subvencionada por instituciones públicas como FORCEM, INEM, CC. AA., Ministerio de Educación, etc.

Una jornada laboral

La jornada laboral tipo de un empleado de Inditex transcurre literalmente de la siguiente forma:

A Coruña. Son las 7 de la mañana de un día cualquiera de 2002, cuando Pepita (treinta años, madre de dos pequeños) y José (veintiocho años, soltero) más que levantarse, saltan de la cama. En apenas veinte minutos se han vestido y desayunado y cogen el autobús que les llevará a la fábrica. Viven en distintos barrios de A Coruña y entre sí no se conocen, aunque tienen algo en común: «Trabajar para Ortega», como afirman ambos. No dicen para Inditex, para Zara, para Fíos o cualquier otra sociedad del Grupo, sino «para Ortega», al que dudan haber visto alguna vez, aunque lo hayan intuido en su proximidad por los gestos, pero al que sin la menor duda consideran «la máxima autoridad», «el jefe» e, incluso, «dios».

La jornada habitual de trabajo en el corazón de Inditex es de 8.30 de la mañana a 17.30 de la tarde, con una hora para comer. Cuando es necesario se implantan dos turnos, uno de 8.00 a 16.00 y otro de 16.00 a 24.00. Aunque también hay jornadas que empiezan a las 9.00. Todo es flexible, la que decide es la demanda de producción.

Llega el momento de la comida, para la que disponen de una hora los de turno corrido. En la planta baja, las instalaciones del comedor poco tienen que ver con la modernidad de las superiores. Es una especie de garaje adaptado, dotado de un mobiliario modesto, justito... no es un lugar cómodo, ni invita a sentirse bien ante los platos de comida. Quizás así ha sido concebido por los cerebros de Inditex. Eso sí, es el único lugar de la fábrica donde está permitido fumar.

A las 12.30 llega el primer turno. Después, cada media hora, entran los siguientes. A Amancio Ortega, generalmente acompañado de su hermana Josefa, se le espera, aunque nadie tiene la certeza de que en esta ocasión se encuentre entre los comensales.

Existen dos tipos de menús: uno subvencionado que incluye la elección entre dos primeros y cuatro segundos, además de café, postre y bebida, al precio de 3 euros, para los trabajadores cuyo sueldo mensual supera los 1.200 euros; los que no alcanzan esta retribución sólo abonan 20 céntimos. En ambos casos se les descuenta cuando pasan la tarjeta por caja.

Un menú genérico podría conformarse de la siguiente forma: ensalada o crema de primero; jamón asado, pollo o pasta de verduras de segundo, postre y bebida. La carta, que es amplia, ofrece chuleta de ternera con pimientos, calabacín relleno de salmón, entrecot al roquefort, merluza, gazpacho, aguacate con palmito o lasaña. El precio de cada plato oscila entre 3 y 7 euros.

Primeros conflictos laborales

Pintadas y pancartas aparecen cada vez con más frecuencia en los establecimientos propiedad de Ortega acusando a la empresa de explotadora y negrera. En Galicia, representantes del Comité de Personal de la cadena Zara han solicitado la intervención de la Inspección de

Trabajo por considerar que viven instalados en una perpetua precariedad laboral. Pero nadie se atreve a abrir una verdadera inspección.

También desde las cooperativas gallegas se empiezan a escuchar voces de queja: «No basta con pagar religiosamente los primeros de mes —arguyen—, también es necesario ponerse al día y revisar los precios por prenda confeccionada. Actualmente —comentan—, siguen pagando lo mismo que hace once años».

Lo cierto es que la columna vertebral del imperio —los trabajadores— empieza a dar los primeros síntomas de esclerosis laboral. En marzo de 2003, la plantilla de Indipunt —la mayor fábrica de Inditex, dedicada a la elaboración de prendas de punto en el polígono de Río do Pozo (Narón-A Coruña)—, paró una hora en cada turno para denunciar lo que consideran un trato discriminatorio con respecto a otros trabajadores del grupo. La raíz del conflicto radicaba en que los empleados del polígono de Sabón perciben pluses (asistencia, calzado, etc.) que no se les abonan a los cerca de cuatrocientos trabajadores de la comarca ferrolana. Idéntica situación sucede con el pago de la antigüedad, concepto por el que perciben los trabajadores de Arteixo el 5 por ciento de su salario base, cifra que desciende al 3 por ciento en Indipunt. Las diferencias salariales también afectan a la plantilla de Jema, la fábrica de prendas infantiles que adquirió el *holding* textil a mediados de los noventa. En ambos casos, los operarios carecen de un servicio de transporte, en contra de lo que sucede en A Coruña.

La movilización llevada a cabo ante la fábrica de Río do Pozo coincidió en el tiempo con el temor de la plantilla de las naves logísticas del polígono de Sabón ante la entrada en funcionamiento del centro de distribución de Zaragoza, al que fueron destinados algunos de los trabajadores. El férreo mutismo que mantiene el Grupo, en lo que a comunicación laboral respecta, alimenta por sí solo la incertidumbre, tanto entre los eventuales como entre los indefinidos de la fábrica. Parte de los empleados con contratos temporales (alrededor de quinientos) solicitaron finalmente el traslado a la capital aragonesa con la promesa de convertirse en operarios indefinidos una vez allí.

También han comenzado a surgir las denuncias de tipo individual por parte de trabajadores de Inditex en distintos medios de comunicación. En el número 140 de *El militante*, bajo el título «Inditex = explotación laboral», podía leerse: «Los que conocemos al monstruo en sus entrañas sabemos que la realidad dista mucho de la que pretenden vendernos a través de prensa, radio y televisión. Coacciones a los trabajadores, abusos de poder, ritmos salvajes de producción o jornadas de trabajo interminables (como las que yo mismo padecí, de hasta veinte horas, sin ningún tipo de descanso) son la cresta de una explotación laboral propia de los años de la revolución industrial. Las denuncias se apilan en Magistratura desde hace años, pero nunca pude ver una sola inspección de trabajo durante el tiempo que presté mis servicios a esta empresa...

»Todas estas injusticias laborales provocaron un creciente descontento entre los trabajadores que desembocó en la celebración de varias manifestaciones. Estas movilizaciones no tuvieron continuidad en el tiempo, entre otras cosas por el nefasto papel jugado por el comité de empresa —liderado por CC. OO.—, que nunca se planteó encabezar de verdad un proceso de lucha serio y fue dejando que éste se consumiera en su propia inercia. Otro rasgo a destacar de esta "empresa modelo" es la utilización hasta hace bien poco de sus propias empresas de contratación temporal (...).

»Cualquier observador que se pare a analizar con cierto rigor este emporio textil no tardará en encontrar, tras la cortina de humo mediática, "realidades" que distan mucho de la legalidad vigente. Por ejemplo, el fomento de talleres clandestinos por toda la geografía gallega, así como la explotación a la que se somete a miles de trabajadores del Tercer Mundo, que en muchos casos llega a términos casi esclavistas».

A todo esto se sumó una sentencia del Juzgado de lo Social número siete de Sevilla condenatoria contra Zara, en la que se establece que los empleados de los centros de esta cadena en la capital hispalense «tienen derecho de no trabajar en domingo y festivo» ya que es una «facultad y no una obligación de los empleados». La sentencia se basa en que la empresa recurría «masivamente a contratos en los que obligaba a los empleados a trabajar en días festivos», lo que es «contrario a la libertad sindical y al derecho a la negociación colectiva».

La misma situación se repitió en Suecia, apenas dos meses después de la apertura de la primera tienda. Linda Palmetzhofer, delegada del sindicato de comercio para Estocolmo, declaró en noviembre de 2003 al periódico *Svenska Dagblader*, que algunos empleados habían acumulado en un mes toda una semana de horas extraordinarias que la compañía rechazó compensarles. Sin embargo, la responsable de Zara en la zona escandinava aseguró que «se está cumpliendo estrictamente la legislación laboral sueca».

Son los primeros síntomas de un conflicto que lleva larvado muchos años y que puede minar los cimientos del imperio si acaba estallando en toda su amplitud.

La trama financiera y empresarial

Si Amancio Ortega Gaona es el maquinista de la nave Inditex, S.A., no cabe la menor duda de que el encargado de marcar el rumbo y el ritmo económico durante los primeros veinte años del Grupo fue José María Castellano. De mantener el pulso empresarial del Grupo se encargan, en la parte operativa, Juan Carlos Rodríguez Cebrián y Antonio Abril, un experto en todo tipo de leyes al que no asustan los tribunales porque para ello cuenta con el inestimable asesoramiento de su mujer, magistrada en A Coruña.

José María Castellano, catedrático de Economía en la Universidad de A Coruña, fue el brazo ejecutor de las primeras singladuras económicas del Grupo, primero como director general y posteriormente en calidad de consejero delegado del *holding*. Si Ortega presume de ser el que diseña la mayor parte de los modelos que luego vestirán los clientes del Grupo, Castellano es el que cartografía sobre papel los derroteros económicos de Inditex. Por si algo se les escapa a ambos para eso estaba Juan Carlos Rodríguez Cebrián, «director de todo», sobrino político de Amancio y su sucesor en potencia, según sostenían los descifradores de las claves que en su pensamiento maquina el «jefe».

A Castellano, y su reducido equipo, se deben las estrategias de diversidad contable aplicadas a Inditex, pero sobre todo la ingeniería financiera practicada en los casi últimos veinte años por el Grupo, acciones que, combinadas, han dando lugar a la participación, directa o indirecta, en más de un centenar de sociedades dispersas por todo el mundo. No podía ser de otra manera. En el mundo de la economía empresarial no hay ingeniero financiero que se precie que no incluya en su gestión la pertinente y permanente diversificación empresarial en sociedades paralelas cruzadas entre sí. El catedrático de Economía es un experto en eso.

Así, oportunamente asesorado por Castellano, Amancio Ortega no dudó, en los primeros tiempos de la nueva era de Inditex, en incorporar actividades que nada tenían que ver con el textil, algunas de ellas ya liquidadas o vendidas a terceros. La cartera era muy dispar: inmobiliarias y constructoras a través de las sociedades Fimoga, GOA Invest y A. Conchado; concesionarios de automóviles como Arrojo, representante de Audi-Volkswagen; Motor & Power, concesionario de Saab-Porsche, y en motocicletas, Motorgal, distribuidor de Mitsubishi.

Incluso, hicieron sus pinitos en sociedades deportivas como el Club Deportivo de La Coruña. Voces próximas a dicho club aseguran que en su día participaron en la compra-venta del jugador brasileño Rivaldo, y no es menos cierto que en más de una ocasión Inditex ha sido la mano salvadora del Deportivo al otorgarle créditos de hasta 8.000 millones de pesetas, dicen que por el sabio consejo de Juan Carlos Rodríguez Cebrián.

También participaron en medios de comunicación, aunque fuese con una inversión simbólica, como es el caso de Antena 3 Televisión. No fue por casualidad, igual que no lo fue todo lo anterior, porque este término no figura en la estrategia desarrollada por Inditex. Juan Villalonga, que fuera presidente de Telefónica —empresa que controlaba entonces esa cadena—, formó parte, durante algunos meses, del primer *staff*, conocido de Inditex, S.A. Esa diversificación incluyó participaciones en navieras y sociedades de inversión mobiliaria e inmobiliaria. Hoy, más de un centenar de sociedades esparcidas por todo el mundo tienen el marchamo de Inditex o, lo que es lo mismo, de Amancio Ortega. Eso sin contar su cartera personal, que se trata en un capítulo aparte.

Sus amigos los banqueros

A pesar de las excelentes relaciones de Amancio Ortega con Emilio Botín, presidente del Banco Santander Central Hispano, con quien suele comer en el Gallo de Oro —un exclusivo y genuino restaurante gallego próximo al polígono de Sabón—, Inditex, financieramente, siempre ha estado más próximo al Banco Bilbao Vizcaya Argentaria, entidad con la que mantiene el mayor volumen de sus operaciones financieras y afinidades crediticias. Dicen que se debe al apoyo recibido en los primeros años por el antiguo Banco de La Coruña, que fue después absorbido por el Banco de Bilbao. Pero también hay quien sostiene que todo obedece a las buenas relaciones que Castellano mantiene con los directivos de la entidad, muchos de ellos compañeros de viaje en las más diversas singladuras.

No obstante, como los amigos se ven en las ocasiones, y Amancio ha demostrado que es el mejor amigo de sus amigos y el mayor enemigo de sus enemigos, a la hora de repartir el pastel de la colocación en Bolsa de parte del capital de la Sociedad no hizo distinciones y ambas entidades se llevaron idéntica parte de la tarta. Con su cartera personal de valores también sucede lo mismo y la gestionan a partes iguales ambas entidades. La diferencia está en los resultados, pero eso parece importarle poco al «jefe».

Sus amistades en el entramado financiero español, aunque Amancio reconoce que no es su mundo, no acaban ahí. Del Banco Bilbao Vizcaya salió Francisco Luzón —antes de fichar por Argentaria—, nombrado en su momento consejero de Inditex por la sabia sugerencia de Castellano. No fue el único. El desmesurado crecimiento del *holding* hizo aumentar su nivel de endeudamiento, y nada más indicado que tener a su lado a los principales directivos de la banca para pulir el camino de su endeudamiento.

Por ello, en los tiempos críticos, Castellano no dudó en telefonear a Juan Manuel Urgoiti, también de la cantera del Banco Bilbao Vizcaya. Inmediatamente Urgoiti prestó los servicios requeridos y, a través de su gestión, Inditex compró el 7 por ciento de Madrid Inversiones (sociedad de cartera), ardid que le permitió a Amancio Ortega hacerse con la necesaria ficha bancaria para acabar comprando, al Banco Central Hispanoamericano, el 20 por ciento del Banco Gallego. Superadas las dificultades financieras, Inditex se deshizo del Banco Gallego, conservando un irrelevante 5 por ciento, en clara señal de agradecimiento por los servicios prestados.

Y mientras Emilio Botín sigue compartiendo a la hora del almuerzo los percebes y los centollos con Amancio en el Gallo de Oro, los sucesores de Emilio Ybarra, que fuera presidente del BBVA, continúan respondiendo puntualmente a los malabares equilibrios financieros diseñados por Castellano.

En este diseño, Inditex entró en el negocio del crédito al consumo en sociedad con Finanzia, filial especializada, como no podía ser de otra manera, del BBVA. De este matrimonio nació Affinity Card, la tarjeta crediticia de Zara. Pero la relación fue mucho más allá, e incluso establecieron un *menage a trois*. En 1997, tras rechazar la compañía del mayorista alemán Touristik Unión Internacional (TUI), acabaron unidos con Carlson Wagonlit Travel para vender viajes a los clientes de Inditex. No se puede pasar por alto que al frente del departamento de viajes figura Josefa Ortega Gaona, hermana de Amancio, que conserva un 0,55 por ciento del capital de Inditex. Finalmente, trascendió que la elección de Carlson tampoco fue un mero capricho o una casualidad, en ese grupo turístico también tiene depositados intereses y participación directa el BBVA.

El desembarco de J. P. Morgan

Aun así, el idilio financiero con el BBVA no resultaba suficiente, e implicaba ciertos riesgos, para hacer frente al apabullante crecimiento de las deudas que reflejaba la megalomanía del *holding* en los difíciles años de la década de los noventa. En 1996, Amancio y Castellano tuvieron que llamar a las puertas de J. P. Morgan para que le financiara un crédito de 5.000 millones de pesetas, destinado a sostener la expansión internacional del Grupo. Los de J. P. Morgan cumplieron sobradamente. A cambio, acabarían por colocar a uno de sus hombres en el tercer nivel de decisión de la jerarquía del *holding* gallego.

En marzo de 1998, el Consejo de Administración del Grupo nombraba a Carlos Dexeus, formado en los despachos de J. P. Morgan en Nueva York, para el cargo de consejero director general de Inditex, con el objetivo de diseñar la operación de la salida a Bolsa del Grupo. Para sorpresa del mundo económico y empresarial, Dexeus renunciaba al cargo antes de cumplirse los seis meses de su nombramiento, y fichaba por la empresa de negocios en internet, Netjuice.

A pesar de las amplias y exhaustivas explicaciones domésticas que se ofrecieron entonces, muchos quisieron ver la mano del BBVA, es decir, la de José María Castellano, en la repentina decisión del alto ejecutivo. Otros directivos se arriesgan a manifestar en la intimidad que Dexeus «vio demasiadas cosas raras en poco tiempo» y decidió poner tierra de por medio. Pero todo parece indicar que era un obstáculo no sólo para Castellano, sino también para Juan Carlos Rodríguez Cebrián, a la hora de tomar decisiones y mantener sus compromisos con el BBVA.

Para sustituir a Dexeus, aunque con menores competencias, Inditex contrató en marzo de 1999 a Marcos López, un economista coruñés, de apenas treinta y siete años, especializado en este tipo de operaciones, y casualidad, procedente de la sociedad de Bolsa BBVA Interactivos.

En esa huida hacia delante de Inditex, ya no era posible la marcha atrás, la necesidad continuada de financiación obligaba a poner en el mercado bursátil, con gran disgusto para su fundador porque se veía obligado a perder su intimidad personal y empresarial, parte del valor del Grupo.

En la Bolsa

El periódico *El Mundo* del 6 de mayo de 2001 hacía público que Inditex pondría en el mercado de valores el 26,09 por ciento de su capital, del que un 48,12 por ciento se destinaba a inversores minoristas —con un subtramo para empleados de hasta el 3,53 por ciento— y el 51,88 por ciento restante sería para inversores institucionales. Los empleados tenían derecho a un descuento del 10 por ciento sobre el precio minorista, siempre y cuando se comprometieran a mantener los valores en cartera durante al menos seis meses.

Los 141,41 millones de acciones con las que Inditex debutó en el parqué se asignaron por tramos de la siguiente forma:

Minorista:	66,35 millones de acciones
Institucional español:	18,34 millones de acciones
Institucional internacional:	55,03 millones de acciones
Empleados:	1,49 millones de acciones

Hay que destacar que un grupo de 3,49 millones de acciones destinadas en principio para los empleados se tuvo que sumar al tramo minorista, ante la falta de demanda entre la plantilla. Nadie ha explicado los motivos, pero se bajaran dos hipótesis: que no quieren ver la empresa ni en acciones o que no han ganado lo suficiente como para comprar ese tanto por ciento relativamente pequeño dado el número elevado de trabajadores, más de 24.000 en el momento de la oferta.

En todo caso, la salida a Bolsa tenía un objetivo claro: que la continuidad de Inditex no dependa del ciclo biológico de su fundador, y así su obra pueda mantener la aceleración constante, según ese ritmo imparable, inagotable, susceptible de promediar en algunos momentos la inauguración de tres tiendas semanales.

El precio de salida se fijó en 14,70 euros, un 1,34 por ciento por debajo del máximo previsto, por acción, lo que suponía valorar el Grupo en más de un billón y medio de pesetas.

Con esta decisión Inditex daba otro golpe de efecto. La vieja teoría de los colocadores de capital de supeditar la salida a Bolsa al momento que atraviesan los mercados recibió un varapalo práctico de los que hacen historia. Frente al temor de unos y la prudencia de otros, Inditex sólo atendió a sus planes y a sus intereses. La respuesta del mercado, pese a la crisis que registraban la mayoría de los valores en sus cotizaciones, no pudo ser más contundente. Las acciones debutaron en el parqué madrileño con una revalorización del 22,4 por ciento (el precio de colocación por acción fue de 14,70 euros y se cerró la jornada con una valoración de 18 euros). El valor de la empresa se disparó desde los 1,52 billones de pesetas hasta los 1,87 billones, lo que la convertía en la octava compañía española por capitalización bursátil.

Amancio Ortega, en contra de lo que es habitual en otras sociedades con ocasión de eventos de este tipo, no asistió la mañana del miércoles 23 de mayo de 2001 en Madrid a la puesta de largo del Grupo en Bolsa. Tampoco se le esperaba. Como de costumbre, no varió un ápice su estilo de vida. Este día no viajó, estuvo en la sede central de Arteixo. Llegó a primera hora, tras desayunar en el Club Financiero de A Coruña, y trabajó con normalidad hasta las 11.15. Los empleados comenzaron a seguir a través de sus pantallas personales de ordenador lo que ocurría en la Bolsa de Madrid. Ortega también, pero a lo grande. Minutos antes de las 11.30 se instaló en la sala multimedia, acompañado de algunos de sus directivos más próximos. Ante sí, varios monitores reproducían canales nacionales e internacionales de televisión de contenidos económicos, que hacían continuamente referencia al debut en la Bolsa de Inditex.

Mientras, en Madrid, la cara oficial de la foto es, una vez más, la de José María Castellano y un reducido grupo de colaboradores, entre los que se encontraba el sobrino del «jefe», Juan Carlos Rodríguez Cebrián. En el parqué madrileño dan el pistoletazo de salida y comienza la compraventa de acciones de Inditex en el mercado de valores. El primer cambio se fija en 18,52 euros. Una llamada por el móvil de Castellano confirma el éxito de la operación. Pasadas las 12 de la mañana, Ortega deja la sala y en su habitual recorrido por las instalaciones comienza a recibir las primeras felicitaciones.

Por primera vez se le vio emocionado, dicen algunos empleados. Aquella misma mañana confesó a un banquero amigo que le acompañaba que nunca había pensado que lo que estaba viviendo pudiera ocurrirle. Comió en la fábrica el menú reservado a los directivos. Al día siguiente hizo de nuevo lo que para él es una jornada normal desde que empezó de recadero: entre diez y doce horas de trabajo.

Con esta operación, Ortega, por gracia del mercado de capitales, activó oficialmente la mayor fortuna personal de la Bolsa española al contabilizar más de 1 billón de pesetas en acciones.

Los encargados de dirigir la exitosa salida a Bolsa habían sido los bancos BBVA, BSCH, Morgan Stanley Dean Witter y Schroders Salomon Smith Barney. En junio de 2001 entraba en la Primera División de la Bolsa española, el selectivo Ibex 35, lo que le abría las puertas de los grandes inversores, que suelen recomendar preferentemente los valores incluidos en este *ranking*.

El reparto

Antes, y tras la venta del 26,09 por ciento de las acciones, la propiedad del Grupo Inditex evolucionó de la siguiente forma:

Nombre accionista	Número de acciones antes OPV	%	Acciones después OPV	%	Acciones vendidas en OPV	Ingresos en millones de pesetas
Amancio Ortega Gaona[1]	465.828.800	74,73	381.596.400	61,22	73.245.566	179.149
Rosalía Mera Goyenechea[2]	87.180.000	13,98	43.590.000	6,99	37.904.348	92.709
Dolores Ortega Renedo	14.215.200	2,28	7.107.600	1,15	14.215.200	34.769
Sandra Ortega Mera	12.400.000	1,99	0	—	12.400.000	30.329
Primitiva Renedo Oliveros	11.164.800	1,79	5.582.400	0,90	11.164.800	27.308
Josefa Ortega Gaona	6.467.800	1,04	3.387.800	0,55	6.467.800	15.819
Marta Ortega Pérez	6.160.000	0,99	0	—	6.160.000	9.341
Jose M.ª Castellano Ríos	3.819.200	0,61	3.572.600	0,57	3.819.200	9.040
Juan C. Rodríguez Cebrián	3.696.200	0,60	3.449.600	0,55	3.696.200	—
24 directivos de Inditex[3]	3.621.400	0,58	3.621.400	0,58	—	—
TOTALES	**614.553.400**	**98,59**	**451.907.800**	**72,51**	**169.073.114**	**398.464**

[1] Amancio Ortega controla el cien por cien del capital de Gartler, sociedad que a su vez posee el 59,29 por ciento del capital de Inditex (369.600.000 acciones). Concedió a una persona vinculada, que a su vez es empleado de Inditex (Flora Pérez Marcote, su segunda mujer), una opción de compra sobre 12.320.000 acciones de su titularidad directa, representativas aproximadamente del 1,98 por ciento del capital social de Inditex en aquel momento, que podrá ejecutarse entre el 23 de junio de 2001 y el 20 de octubre de 2003. Si esta persona decidiera ejercer la opción de compra, Amancio Ortega deberá transmitir las 11.996.400 acciones que poseerá de forma directa tras la OPV, y la diferencia de acciones se liquidará en efectivo al precio de ejercicio de la opción, mediante el pago de 473.586,83 euros.

[2] Rosalía Mera Goyenechea controla el 99,9 por ciento de la sociedad Rosp Corunna, de la que es la representante física en el Consejo de administración de Inditex, ya que Rosp Corunna posee un 6,99 por ciento del capital.

[3] El 8 de enero de 2003, Chase Nominees Ltd. adquirió 37.237.277 acciones por importe de 5.585.592 euros, que representan el 5,974 por ciento del capital de Inditex.

El reparto inicial del capital de Inditex, antes de la salida a Bolsa, y el resultado posterior tras la colocación del 26,09 por ciento, tampoco fueron una casualidad o un capricho de Amancio Ortega. Ese término no figura en el diccionario del máximo responsable de la empresa. En el momento de la fotografía de la salida a Bolsa naturalmente él mantuvo entonces la mayor parte del pastel, nada menos que un 61,22 por ciento después de haber ingresado 179.149 millones de pesetas por la parte proporcional de la que tuvo que liberarse para la OPV. Posteriormente, ya en 2003, cedería a su segunda mujer el 1,98 por ciento del capital de Inditex, tal y como se contemplaba en el folleto remitido a la CNMV.

En la escala del reparto le siguió su ex mujer, Rosalía Mera Goyenechea, que, pese a haber recibido 92.709 millones de pesetas por venta de acciones, no le ha impedido conservar el 6,99 por ciento del capital de Inditex, a través de la sociedad Rosp Corunna.

La siguiente en la lista fue Dolores Ortega Renedo, sobrina de Amancio y primogénita de su hermano Antonio Ortega, quien ingresó 34.769 millones de pesetas, guardándose una participación del 1,14 por ciento de la empresa. La siguió su prima, la hija primogénita de Amancio, Sandra Ortega Mera, que ingresó 30.329 millones de pesetas y no se reservó ninguna participación en el capital.

Primitiva Renedo Oliveros, mujer del difunto Antonio Ortega Gaona, ocupó el quinto lugar de los que entraron fuerte en el reparto y después de ingresar 27.308 millones de pesetas conservó un 0,90 por ciento de la empresa.

Por su parte, Josefa Ortega Gaona, la segunda hermana de Amancio, ingresó 15.819 millones de pesetas y se quedó con un 0,50 por ciento de participación. Como Marta Ortega Pérez, la única hija de la relación de Amancio con su segunda mujer, que ingresó 15.067 millones, y como su hermana por parte de padre, tampoco se quedó con participación en la empresa. Con la entrega a su segunda mujer, dos ejercicios más tarde, de algo más del 1 por ciento, concluyó el reparto por lazos de sangre.

La unidad familiar de Antonio Ortega (Primitiva Renedo, su mujer, su hija Dolores Ortega y el marido de ésta), fallecido con anterioridad al reparto, ingresó 71.217 millones de pesetas, y conservó un 3,59 por ciento de la sociedad, lo que los sitúa en tercer lugar tras Amancio y su ex mujer, Rosalía Mera. Este hecho se ha interpretado como el agradecimiento de Amancio hacia su hermano, el principal impulsor en los inicios del proyecto Inditex.

Los dos ejecutivos que recibieron una participación significativa fueron los hombres de confianza de Amancio Ortega. José María Castellano Ríos ingresó 9.341 millones de pesetas y mantuvo inicialmente un 0,57 por ciento de la empresa y Juan Carlos Rodríguez Cebrián, sobrino político de Amancio por su matrimonio con María Dolores Ortega Renedo, obtuvo 9.040 millones de pesetas y una participación del 0,55 por ciento. Salvo veinticuatro directivos más del Grupo que recibieron alguna «gracia» en acciones, el resto acudió a la oferta para empleados, que no se cubrió en su totalidad. Esto último se produjo en julio de 2000, bastantes meses antes de la salida a Bolsa. Entonces, Amancio Ortega Gaona vendió un total de 12.481.400 acciones, en torno a un 2 por ciento del capital social, conforme a la siguiente distribución:

— 3.621.400 acciones a un total de veinticuatro directivos del Grupo.
— 3.572.600 acciones a don José María Castellano Ríos.
— 3.449.600 acciones a don Juan Carlos Rodríguez Cebrián.
— 1.131.200 acciones a doña Josefa Ortega Gaona.
— 706.600 acciones a Inditex para autocartera.

Por ellas pagaron 2,93 euros y quedaron sujetas a los compromisos de no-transmisión de acciones. Prácticamente la totalidad de los directivos que adquirieron acciones de Inditex, incluidos don José María Castellano Ríos y don Juan Carlos Rodríguez Cebrián, financiaron la adquisición de la totalidad o parte de las acciones a través de préstamos concedidos por BBVA PRIVANZA BANCO, S.A., pignorando la totalidad o una parte de las acciones como garantía del cumplimiento de las obligaciones de pago asumidas bajo dichos préstamos.

En todo caso, cuando se habla de cifras que sobrepasan el billón de pesetas no resulta fácil su comprensión. Baste con decir que el valor de las acciones que aún conserva Amancio Ortega lo coloca claramente por encima de fortunas como la de la familia Polanco, accionista de referencia del grupo Prisa del que posee el 64,4 por ciento, cuyo valor aproximado es de 328.000 millones, y de la de los Botín, cuyas acciones declaradas en los bancos BSCH y Bankinter suponen más de 286.500 millones.

El «efecto pintalabios»

Pero todo no iba a ser un camino de rosas como la jornada del debut en el parqué madrileño. La entrada en los mercados bursátiles no es sinónimo de tranquilidad financiera y empresarial, aunque se trate de Inditex. Los vaivenes en Bolsa no dependen de la voluntad de los gestores, pero los efectos sí pueden echar por tierra todo el esfuerzo de gestión.

Cuando estaba a punto de cumplirse el segundo aniversario de su espectacular salida a Bolsa, la carrera alcista del valor de Inditex experimentó su primer revés. El grupo textil gallego tuvo su primer viernes negro el 21 de marzo de 2003, cuando sus acciones se desplomaron un 19,7 por ciento. En Sabón saltaron todas las alarmas y Diego Copado, responsable de comunicación, tuvo que emplearse a fondo. Comunicados a la CNMV resaltando el exceso de tesorería o un reportaje en el suplemento dominical del diario *El País* fueron algunas de las armas utilizadas para tratar de neutralizar una situación complicada, a las que sucedió, como refuerzo, la inauguración el 9 de mayo de 2003 del que es uno de los centros logísticos claves de Inditex en Zaragoza.

Según los analistas, habría que buscar las causas en que el mercado no había digerido bien los primeros signos de debilidad mostrados por la compañía gallega, cuyas ventas habían bajado ligeramente en el último trimestre de 2002. Todos coincidieron en señalar que se acababa así para Inditex el llamado «efecto pintalabios», fenómeno que según los expertos protege a ciertas compañías de moda y lujo durante los procesos de desaceleración e incertidumbre económica. Hasta entonces, el grupo gallego se había caracterizado por su inmunidad a los vaivenes de la Bolsa y su invulnerabilidad a los altibajos del consumo. Fortaleza que, además, explica que siempre haya cotizado a un PER más alto que el de otras compañías del sector.

Pero esa percepción en los mercados empezó a cambiar ese día. Las acciones caían hasta los 18,4 euros, su nivel más bajo de los últimos seis meses, después de que hiciera público un resultado bueno, pero inferior a lo que esperaban los que controlan el mercado de valores.

Automáticamente el valor sufría también una revisión a la baja en las recomendaciones emitidas por los analistas de Merrill Lynch, Goldman Sachs, UBS Warburg y Morgan Stanley. Lo cierto es que en su ejercicio fiscal correspondiente a 2002, el grupo textil logró incrementar su beneficio atribuible en un 28,7 por ciento, hasta alcanzar los 438,09 millones de euros, mientras que el mercado bursátil había descontado un resultado de 455 millones, es decir, un crecimiento cercano al 30 por ciento. Pero, ¿explica esta pequeña diferencia el castigo tan contundente (casi un 20 por ciento de caída) que decidieron aplicar los inversores al valor?

Según Antonio Castell, analista de Safei, lo que se produjo fue «un ajuste de precio motivado por una pequeña debilidad». En su opinión, «Inditex tiene buenos números, pero es la primera vez que ofrece unos resultados peores de lo esperado». En realidad, lo que había alarmado a los expertos no era tanto el resultado final del ejercicio, como la mala evolución económica que parecía mostrar el último trimestre, sobre todo la ralentización de las ventas y del beneficio bruto de explotación (EBITDA).

Realmente, la facturación sólo había crecido en ese periodo un 15 por ciento, frente a incrementos en torno al 25 por ciento de trimestres anteriores. Además, la compañía también había frenado las amortizaciones, lo que hizo sospechar a los analistas de un posible frenazo de las inversiones de cara a la nueva apertura de tiendas.

Y este temor se consumó. Por primera vez Inditex ralentizaba la expansión de una de sus cadenas, Oysho, dedicada a lencería, con el propósito, se dijo desde la empresa, «de analizar nuevas perspectivas comerciales», si bien como reacción a la situación anunciaba el lanzamiento de una nueva cadena para finales de 2003, Zara Home, destinada a cubrir el sector de ajuar y complementos para el hogar.

En cualquier caso, al presentar sus resultados, el Grupo achacó este retroceso en el crecimiento del último trimestre a «la desaceleración de las ventas en las dos semanas previas a Navidad de 2002, y a la huelga general que mantuvo en Venezuela veintitrés tiendas cerradas a lo largo de los dos últimos meses del ejercicio fiscal». Sin embargo, algunos expertos señalaron más pistas a la hora de detectar los motivos del fuerte correctivo experimentado por la cotización de Inditex.

Ignacio Chacón, analista de Ibersecurities, firma que venía recomendando la venta de acciones de Inditex desde hacía algún tiempo, explica que «el precio de la acción de Inditex llevaba tiempo sobredescontando las tasas de crecimiento futuras, debido a la combinación de sus buenas cifras frente a los malos resultados de muchas de las compañías del mercado».

Desde Ibersecurities se sostenía que «eran muchos los riesgos que no están incluidos en una valoración razonable de la compañía». Aspectos tales como «la evolución de la pirámide de población en Europa y la posible compresión de unos márgenes operativos que se encuentran cercanos a máximos».

No obstante, se haya diluido o no el efecto pintalabios, esto no supondría sino un pequeño traspié, y todo apunta a que el «milagro Inditex» sigue vivo. De hecho, los expertos también recuerdan que el grupo gallego sigue contando con una fuerte baza a su favor: su innovador modelo de negocio, capaz de reaccionar con celeridad a los gustos cambiantes de la demanda y, además, a precios asequibles. Un concepto que una vez un analista de Goldman Sachs definió como «Armani a precios razonables».

La crisis de Inditex en los mercados de valores volvió a repetirse en septiembre de 2003, con motivo de la presentación de los resultados semestrales del Grupo. Pese a que las ventas habían crecido por encima del 20 por ciento, la reducción de márgenes produjo una reducción del beneficio. La reacción en la Bolsa fue instantánea y el valor perdía en una jornada más del 15 por ciento.

Esta situación hizo saltar de nuevo las alarmas en el cuartel general de Inditex en A Coruña, ya que el desplome en la Bolsa en esta ocasión no sólo era una cuestión de resultados. Días antes, Juan Carlos Rodríguez Cebrián, sobrino político de Amancio, había dado la orden de venta de más de medio millón de acciones de su autocartera, lo que causó un gran malestar en los fondos de inversión. Por primera vez, Ortega reprendió severamente a sus directivos de confianza, y desde entonces les ha recomendado que no hagan ningún tipo de operación en Bolsa hasta pasados cuarenta y cinco días de la publicación de los resultados o cualquier hecho relevante. Si no cumplen esta cuarentena, dijo, «que se atengan a las consecuencias».

Rosalía Mera, ex mujer de Amancio y la segunda accionista del Grupo, no dejó pasar por alto esta situación para expresar en público su preocupación. En unas declaraciones a Onda Cero aseguró que «es increíble ver cómo, independientemente de la historia del potencial de una empresa como la nuestra, el mercado premia, sanciona, pide cuentas y exige resultados en función de las expectativas», para añadir a continuación que en el mundo de la Bolsa «hay muchos intereses ajenos a la vida empresarial».

En todo caso, estas arrugas de Inditex en Bolsa tienen una plancha siempre dispuesta a acabar con ellas: la promesa de Amancio Ortega de garantizar durante el quinquenio 2001-2006 un crecimiento medio anual superior al 20 por ciento. Pero algo ha quedado claro: ni Amancio ni Castellano pueden controlar el mercado de capitales por muy bien que hagan los deberes dentro de Inditex, y muchos empiezan a dudar de que el compromiso pueda mantenerse en el tiempo.

A 31 de diciembre de 2010 el capital de Inditex ascendía a 93.499.560,00 euros, repartido en 623.330.400 acciones de las que el presidente fundador, Amancio Ortega controla directamente el 59,294 por ciento.

Inmuebles y logística

Con independencia de las inversiones inmobiliarias efectuadas tanto en la sede social central como en las respectivas de cada cadena o empresa de Inditex, la verdadera expansión inmobiliaria del Grupo se realiza mediante la adquisición de locales para apertura de nuevas tiendas.

La tienda es el final del proceso industrial de la empresa gallega, y realmente constituye su centro principal de negocio, pues es en ella donde los clientes encuentran el producto y transmiten la información que será utilizada para realimentar el ciclo productivo de los talleres. Por ello, el encargado de una tienda en Inditex es algo más que eso. Es el responsable del producto (surtido y reposición), del equipo de personas que en ella trabajan, así como del mantenimiento del establecimiento y su imagen, siempre bajo la supervisión del equipo de Dirección de Tiendas que es el que unifica el modelo, aunque acepta cierta flexibilidad a la hora de aplicar el concepto generalista de los establecimientos en función del país del que se trate. El responsable de tienda también es quien transmite a la Central las impresiones de los clientes sobre los productos expuestos y, lo más importante, sobre las tendencias que vienen en función de la información que los propios clientes le transmiten.

La responsabilidad de esta misión recae en el departamento que dirige Fernando Martínez, director inmobiliario, quien no sólo controla uno de los principales activos del Grupo, sino que sobre él pesa la responsabilidad de la adecuada elección de los puntos de venta de las distintas cadenas de tiendas. Su equipo de colaboradores recorre constantemente las distintas ciudades y áreas comerciales de los países donde Inditex está o puede estar presente en el futuro, a la caza de locales óptimos por su localización, calidad, perspectivas comerciales y revalorización de la inversión.

Los factores fundamentales que maneja el departamento de Fernando Martínez a la hora de seleccionar locales son tres: localización, régimen jurídico de uso (propiedad o alquiler) y coste.

La localización y tamaño adecuados de los locales son el principal criterio de la política inmobiliaria. El tamaño objetivo de una tienda de la cadena Zara es de 1.200 metros de venta, pero existe flexibilidad en función de las circunstancias concretas de cada caso y la disponibilidad existente en cada una de las ciudades o zonas donde deciden implantarse. Si el local no alcanza para una tienda Zara, siempre es posible, si está en el lugar adecuado, desembarcar con otra tienda de las cadenas restantes.

El régimen jurídico de explotación tiene también su importancia para el equipo que dirige Fernando Martínez. Aunque una parte importante de las tiendas se explota en régimen de alquiler, por razón de oportunidad y localización, Inditex tiene la propiedad de muchos de los inmuebles que ocupan sus tiendas, fórmula que está afianzando en los últimos años. En todo caso, el objetivo de la compañía gallega es siempre lograr las localizaciones adecuadas con independencia de que ello suponga o no la adquisición final del local. El precio, si el local reúne las condiciones, no suele ser ningún obstáculo.

El patrón seguido por Inditex para desembarcar con una tienda en una zona seleccionada, según el prontuario oficial, es la búsqueda de países con mercados parecidos, pocas barreras de entrada y cierto grado de desarrollo económico. Por eso, inicialmente, se estudian los datos macroeconómicos del país y su posible evolución demográfica futura, así como todos los aspectos legales relativos al establecimiento del Grupo en el país seleccionado. Tras esta primera valoración se pasa al análisis microeconómico del sector en localidades concretas: clientes, competencia, disposición de inmuebles y precios.

Esta expansión inmobiliaria-comercial se conoce en Inditex con el argot de «mancha de aceite». Se trata de una expansión gradual: la primera tienda del país se utiliza como establecimiento piloto con el fin de obtener información directa sobre ese mercado concreto: gustos, hábitos de compra, mercado inmobiliario, etc. Una vez adquirida esa experiencia y tras aprobar la mejor solución para abordar el mercado, comienza la expansión en el resto de país mediante la apertura de más puntos de venta. Zara suele ser la cabeza de puente por su grado de conocimiento entre el potencial público consumidor. Después, le siguen el resto de cadenas a medida que el mercado se vuelve maduro para Inditex.

El modelo elegido para la expansión, como la moda que venden, es muy flexible. Se utilizan indistintamente filiales, franquicias e incluso *joint ventures*, dependiendo de las características de cada país. No obstante, la creación de una sociedad filial, con tiendas en propiedad, es la fórmula preferida por Inditex que se emplea en países de poco riesgo, elevado potencial de mercado y de mucha relevancia en el mundo de la moda. En la mayoría de países europeos y latinoamericanos es la fórmula más empleada.

El sistema de franquicias se utiliza en países pequeños, que habitualmente no son muy relevantes en el mundo de la moda, pero que suponen un elevado riesgo, por lo que no es aconsejable la inversión directa. Ejemplos de franquicias, en su estado más puro, son los países de Oriente Medio.

Finalmente, a las *joint ventures* se recurre en grandes mercados y de notable importancia en el mundo de la moda, pero con dificultades sectoriales o inmobiliarias que requieren la colaboración de un socio local que aporte experiencia, conocimiento y que facilite el desembarco. Alemania, con el grupo Otto Versand, y Japón, con Bigi, son ejemplos claros de este modelo de penetración del Grupo Inditex.

Logística

La clave del éxito de las tiendas está ligada a la frenética actividad de la logística, la organización de la distribución, para que cada tienda reciba en el momento adecuado y en el tiempo justo la mercancía que demandan sus clientes. Esta actividad está agrupada en varias sociedades cuya máxima responsable es Lorena Alba.

El centro de distribución principal está situado en Arteixo (A Coruña) y, desde 2003, cuenta con una extensión del mismo nivel en Zaragoza. Son los núcleos de recepción y distribución de la mayor parte de los artículos que se enviarán a las tiendas de todo el mundo, tanto los producidos en las fábricas del Grupo, como aquellos otros cuya fabricación se encomendó a terceros. Sólo hay dos excepciones: el calzado, que es enviado directamente desde Elche, y los productos de cosmética, cuya distribución compete a cada proveedor.

El mayor centro de distribución corresponde a Zara Logística, S.A., cuenta con casi un millar de personas en plantilla, y se refuerza puntualmente con personal de empresas de trabajo temporal. Este millar puede llegar a incrementarse con cuatrocientos trabajadores en un momento de gran intensidad de trabajo. Inditex cuenta además con centros de distribución de menor tamaño, por razones estratégicas, en Argentina, México y Brasil.

Desde los centros de distribución principales se envía mercancía dos veces por semana a las tiendas de todo en mundo. El transporte terrestre, un 80 por ciento de las unidades enviadas, es efectuado por una empresa de camiones externa al Grupo; el transporte aéreo, un 20 por ciento del total, se realiza principalmente desde los aeropuertos de Santiago de Compostela, Zaragoza y Oporto, este último con unos costes operativos menores, en los que se trabaja respectivamente con dos operadores logísticos principales, sin que exista contrato de exclusividad con ellos para evitar posibles distorsiones en los suministros a las tiendas.

Sólo el centro de distribución de A Coruña mueve en temporada unos 2,5 millones de unidades por semana, tanto de entradas como de salidas, de las cuales un 65 por ciento son de paquetería (prenda doblada) y el 35 por ciento restante de confección (prenda colgada).

El *stock* medio en almacén se sitúa entre 6 y 10 millones de prendas, muy bajo si se tiene en cuenta el trasiego de prendas. Estos productos almacenados son la base sobre la que se realiza la oferta a las tiendas y sobre la que éstas realizan los pedidos dos veces por semana. La meticulosa programación de entradas de mercancía de proveedores externos asegura la introducción de productos nuevos cada semana y el mantenimiento de los niveles adecuados de *stock* tanto en las tiendas como en los centros de distribución.

El acopio de mercancía para una campaña comercial comienza a producirse entre uno y tres meses antes del inicio de la temporada correspondiente, de modo que permite disponer del número de artículos necesarios para enviar a todas las tiendas las colecciones iniciales de temporada. Como ejemplo, la estancia media en almacén de prendas compradas a terceros se sitúa en el arranque de cada temporada en treinta y siete días, y baja a quince días en plena temporada.

La logística desarrollada por Inditex permite que, desde la recepción del pedido en el centro de distribución hasta la entrega de la mercancía en las tiendas, transcurran por término medio entre veinticuatro y treinta y seis horas para las tiendas abiertas en Europa y entre veinticuatro y cuarenta y ocho horas, normalmente, para las situadas en América, Oriente Medio y Asia, salvo excepciones muy puntuales. Las aplicaciones informáticas, imprescindibles para gestionar este eficaz sistema, han sido desarrolladas internamente, y han permitido que en la historia de Inditex ningún acontecimiento extraordinario haya impedido el reparto desde el almacén a las tiendas, así como que no se hayan producido estrangulamientos parciales en la cadena de reparto.

Capítulo IV

Las entretelas de Inditex

Las actividades del Grupo Inditex

Las actividades principales de Inditex y de sus sociedades filiales o participadas conjuntamente como Grupo, según la descripción oficial remitida a la CNMV, son el diseño, la fabricación, la distribución y la venta de prendas de vestir, calzado y complementos para hombre, mujer y niño, junto a productos de cosmética y marroquinería. Adicionalmente, algunas sociedades del Grupo desarrollan otras actividades, por ejemplo, constructivas o inmobiliarias, que se realizan para el Grupo con carácter complementario de las actividades principales.

Si bien nació unos años antes, Inditex aparece registrada como sociedad mercantil el 12 de junio de 1985, mediante escritura pública otorgada ante el notario de A Coruña don José Yordi de Carricarte, con el número 1.301 de su protocolo, y se halla inscrita en el Registro Mercantil de A Coruña en el Tomo 428, Libro 227, de la Sección 3ª de Sociedades, Folio 38, Hoja 2.416. Tiene su domicilio social en la avenida de la Diputación, Edificio Inditex, Arteixo (A Coruña).

Inditex tiene forma jurídica de sociedad anónima. En lo que se refiere al régimen contable, Inditex está sujeta a lo establecido en el Plan General de Contabilidad español.

El capital social de Inditex es de 93.499.560 euros, dividido en 623.330.400 acciones, de 0,15 euros de valor nominal cada una de ellas, representadas mediante anotaciones en cuenta; el Servicio de Compensación y Liquidación de Valores, S.A. es la entidad encargada de llevar su registro contable. El capital social se halla íntegramente suscrito y desembolsado.

Inditex, S.A. es hoy (2003) un grupo internacional de distribución de moda integrado por las cadenas de tiendas —Zara, Pull & Bear, Massimo Dutti, Bershka, Stradivarius, Kiddy's Class, Oysho y Zara Home— que constituyen áreas de negocio diferenciadas. Al cierre del ejercicio de 2002, el Grupo Inditex tenía abiertas 1.567 tiendas en cuarenta y seis países, de las que un 85 por ciento lo eran en régimen de gestión propia y un 15 por ciento correspondían a franquicias o *joint venture*.

El objeto social de Inditex está recogido en el artículo 2 de los Estatutos Sociales, cuyo contenido literal es el siguiente:

1. El objeto de esta Sociedad es:

   (a) La fabricación, comercialización en cualquiera de sus fases, importación, exportación y venta al mayor y al detalle de toda clase de materias primas textiles, hilados, telas, tejidos y productos acabados de vestir y del hogar así como de cualesquiera otros productos complementarios de los anteriores, incluidos los de cosmética y marroquinería.

   (b) La participación en el capital de otras sociedades o entidades, civiles o mercantiles, ya sea adquiriendo por cualquier título, oneroso o gratuito, acciones de cualesquiera otras sociedades anónimas o participaciones de sociedades de responsabilidad limitada, ya sea haciéndose por cualquier acto jurídico con la titularidad de cuotas de participación en otras entidades, bien sean de nacionalidad española o extranjera.

   (c) La administración, gestión y explotación de dichas acciones, participaciones sociales o cuotas de participación, así como la enajenación, venta, permuta o realización de cualquier otro acto jurídico que implique el ejercicio de los derechos incorporados a dichas partes o cuotas sociales.

(d) La prestación de toda clase de servicios relacionados con la administración, gestión y explotación de empresas, tales como la llevanza de contabilidad, la formación de listados de clientes, la elaboración de nóminas, confección de recibos de todas clases, la facturación y demás asuntos análogos a los mencionados, para lo cual podrá utilizar todo tipo de procedimientos, ya sea manual, mecánico, electrónico o informático, o cualquier otro de la más variada naturaleza.

(e) La redacción, elaboración y ejecución de toda clase de estudios y proyectos y la creación de diseños industriales y comerciales; la dirección, asistencia técnica, transferencia tecnológica y de comercialización, inspección, control y administración en tales proyectos y actividades.

(f) La titularidad, explotación o cesión de diseños y de la propiedad industrial en todas sus modalidades y clases.

(g) La adquisición y enajenación por cualquier título de toda clase de bienes muebles e inmuebles, derechos, títulos valores, participaciones, acciones o cuotas de participación de otras sociedades, incluso interviniendo en la constitución de éstas, en cuanto tales bienes y derechos sirvan al tráfico que constituye su objeto.

2. Las actividades integrantes del objeto social podrán ser desarrolladas por la sociedad, directa o indirectamente, mediante la titularidad de acciones o de participaciones en sociedades con objeto idéntico o análogo o mediante cualesquiera otras formas admitidas en derecho.

Zara *versus* El Corte Inglés

Ortega siempre ha admirado, no sin cierta envidia sana empresarial, a El Corte Inglés, pero nunca quiso enfrentarse ni plantear batalla comercial de una forma directa al monstruo de la distribución en España. Eso fue hasta el año 2003.

La estrategia para tratar de tú a Isidoro Álvarez empezó por granjearse a la opinión pública sin dejar ningún cadáver en el cometido. Fue a través de ese concepto tan genérico conocido como «reputación corporativa», en el que la última palabra la tienen el cliente y los medios de comunicación, donde empezó a librarse la batalla, que se anuncia larga. Así, en 2002, por primera vez, Inditex le pisó los talones en este capítulo al líder: El Corte Inglés. Así lo recogía el índice Merco (Monitor Español de Reputación Corporativa), que clasifica a las cincuenta compañías de mayor prestigio e imagen corporativa entre los empresarios españoles.

En la edición de 2002 del índice Merco la sorpresa vino de la mano del grupo gallego, que saltó del quinto al segundo puesto, y se acercó con 907 puntos al millar alcanzado por El Corte Inglés. El logro conseguido por Inditex pasó factura al BBVA, que se vio relegado a la quinta posición y que en los dos años anteriores había ocupado el segundo puesto en este *ranking*.

La justificación a este baile de posiciones para Eduardo Moreno, director general de la consultora Villafañe & Asociados, es que El Corte Inglés se mantiene en el mismo puesto «porque tiene una reputación consolidada y ya no puede crecer más». Sin embargo, como se apunta en el informe, los directivos españoles habían premiado la labor de expansión internacional y de responsabilidad social que está desarrollando Inditex.

«El año 2002 Inditex subió 267 puntos colocándose a 93 puntos del líder», matiza Moreno, quien atribuye el éxito de Inditex al prestigio, a la fortaleza y a los buenos resultados bursátiles en una época de crisis económica. «Su expansión a nivel internacional es superior al resto de las empresas del sector textil. Además, el año pasado movilizó a grandes empresas para que se afiliaran al programa Global Compact de la ONU, en defensa de los Derechos Humanos», agrega el director general de Villafañe & Asociados.

Otro detalle que añade valor al grupo que dirige Amancio Ortega es tener activado el Consejo Social, que cuenta con representantes de distintas ONGs que vigilan los derechos de los trabajadores en los países en los que tienen fábricas. «Por tanto, su presencia internacional y su gestión ética y responsable justifica el ascenso tan vertiginoso», agrega Moreno.

Sin embargo, para Amancio lo anterior sólo era el principio. En la primavera de 2003, la cadena de moda Zara puso en marcha una experiencia piloto dirigida a ampliar su segmento de mercado y atraer a mayores de cuarenta años, una vez que se había saturado el mercado del público joven al que se dirigía desde sus comienzos.

El objetivo no era otro que competir con los grupos que copaban esta clientela de medio-alto poder adquisitivo —El Corte Inglés o Cortefiel—, y para ello, la cadena gallega no dudó en ampliar hasta la talla 46 los modelos más adecuados a este tipo de público. Inditex, según Esther Uriol en el diario *Cinco Días*, para tomar la decisión «ha tenido en cuenta la evolución de la pirámide de población, especialmente en Europa, donde concentra sus planes de expansión».

Así, después de crear una cadena de ropa para niños, Kiddy's Class, otra específica para hombres, Often, y estar en pleno desarrollo de las cadenas de ropa de hogar y de lencería —Zara Home y Oysho, respectivamente—, a Inditex sólo le quedaba fuera de su área de influencia el público femenino con más de cuarenta años que, además, es el que cuenta con mayor poder adquisitivo y casualmente había sido cliente de Inditex en su juventud.

Para este segmento de mercado, que coincide con gran parte del público objetivo que compra en El Corte Inglés y Cortefiel, el grupo textil gallego puso en marcha en la temporada 2002-2003 una prueba piloto. Las tiendas Zara han empezado a incorporar un tallaje más amplio en aquellos modelos susceptibles de ser adquiridos por este tipo de clientela.

Según Diego Copado, director de Comunicación del Grupo, «se trata de una línea diferenciada y dirigida a un público más amplio». Hasta ahora las tallas más vendidas en las tiendas de las distintas cadenas son la 38 y la 40, aunque están condicionadas por los mercados en los que esté ubicado cada establecimiento. Así, en las tiendas del norte de Europa suelen venderse prendas más grandes que las que se comercializan en España, mientras que en Japón, lógicamente, las tallas más vendidas son las pequeñas.

De todos modos, y para tomar esta decisión, Inditex pretendía además el objetivo de mantener a una clientela que empezó a comprar en Zara hace veinte años y que ahora ya ronda los cuarenta. Desde

Inditex se dice que la marca ha decidido evolucionar con ella y adaptarse a sus gustos y necesidades actuales.

Este segmento de mercado es, además, el que mayor potencial de crecimiento presenta, ya que, según la evolución de la población, todo el *boom* de natalidad que hubo en la década de los sesenta empieza a entrar ahora en ese rango de edades a las que, ahora, Inditex dirige su mirada.

Otro de los aspectos que el grupo textil gallego ha tenido en cuenta es la clase de ropa que reclama este tipo de clientela. Según diversos estudios de mercado, se trata de mujeres modernas, la mayoría de ellas urbanas y muchas trabajadoras, que pese a los años, se sienten jóvenes y dinámicas y que requieren un tipo de tallaje en las prendas para adecuarlas a sus nuevas necesidades.

La rapidez con que se imponen las tendencias de la moda hace, asimismo, que este grupo sienta el deseo de aumentar la rotación y renovación de su vestuario con mayor frecuencia que hace unos años. Esto encaja con el perfil de este tipo de consumidoras, ya que, recordemos, se trata del rango de población con mayor nivel de gasto.

Para Amancio pasar de la opinión pública a la realidad en este frente a frente con El Corte Inglés ha sido cuestión de tiempo y oportunidad. El escenario elegido ha sido el corazón del imperio que preside el asturiano Isidoro Álvarez: la calle Princesa de Madrid: en una esquina El Corte Inglés, en la otra Zara con su añadido de Zara Home. El duelo está servido. Los que rompieron las hostilidades, según fuentes de Inditex, «fueron ellos» con la apertura de Sfera, que competía claramente con el segmento de jóvenes que compraban en Zara. Los números, de momento, son favorables a los gallegos. La cuota de mercado juvenil de Zara es del 5 por ciento frente al 3 por ciento que se han marcado como objetivo los responsables de Sfera. También es favorable a Ortega la línea de productos: frente a las ocho colecciones anuales que piensa lanzar Sfera, Inditex puede colocar colecciones distintas cada tres semanas.

El resultado es que ambos se copian. Sfera imita lo mejor que puede a Zara, y el grupo gallego ha copiado de El Corte Inglés la clave de su éxito: su diversificación. Mientras se decide este duelo, hay ya unos claros perdedores, los que van detrás.

La respuesta de El Corte Inglés tampoco se ha hecho esperar. En noviembre de 2003 anunciaba la apertura del primer centro Sfera en Galicia, concretamente en Vigo. La expansión, se anunció que continuará por Santiago y A Coruña. Un contragolpe en el corazón de Inditex. Continuará.

Las cadenas de tiendas, una a una

El crecimiento imparable del Grupo Inditex —el día que no sea así algo grave pasa— se sostiene sobre tres ejes: el aumento del volumen de ventas en cada una de sus tiendas, la apertura de nuevos locales y la creación de otros conceptos de negocio que complementen a los que ya tiene en cada momento y que, además, sirvan para ampliar su base objetiva de clientes.

Desde sus comienzos expansivos, Inditex no sólo ha hecho crecer a su cadena madre Zara, sino que también ha ido lanzando otras marcas dirigidas a segmentos de población específicos. Es el caso de Kiddy's Class para niños o de Often para hombre joven, que complementa la oferta de Massimo Dutti e incluso la de Pull & Bear, donde se está desarrollando el embrión de Often, que comercializa ropa tanto para el público masculino como femenino. En estas dos últimas cadenas también se vende calzado, accesorios y ropa de baño.

En el caso de la moda infantil, la apuesta responde al aumento del gasto en ropa de niños, lo que atenúa el descenso de natalidad en los países europeos, su mercado más amplio. No obstante, la especialidad de Inditex es la ropa para la mujer joven, una línea con la que empezó Zara hace casi treinta años y que ahora desarrolla también con otras dos marcas de fuerte implantación nacional, Bershka y Stradivarius. Ambas compiten entre sí por un público muy joven, entre quince y veinticinco años.

Para completar la oferta, el grupo gallego ha entrado en otras líneas de negocio relacionadas con el textil pero que se alejan del núcleo central de la moda del vestir, como es la ropa de hogar y sus complementos (decoración). Es el caso de Zara Home, que arrancó su actividad en 2003, o el de Uterqüe, activada en 2008, una cadena de complementos que incluye además la comercialización de muebles, libros, cosmética, etc.

La red de ventas de Inditex se canaliza físicamente en todo el mundo a través de ocho cadenas de tiendas: Zara, Pull & Bear, Massimo Dutti, Bershka, Stradivarius, Oysho, Zara Home y Uterqüe. Ahora a ellas se suma la venta *online*, que se irá ampliando a todas ellas.

Cada una de ellas tiene una oferta muy diferenciada, dirigida a sectores públicos concretos, estratificados generalmente por tramos de edad. Esta filosofía se mantiene, pero no de forma excluyente, ya que hoy es posible que en algunas tiendas se ofrezcan productos cruzados de distintas cadenas.

En todo caso, el nexo común a todas ellas es una novena marca, que no tiene rango de cadena, pero que goza de un gran atractivo entre los consumidores. Se trata de Lefties, a través de la cual Inditex vende a bajo precio los excedentes de temporadas pasadas y aquellas prendas con defectos de fabricación. Principalmente, suelen vender ropa de la marca Zara, pero también se pueden encontrar restos de otras cadenas de Inditex, así como complementos: zapatos, cinturones, bolsos e incluso maquillajes o perfumes. En rebajas son las más solicitadas de todas las cadenas, ya que la reducción de precios puede ser superior al 90 por ciento.

Zara, el buque insignia

La primera tienda de la cadena Zara nació en 1975 en A Coruña. Amancio Ortega quiso bautizarla con el nombre de Zorba, pero se encontró con que esta marca ya estaba registrada, y fue la segunda opción la que se ha hecho popular. Sus servicios centrales están ubicados en Arteixo (A Coruña). Desde el primer momento el producto principal fue la venta de ropa de mujer, hombre y niño. Inicialmente, las prendas a la venta eran producidas mayoritariamente en las propias fábricas del Grupo. Poco a poco, la gama de producto se fue complementando con artículos de proveedores externos, talleres, cooperativas y terceros países.

La posición comercial de Zara, según la página web de esta cadena, se centra en ofrecer la última moda (moda viva) con calidad media y a precios medios-bajos. Zara tiene un público objetivo amplio, ofrece moda para mujer, hombre y niño con un rango de edad entre recién nacidos y un tallaje hasta la 44, que será ampliado en los próximos años. Su estrategia comercial se caracteriza por una constante renovación del producto, ajustada cantidad de cada modelo y una rotación casi constante entre sus tiendas.

En Zara, según la información corporativa, «el diseño se concibe como un proceso estrechamente ligado al público. La incesante información que llega de nuestras tiendas a un equipo de creación de más de doscientos profesionales traslada las inquietudes y demandas del cliente».

Zara, se sostiene desde el Grupo, «marcha al paso de la sociedad, vistiendo aquellas ideas, tendencias y gustos que la propia sociedad ha ido madurando. De ahí su éxito entre personas, culturas y generaciones que, a pesar de sus diferencias, comparten una especial sensibilidad por la moda».

Para dar respuesta a este planteamiento, Zara dispone de una estructura industrial integrada. De este modo abarca todo el ciclo de negocio de la moda: diseño, proveedores, producción, logística y gestión de venta.

¿Cómo es la oferta de Zara? Según sus responsables, se parte de una colección fija, que viene a ser el 60 por ciento de su producción, lo que en Inditex bautizan con el nombre de «básicos», es decir, prendas que no pasan de moda. El 40 por ciento restante es lo que se llama «prenda oportunista», susceptible de estar en las tiendas cada dos semanas. Son los *just in time*, la mayor parte de los quince mil modelos diferentes que son capaces de poner en el mercado en un año. Ésta es la clave del éxito del modelo desde el punto de vista del cliente.

El universo Zara, como el de Inditex, son sus tiendas. Como para el resto de las cadenas, es su verdadera imagen de marca. Los primeros trabajadores de estas tiendas admiten en voz baja que en sus comienzos vendían ropa muy barata y no del todo bien confeccionada, eso sí, todo ello detrás de un escaparate espléndido, temático, comparable a los de las mejores marcas tanto nacionales como extranjeras, con el nombre Zara discretamente impreso en las etiquetas.

Las tiendas Zara son espaciosas, cómodas, diseñadas hasta el último detalle en el laboratorio dispuesto al efecto en Arteixo (A Coruña). Recientemente se ha incorporado en algunas de ellas departamentos de peluquería unisex, centros de masajes o complementos de distinto tenor. El caos aparente, dice una responsable de tienda en Madrid, es «un orden calculado por todos nosotros, desde arriba hasta aquí». Hoy, si uno se detiene durante unos minutos en cualquier calle de una gran ciudad, percibe pronto si Inditex ha sentado o no sus reales en ella. Es lo que el responsable de Comunicación Corporativa llama: «Generación Zara».

A enero de 2011, Zara estaba presente en setenta y nueve países con una red de 1.518 tiendas, a las que hay que sumar las 205 de Zara Kids. Del total de ambas, el 87 por ciento lo era en régimen de gestión propia y el 13 por ciento restante respondía al sistema de franquicias. Su facturación al cierre del ejercicio de 2010 fue de 8.088 millones de euros, lo que suponía el 64 por ciento de las ventas totales del Grupo.

Tiendas.com

El 2 de septiembre de 2010 Zara «abrió» una tienda en cada domicilio de los clientes potenciales, con una inversión ridícula si consideramos el alcance de la operación y las repercusiones que tendría para la competencia.

Aunque supuso una novedad, con una gran repercusión social, hasta el punto de bloquear en los primeros días la página, lo cierto es que Inditex no era ese día novata en actividades de comercio electrónico. Su marca de menaje Zara Home vende en la web desde 2007 en quince países europeos. Zara ha sido la siguiente, y el grupo prevé el lanzamiento del resto de cadenas en los próximos años. De momento, a febrero de 2011, su tienda *online* está disponible en España, Alemania, Francia, Italia, Portugal y Reino Unido, que representan cerca del 40 por ciento del negocio de Inditex. Este año tiene está previsto ampliarse a EE.UU., Japón y Corea del Sur.

Todos los productos están disponibles al mismo precio que en las tiendas físicas, en una página accesible desde ordenadores y dispositivos móviles, y los pagos se pueden realizar a través de los medios más habituales en operaciones *online* con tarjetas de crédito.

El cliente puede escoger la posibilidad de recoger el envío en una tienda de su propia elección, en cuyo caso el servicio es completamente gratuito o recibirla en su domicilio pagando entre 3,95 y 5,95 euros en función de la urgencia. Como otras opciones, se puede escoger tanto la modalidad estándar de entrega en domicilio como la denominada entrega exprés, que se recibirá en menos de cuarenta y ocho horas. El producto se envía en todos los casos en un paquete ecológico especialmente diseñado para la ocasión, que preserva el estado de las prendas para su entrega en destino.

La política de cambios y devoluciones es igual a la de las tiendas, con un periodo hábil de hasta treinta días, y se podrán hacer tanto con un sistema de recogida a domicilio como a través de las tiendas físicas, siempre de forma gratuita.

Los usuarios de *www.zara.com* disponen también de un teléfono gratuito de atención al cliente para cada uno de los países, así como de un contacto específico a través de correo electrónico para solventar dudas o problemas relacionados con la venta *online*. Además, contarán con la posibilidad de enlazar con este servicio a través de un *chat*, activo en horario comercial, a través del cual resolver todas las dudas e incluso ser conducido directamente hacia páginas de su interés en la tienda virtual.

El *site* ofrecerá además abundante contenido visual de la colección, a través de fotografías de campaña, *lookbooks*, vídeos, etc. que permitirán a los clientes contar con una visión de conjunto de la oferta de moda de la cadena y que pueden ser además compartidas en las diferentes redes sociales. Los usuarios podrán solicitar también el envío periódico de una *newsletter* que les mantendrá informados de las últimas novedades en moda y tendencias.

Pull & Bear, para el tiempo libre

Pull & Bear fue creada por Inditex en 1991 y tiene sus servicios centrales en Arteixo, (A Coruña). En 2001 trasladó su sede social al Polígono do Río do Pozo en Narón (A Coruña). Según su máximo responsable, Pablo del Bado, se creó en el momento en el que el Grupo percibió la «carencia en el mercado español de una propuesta creada específicamente para el público joven masculino, para ofrecer prendas básicas y moda a precios medios-bajos». Su objetivo es dar una gama de producto enfocada hacia el deporte y ocio al aire libre para los jóvenes.

Su línea, según la definición oficial, gira en torno a «una nueva generación de jóvenes urbanos de entre catorce y veintiocho años». La cultura de la calle —se sostiene— forma parte de una marca que no es ajena a su entorno. Las nuevas tecnologías, los deportes alternativos y hasta las últimas corrientes musicales y artísticas son fuente de inspiración para esta cadena.

Si bien inicialmente nació como una cadena de hombre, en 1998 se introdujo la línea de mujer, y se mantuvieron los precios medios-bajos. Aunque controla todo su diseño, lo cierto es que esta cadena, a diferencia de Zara, no tiene actividad de producción propia por lo que encarga una parte importante de ella a proveedores situados en países asiáticos para la línea hombre, mientras que para la mujer tienen mayor importancia los proveedores europeos, fundamentalmente españoles y portugueses.

Pull & Bear tiene su propio centro de distribución, si bien la distribución física la realiza mediante camiones subcontratados a una empresa externa y una cantidad menor de la entrega a tiendas se efectúa mediante transporte aéreo.

A enero de 2011 la cadena tenía 682 tiendas en cuarenta y ocho países, de las que el 87 por ciento eran tiendas en gestión directa y el 13 por ciento eran franquicias. Su facturación en 2010, 857 millones de euros supone el 6,9 por ciento de las ventas por cadena del Grupo.

A la sombra de Pull & Bear, en 2003 Often empezó a desplegar su actividad en las principales ciudades de España y Portugal. La nueva apuesta de Inditex nació de la mano del equipo directivo, comercial y de diseño de Pull & Bear, una de las marcas más extendidas del Grupo.

Often, según la definición institucional, está dirigida a «los hombres cosmopolitas de entre veinte y cuarenta y cinco años que buscan la calidad, actualidad y versatilidad de unos básicos renovados a precios competitivos». Además, con Often, Inditex pretende llegar a un público de más edad pero igualmente interesado en este tipo de ropa; la oferta incluye también calzado, accesorios, ropa de baño y prendas para el hogar.

Often se ha buscado como objetivo «acercar cada día el confort y la versatilidad de unos básicos renovados a través de una amplia variedad de estilos que consiguen ofrecer un *look* total: desde los deportivos para campo abierto, a los más urbanos. Todo ello apoyado por líneas de calzado, accesorios, ropa de casa y baño».

En la tienda Often, según el responsable de tiendas, conviven los materiales nobles tradicionales, transformados mediante un diseño de vanguardia, con la neutralidad cromática, lo que ayuda a crear espacios prácticos, cálidos, amplios y concretos. La intención no es otra que hacer de la elección del cliente un auténtico estado de bienestar.

Often, en su etapa tutelada, contaba a finales de 2003 con tiendas exclusivas en A Coruña, Ferrol, Las Palmas y Lisboa. Es un «experimento, un test para ampliar el segmento de mercado y abarcar a un público más amplio», según señalaron fuentes de la compañía.

Massimo Dutti, la informalidad formal

Massimo Dutti es la cadena de moda «formalmente informal» del Grupo, destinada a un público objetivo entre veinticinco y cuarenta y cinco años. Su producto es de calidad media-alta con precios medios. Massimo Dutti fue fundada en Barcelona en 1983, con un enfoque inicial dedicado en exclusiva a la camisería para hombre. A partir de 1995, el Grupo Inditex asumió el cien por cien de esta cadena. Desde entonces empezó a evolucionar su concepto comercial. Primero pasó de la camisería a una gama de ropa formal e informal para hombre y, en 1996, extendió este mismo concepto al público femenino, incorporando una línea de mujer, que ya supone el 50,8 por ciento de sus ventas. En el ejercicio 2000, Massimo Dutti trasladó sus servicios centrales desde Martorell (Barcelona) a Tordera (Barcelona).

Massimo Dutti tampoco cuenta con producción propia, si bien controla una parte sustancial de la producción de la materia prima y el producto final que realiza en proveedores externos. La mayor parte de la mercancía que vende está fabricada por proveedores españoles y portugueses.

Massimo Dutti dispone de su propio centro de distribución, pero el reparto físico se realiza, como en el caso de Pull & Bear, mediante camiones subcontratados a una empresa externa, y el envío a países como México y Oriente Medio, se hace por vía aérea.

A enero de 2011 la cadena tenía 530 tiendas en cincuenta y dos países, de las que el 72 por ciento eran tiendas en gestión directa y el

28 por ciento eran franquicias En 2010 Massimo Dutti facturó 897 millones de euros, el 7,6 por ciento de negocio del Grupo.

Bershka, la más juvenil

Bershka nació en 1998 como un proyecto del Grupo Inditex para el segmento más joven de consumidores. Su objetivo es ofrecer última moda para un público muy joven. Sus servicios centrales están ubicados en Tordera (Barcelona).

Bershka es una cadena que ofrece última moda para un público femenino de entre trece y veintitrés años. Su producto es de calidad media con unos precios medios-bajos. Bershka no cuenta con producción propia y realiza sus productos con proveedores externos, situados principalmente en España.

Las tiendas Bershka, según el responsable comercial de la cadena, Carlos Mato, son «grandes, espaciosas, con estética de vanguardia y la voluntad de ser puntos de encuentro entre la moda, la música y el arte de la calle». Pensando en ese público joven, se pueden ver vídeos, escuchar CD's o leer revistas, en «una tienda —reitera la información facilitada por Inditex— donde la experiencia de ir de compras se convierte en una inmersión sociocultural en la estética joven del nuevo siglo».

Bershka controla íntegramente su diseño que fábrica mediante un sistema de gestión integrada de la cadena de suministro a través de talleres externos, a los que se envían los patrones para su corte y confección y con los que los responsables de Bershka trabajan conjuntamente en cada fase de la producción.

Tiene, como las anteriores, su propio centro de distribución, aunque la distribución física la realiza mediante camiones subcontratados a una empresa externa, y el envío a los destinos lejanos como México y Chipre, se hace por vía aérea.

A enero de 2011, Bershka tenía 720 tiendas en cincuenta y dos países, de las que el 88 por ciento eran de gestión directa y el 12 por ciento franquicias. Su facturación en 2010, 1.247 millones de euros, supone el 9,9 por ciento del Grupo.

Stradivarius, para urbanitas

Stradivarius nació con un primer establecimiento en Valencia, en 1994. Actualmente, su sede central está situada en San Quirce del Vallés (Barcelona). El Grupo Inditex adquirió un porcentaje de control (90,05 por ciento) en el accionariado de Pígaro 2100, S.A. (anterior razón mercantil de Stradivarius) en noviembre de 1999. Inditex posee una opción de compra por el resto de la participación de esta sociedad, y su titular tiene una opción de venta a Inditex de dicha participación.

Stradivarius es una cadena que ofrece moda urbana para un público objetivo femenino entre quince y veintisiete años. Su producto es de calidad media, con unos precios medios-bajos.

Stradivarius controla todo su diseño, pero carece de actividad productiva propia, las prendas que vende en sus tiendas se fabrican en talleres externos, la mayor parte en España y en Marruecos. Stradivarius opera con su propio centro de distribución, aunque la distribución física se realiza mediante camiones subcontratados a una empresa externa.

La cadena cerró enero de 2011 con 593 tiendas en cuarenta y cinco países, de las que el 84 por ciento eran de gestión directa y el 16 por ciento franquicias. Su facturación en 2010, 780 millones de euros, supone un 6,0 por ciento de la cifra de negocio del Grupo.

Oysho, en paños menores

Oysho es la cadena de tiendas del Grupo Inditex dedicada a la lencería (ropa íntima), que se ha marcado como objetivo, según los responsables del Grupo, «trasladar a este sector la filosofía de Inditex, ofreciendo las últimas tendencias de moda íntima, con calidad y buen precio. Corsetería, lencería de noche, *homewear*, ropa de baño, cosmética, complementos y deporte son las líneas de productos que el cliente puede encontrar en estas tiendas».

El punto fuerte de Oysho —un nombre a través del cual los creativos del grupo han querido expresar simplicidad, versatilidad y diseño— es la lencería para hombre y mujer. La filosofía del resto de sus cadenas se traslada casi miméticamente a los pijamas, la ropa interior y de estar por casa, así como a los atuendos deportivos para la ciudad.

De este modo, todo lo que el cliente puede encontrar en una tienda de esta cadena sigue las últimas tendencias y se contempla dentro de un entorno que invita a la compra. Las tiendas de este miembro de la familia Inditex tienen una superficie de entre 250 y 300 metros cuadrados, una dimensión que responde a su variada oferta, destinada a un público de edades y estilos diversos.

Las prendas aparecen, según un responsable de tienda, «distribuidas alrededor del espacio, decorado con estructuras metálicas que consiguen un efecto minimalista, según su tonalidad y su línea más o menos vanguardista. Nuestro objetivo —precisa con orgullo este responsable— es que en Oysho se pueden adquirir desde diseños en colores verdes, morados, rosas o naranjas hasta modelos más clásicos», además, dispone, como es el caso de Zara, de artículos para todos los bolsillos que se renuevan semanalmente. Casi todas las tiendas de la cadena ofrecen varias colecciones de productos cosméticos.

Como su hermana mayor, Zara, renueva semanalmente sus colecciones, que constan de series limitadas, y la variedad de estilos y tendencias tienen como objetivo el que comprar en Oysho se convierta en una forma de ocio.

Y, aunque en este segmento de la moda el diseño y actualidad son fundamentales, Oysho ha apostado también por la funcionalidad inherente a la ropa más íntima, y de forma especial en lo que se refiere a la corsetería.

La oferta de Oysho abarca también la ropa de baño y prendas para la práctica de deportes, algunas de ellas diseñadas y realizadas por Puma en exclusiva para la cadena. Entre los complementos, destaca la calcetería, con *panties*, medias y calcetines de colores y materiales básicos, de uso diario y fiesta, pero sin que falten prendas de tendencia y de fantasía.

La cosmética que acompaña a este segmento de moda íntima también está presente en esta cadena, que cuenta con tres líneas propias: Morning Attitude (para proporcionar energía), Nigth In (relajantes) y Sport Fórmula (para el deporte). El hombre dispone, asimismo, de su propia sección en cada tienda.

Pese al esfuerzo desplegado por Inditex en esta cadena, el éxito aún no ha llegado. En sólo dieciséis meses, Oysho había logrado abrir setenta y dos tiendas, la mayor parte de las cuales (treinta y cuatro) durante los últimos meses del año 2001, justo cuando se lanzó la marca. Consecuencia de la falta de resultados, en los últimos meses del ejercicio de 2002, se apreció un cierto estancamiento y el número de aperturas se quedó en el límite inferior de las previsiones. Ahora, el grupo ha decidido frenar este ritmo de expansión para «ajustar la propuesta comercial» a la demanda y analizar si lo que se está ofreciendo es lo que el consumidor reclama.

Este giro coincide con la incorporación de una nueva directora general, Carmen Sevillano, que sustituyó a Sergio Buscher al frente de la cadena. Buscher, que provenía de Cortefiel, fue quien lanzó la enseña, pero no acertó en su consolidación porque, según fuentes del Grupo, el modelo de integración vertical de Zara, que le permite producir las prendas en plena temporada y adecuarlas a los cambiantes gustos del mercado para colocarlas en las tiendas en sólo quince días, no es aplicable a Oysho.

Esta cadena subcontrata la fabricación de sus colecciones a compañías especializadas en lencería y, aunque se intenta aplicar el mismo sistema de integración vertical, como en el resto de las cadenas, parece que no resulta del todo factible. La diferencia de Oysho con las otras cadenas del Grupo es que está dirigida a un segmento nuevo, la ropa interior, donde Inditex carecía de experiencia.

Oysho logró en 2002, su primer ejercicio completo, unas ventas de 23,4 millones de euros y una pérdida de 14,9 millones de euros. Este resultado ha sido considerado «normal» por la compañía, «ya que en los primeros años, con ingresos muy escasos, es necesario realizar una fuerte inversión para poner en marcha la marca». Lo cierto es que su peso porcentual en el EBITDA del Grupo al cierre del ejercicio de 2002 era cero, según la información facilitada a los analistas.

Pese a unos comienzos cargados de sombras, la cadena cerró enero de 2011 con 432 tiendas en 25 países, de las que el 90 por ciento lo eran en gestión directa y 10 por ciento en régimen de franquicia. Su facturación en 2010, 304 millones de euros, supone un 2,6 por ciento de la cifra de negocio del Grupo.

Kiddy's Class, la guapa de la pandilla

Frente al frenazo en Oysho, todo lo contrario sucede con esta cadena. En 2003 Inditex decidió relanzar las tiendas de moda infantil Kiddy's Class, marca que se creó a mediados de los noventa y que había permanecido estancada desde entonces.

Kiddy's Class nació en 1993 y concentró la práctica totalidad de sus aperturas entre ese año y 1997. Después quedó en una situación de casi estancamiento, porque las prioridades del Grupo se dirigieron hacia otros objetivos. Ahora Inditex ha decidido apostar fuerte por la cadena y ya hay cincuenta y nueve establecimientos integrados en el Grupo.

Las tiendas Kiddy's Class comercializan las mismas prendas y artículos que se venden en la sección infantil de aquellos establecimientos Zara cuya superficie permite ofrecer diferentes gamas (ropa de mujer, para hombre, de niños). Y se ubican en ciudades de tamaño mediano o áreas comerciales donde no existe una de Zara con moda infantil en las proximidades. Estas tiendas están localizadas tanto a pie de calle como en centros comerciales.

Inicialmente eran locales pequeños, al estilo del formato que en aquella época fomentaba el grupo gallego, especialmente entre las marcas menos conocidas. Sin embargo, ahora la intención es abrir locales de tamaño mediano. Esta cadena de moda infantil está presente tanto en España como en Portugal donde existen cinco establecimientos. De hecho, el Grupo cuenta con dos sociedades participadas al cien por cien denominadas Kiddy's Class España y Kiddy's Class Portugal.

Esta cadena, desde enero de 2008, consolida sus datos financieros dentro de Zara. Aunque comercialmente mantiene la marca y las tiendas específicas, comercializa también bajo el paraguas de Zara en algunas de sus tiendas.

Zara Home, la tienda en casa

Pero los planes de crecimiento del grupo textil gallego Inditex ya no se conforman con mantener el ritmo de aperturas de tiendas de las cadenas más conocidas y asentadas en el mercado: Zara, Massimo Dutti,

Pull & Bear, Often, Bershka, Stradivarius, Oysho y Kiddy's Class. La compañía que preside Amancio Ortega ha decido ahora dar un paso más en su proceso de diversificación y ha activado una nueva línea de negocio con establecimientos especializados en ropa para el hogar (toallas, sábanas, edredones, mantelerías, etc.) Es Zara Home, a cuyo frente está como directora Eva Cárdenas.

Este proyecto se puso en marcha en los últimos meses de 2003, adelantándose a las previsiones iniciales que contemplaban su desarrollo durante 2004. En la información facilitada con motivo de su lanzamiento, se sostiene que la nueva cadena del Grupo «está especializada en artículos para vestir y decorar la casa. Su apuesta es por el textil: ropa de cama, de mesa y de baño; complementado con vajillas, cuberterías, cristalerías y objetos de decoración».

A la hora de justificar el lanzamiento de Zara Home, desde Inditex se dice que nace para «ofrecer diseño, calidad y artículos novedosos a precios competitivos, esta vez para vestir y decorar la casa. Una nueva oferta que propone diferentes ambientes de decoración: contemporáneo, clásico, étnico y blanco, sin olvidarnos de los más pequeños de la casa».

Este sector del mercado en España era hasta ahora casi exclusivo de marcas como Ikea, Casa y Habitat, entre otras. La china que ha puesto Inditex entre su clientela amenaza con romper un mercado que casi les era exclusivo.

La cadena contaba en enero de 2011 con 284 tiendas en veintiséis países de cuatro continentes, de las que el 89 por ciento lo eran en gestión directa y el 11 por ciento eran franquicias. Su facturación en 2010, 294 millones de euros, supone un 2,4 por ciento del Grupo.

Uterqüe

Uterqüe abrió sus primeras tiendas en 2008. Su formato comercial está dedicado a accesorios, complementos de moda y una cuidada selección de prendas en textil y piel de gran calidad.

La colección, diseñada íntegramente por el equipo de creación de Uterqüe, combina la estética de las últimas tendencias de moda con la exclusividad de su producto.

A enero de enero de 2011 contaba con un total de 80 tiendas en dieciséis países, de las que el 84 por ciento lo eran de gestión directa y el 16 por ciento en régimen de franquicia. Su facturación, 59 millones de euros en 2010, supone el 0,6 por ciento del Grupo.

Principales magnitudes económicas

El ejercicio anual fiscal del Grupo Inditex abarca el periodo comprendido entre el 1 de febrero de cada año natural y el 31 de enero del año siguiente. La razón de este cierre atípico entre las sociedades anónimas españolas es que durante el mes de enero de cada año se produce el fin de la campaña de invierno. De esta forma, el cierre del ejercicio coincide con el final de una campaña comercial marcada por las rebajas, con lo que el nivel de existencias en tienda es mucho menor que el del 31 de diciembre, lo que además agiliza su recuento y valoración a la vez que proporciona una imagen más fiel del resultado de la actividad comercial de los últimos doce meses.

Las cifras

Las magnitudes económicas de Inditex definen por sí mismas la dimensión del Grupo. Ésta fue la evolución durante los últimos tres ejercicios:

EJERCICIO**	2008	2009	2010
Cifra de negocio*	10.407	11.084	12.527
Beneficio neto*	1.253	1.322	1.741
Número de tiendas	4.264	4.607	5.044
Número de países	73	74	79
Ventas internacionales	66%	68%	72%
Plantilla	89.112	92.301	100.138

** De 1 de febrero a 31 de enero del siguiente año natural
* En millones de euros

Si analizamos la cifra de negocio por cadenas, la aportación de cada una de ellas a las cuentas anuales de Inditex es muy dispar. En 2010 las cuentas de Zara supusieron el 64 por ciento de la facturación del Grupo, mientras que la siguiente que más aporta es Bershka con un 9,9 por ciento. En todo caso, el reparto por cadenas correspondiente a los ejercicios de 2009 y 2010 y su contribución fue el siguiente:

Formato	Ventas por formato (millones de euros)			Contribución por cadena (%)	
	2010	2009	Var % 10/09	2010	2009
Zara	8.088	7.077	14%	64,0%	63,9%
Resto cadenas	**4.439**	**4.007**	**11%**	**36,0%**	**36,1%**
Pull & Bear	857	771	11%	6,9%	6,9%
Massimo Dutti	897	790	14%	7,6%	7,3%
Bershka	1.247	1.177	6%	9,9%	10,6%
Stradivarius	780	702	11%	6,0%	6,3%
Oysho	304	280	9%	2,6%	2,5%
Zara Home	294	243	21%	2,4%	2,4%
Uterqüe	59	44	36%	0,6%	0,1%
Total Ventas	**12.527**	**11.084**	**13%**	**100%**	**100%**

El plan de negocio de la compañía textil es seguir incrementando el número de establecimientos, que en enero de 2011 ascendía a un total de 5.044 tiendas repartidas por setenta y nueve países a las que hay que sumar la creciente actividad de las tiendas *online*. En este último concepto, Inditex contempla comenzar la venta *online* en Estados Unidos y Japón en otoño/invierno de 2011 y todos los conceptos comerciales del Grupo prevén estar presentes en comercio electrónico en 2011 con el lanzamiento de la venta *online* de Massimo Dutti, Bershka, Pull & Bear, Stradivarius, Oysho y Uterqüe en mercados europeos durante la segunda mitad de 2011.

El rango de aperturas previstas para 2011 se sitúa en torno a las 400-500 nuevas tiendas, lo que supone que a finales del ejercicio superará la barrera de las 5.500 tiendas en los cinco continentes según su plan estratégico. Durante el ejercicio, Inditex tiene previsto desembarcar con la apertura de tiendas en Australia y Sudáfrica.

Estructura orgánica de Inditex

La estructura orgánica del Grupo Inditex está cimentada sobre el concepto de que «muy pocas personas» pueden reaccionar con más rapidez a la hora de tomar decisiones. El organigrama primario, a enero de 2011, es el que se muestra en la página siguiente.

Según la información recogida en la web de Inditex, las actividades de cada uno de los departamentos corporativos se resumen de la siguiente forma:

— Administración: Desarrolla e implementa todos los procesos administrativos y contables. Comprende los departamentos de contabilidad general, administración de cadenas, filiales y fábricas, cajas y medios de pago.

— Comunicación corporativa: Es responsable de la comunicación y de la imagen del Grupo Inditex y sus sociedades. Emite las notas de prensa, noticias y publicaciones. Diseña y desarrolla las campañas de publicidad e imagen.

— Control de gestión: Este departamento lleva a cabo la planificación y el seguimiento de las diferentes unidades de negocio y del Grupo en su conjunto. Recaba, analiza y proporciona información de gestión a otros departamentos. Realiza los planes de negocio y analiza la viabilidad económica de todos los proyectos de inversión.

— Dirección de tiendas: Inditex otorga la mayor importancia a las tiendas, como punto de encuentro con el cliente, y todos los departamentos del Grupo están al servicio de las mismas. Los equipos de Dirección de Tiendas de cada una de las cadenas son el nexo entre los clientes y la organización: dirigen la labor comercial y transmiten las demandas del mercado a los departamentos de diseño y de producto.

— Diseño de moda: Un equipo de más de doscientos diseñadores que, siempre en contacto con las últimas tendencias, crean y desarrollan las futuras colecciones de moda. Innovadores y

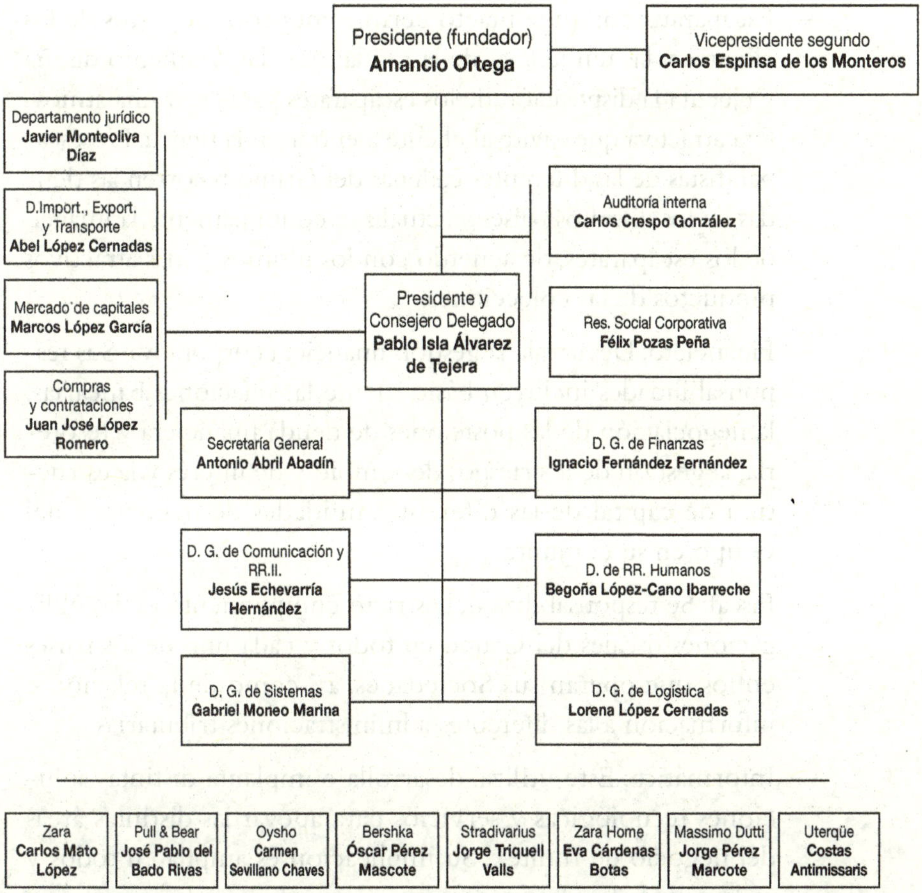

En la Junta de Accionistas de junio de 2011 se nombró a Pablo Isla presidente de Inditex

creativos, los diseñadores marcan el estilo y la imagen de cada una de las marcas del Grupo.

— Diseño de tiendas: Es responsable de la imagen de todas las tiendas del Grupo. Está compuesto por un extenso equipo de arquitectos, interioristas, diseñadores y técnicos, que definen el diseño y la distribución de las tiendas, los materiales, los colores, el mobiliario, la iluminación... Cada cadena del Grupo tiene su propio equipo de diseño de tiendas, que se identifica plenamente con su ropa, su estilo y sus clientes.

— Escaparatismo: En contacto permanente con los gustos de los clientes y las tendencias de la moda, este departamento diseña y ejecuta la disposición de los escaparates para crear una atmósfera atractiva que invite al cliente a entrar en la tienda. Los escaparatistas de las diferentes cadenas del Grupo recorren las tiendas de los distintos países y actualizan continuamente la imagen de los escaparates, de acuerdo con los últimos y más atractivos productos de las colecciones.

— Financiero: Desarrolla la gestión financiera corporativa. Sus responsabilidades incluyen básicamente las relaciones bancarias, la negociación de las posiciones de deuda financiera y tesorería, la gestión de los riesgos de cambio y de interés y la estructura de capital de las diferentes unidades de negocio y del Grupo en su conjunto.

— Fiscal: Se responsabiliza del estricto cumplimiento de las obligaciones fiscales del Grupo en todos y cada uno de los países en los que operan sus Sociedades, así como de la relación e información a las diferentes administraciones tributarias.

— Informática: Éste utiliza, desarrolla e implanta distintas soluciones tecnológicas y servicios para apoyar las distintas áreas del negocio de Inditex. Su implicación es amplia en todos y cada uno de los departamentos que configuran la empresa.

— Inmobiliario: Se encarga de la localización, ubicación y negociación de los locales más adecuados para la construcción de los puntos de venta. Constantemente recorren las distintas áreas comerciales de los países donde Inditex está presente, en busca de locales óptimos por su localización, calidad y perspectivas comerciales.

— Internet: Desarrolla, mantiene y actualiza las webs corporativas del Grupo. Además, es responsable de crear y gestionar aplicaciones *e-business* que potencien y ayuden al desarrollo de negocio.

— Secretaría general y jurídico: Se encarga del asesoramiento en Derecho y de la representación del Grupo ante administraciones públicas, juzgados y tribunales. La Secretaría de los órganos de gobierno corporativo cuenta con áreas especializadas en contratación civil y mercantil, contratos de colaboración empresarial internacional, derecho inmobiliario y propiedad industrial.

— Logística: Este departamento se ocupa de todos los aspectos de la recepción, almacenaje y distribución a las tiendas, de todas las prendas producidas dentro y fuera de Inditex. El equipo de logística utiliza la más avanzada tecnología para agilizar los procesos de reparto y optimizar los recursos disponibles.

— Producto: Un equipo de profesionales de la moda en contacto permanente con las tiendas se encarga de conocer día a día los gustos y deseos de los clientes, y de transmitírselos a los equipos de diseño y fabricación. La misión del departamento es lograr que las tiendas dispongan siempre del producto que demanda el cliente en cada momento.

— Recursos humanos: Está formado por un extenso equipo de profesionales que desempeñan las labores de selección y contratación, formación, relaciones laborales, política de retribuciones, orientación y desarrollo profesional, seguridad y prevención de riesgos laborales.

— Servicios generales: Es responsable del mantenimiento de todas las instalaciones y de adquirir y suministrar los bienes y servicios necesarios para el funcionamiento de la organización.

Baile de directivos en la trastienda de Inditex

La llegada de Pablo Isla a Inditex como consejero delegado provocó a finales de agosto de 2005 una profunda reestructuración de la cúpula directiva de la empresa. El Consejo de Administración aprobó la creación de siete direcciones generales que reportarían directamente a Isla. José María Castellano, hasta entonces hombre de confianza de Amancio Ortega, ocupó inicialmente el cargo de vicepresidente no ejecutivo, pero abandonaría a finales de septiembre de ese mismo año la empresa, renunciando a todos sus cargos, mientras que el fundador del Grupo, Amancio Ortega, siguió ocupando el cargo de presidente ejecutivo.

De las siete nuevas direcciones generales, tres fueron ocupadas por nuevos fichajes externos. El área de Recursos Humanos la dirige desde entonces José María Druet, hasta entonces director de Recursos Humanos de Hannover International. La dirección general de Comunicación y Relaciones Institucionales la ocupó Jesús Echeverría, hombre de confianza de Pablo Isla, con el que ya trabajó en Altadis en un puesto similar. Por último, Gabriel Moneo se incorporó, desde su puesto de director de Tecnología de la Información del Banco Popular, a la recién creada dirección general de Sistemas de Inditex.

A estos fichajes se suman otras cuatro direcciones generales, cuya responsabilidad recayó en personas de dentro de la compañía, todas jóvenes. La dirección general de Expansión fue para Ramón Reñón; el área de Finanzas la ocupó inicialmente Borja de la Cierva, que se fue del Grupo en 2006 para ocupar el cargo de consejero delegado de Fadesa, que tan sólo desempeñó un mes; Internacional la asumió Agustín García-Poveda y, por último, la dirección general de Logística la mantuvo la única mujer de la cúpula directiva, Lorena Alba.

La compañía textil informó en un comunicado emitido a finales de agosto de 2005 que con estas nuevas incorporaciones y la definición de un nuevo modelo organizativo continúa con el proceso de reforzar su estructura ejecutiva «para afrontar con garantías sus importantes retos de futuro».

Pablo Isla tiene ante sí la tarea de liderar una nueva etapa de crecimiento después de que su antecesor, José María Castellano, que primero quedó apartado de la gestión de la empresa y después la abandonó, convirtiera al grupo en una multinacional.

Renovarse a los treinta años

Cumplidos los treinta años, Inditex aplicó una reestructuración orgánica que acabó con la presencia en el Grupo de dos de los más significados escuderos de Ortega: José María Castellano y Juan Carlos Rodríguez Cebrián. El primero presentó su dimisión tras las discrepancias provocadas por una operación que nada tenía que ver con Inditex: el intento de compra de Unión Fenosa por parte de Ortega, el constructor Jacinto Rey y Caixanova, aunque Castellano niega cualquier implicación en la operación. El segundo, que hasta entonces figuraba en todas las quinielas como heredero directo del imperio, se sintió traicionado y ninguneado por su tío al ver el nuevo organigrama y también dimitió.

El presidente de Inditex venía mascando en la intimidad esta decisión desde el año 2003 con el fin de sacar de la rutina en que se había sumido la gestión de la empresa, que podía dar al traste con la compañía.

El esquema resultante de la renovación de la cúpula de Inditex es el típico de las empresas de moda, donde un gestor —Pablo Isla— y un creador con impronta comercial —Ortega— asumen todas las responsabilidades.

La elección de Isla se ha justificado desde la empresa por su experiencia en temas internacionales y logísticos y por su juventud. Ya demostró su capacidad en un esquema muy similar durante su etapa de Altadis. En el sector se le atribuye una preparación y unas cualidades excepcionales y un carácter amable, prudente y conciliador. Pero también ha influido en su decisión la remuneración: 708.000 euros de sueldo fijo al que hay que añadir las variables.

Desde Inditex se dijo en su día que «no se trata de cubrir carencias del actual equipo directivo. Este cambio hay que entenderlo como una anticipación a una gestión cada vez más compleja por dimensión, por necesidades de recursos y por el inevitable cambio de ciclo de los gestores. Queremos un equipo joven que le dé recorrido a la compañía». El nuevo equipo se está aplicando y la expansión del Grupo parece imparable. Su nombramiento como presidente en 2011 confirmó la estrategia.

Administradores y altos directivos

Según se recoge en los artículos 24 y 25 de los Estatutos Sociales, Inditex está administrada por un Consejo de Administración, integrado por un mínimo de cinco consejeros y un máximo de doce. Éstos son elegidos por la Junta General por un plazo máximo de cinco años y pueden ser reelegidos por la misma Junta General, una o más veces, por periodos de igual duración máxima. El Consejo de Administración elige, a su vez, a su presidente y vicepresidente, o vicepresidentes, de entre los miembros que lo componen, así como al secretario y vicesecretario, sin que sea requisito necesario que estos últimos reúnan en su persona la condición de consejeros.

Respecto de la elección del presidente, el artículo 25 de los Estatutos Sociales precisa que el Consejo de Administración designará a su presidente de entre sus miembros que tengan una antigüedad como consejero superior a tres años. La designación de presidente que no cumpla esta condición requerirá el voto favorable de las dos terceras partes del Consejo de Administración.

El Consejo de Administración en diciembre de 2010 estaba compuesto de la siguiente manera:

Nombre	Cargo	Naturaleza
Amancio Ortega Gaona	Presidente	Dominical-Ejecutivo
Pablo Isla Álvarez de Tejera	Vicepresidente primero y consejero delegado	Ejecutivo
Carlos Espinosa de los Monteros	Vicepresidente segundo	Independiente
Francisco Luzón López	Consejero	Independiente
Gartler S.L. (representada por Flora Pérez Marcote)*	Consejero	Dominical
Irene R. Miller	Consejera	Independiente
Emilio Saracho Rodríguez de Torres	Consejero	Independiente
Nils Smedegaard Andersen	Consejero	Independiente
Juan Manuel Urgoiti López de Ocaña	Consejero	Independiente

Antonio Abril Abadín, secretario general y del Consejo, actúa como secretario no-miembro

* Está casada con Amancio Ortega, y la sociedad a la que representa pertenece al presidente de Inditex

** Las bajas más significativas en el Consejo de Administración de Inditex desde la salida a Bolsa son las de José María Castellano Ríos, principal artífice del éxito de Inditex; Juan Carlos Rodríguez Cebrián, sobrino político de Amancio Ortega, para algunos entonces su natural sucesor y Rosalía Mera Goyenechea, primera mujer de Amancio Ortega, que aún dispone de un 6 por ciento del capital de Inditex

Inditex cumple en este apartado el Código de Olivencia, y el reglamento del consejo establece que los consejeros deberán poner su cargo a disposición del Consejo de Administración y formalizar, si éste considera conveniente, la correspondiente dimisión cuando alcancen la edad de sesenta y ocho años. No obstante, los consejeros que ostenten el cargo de consejero delegado o consejero director general deberán poner su cargo a disposición del Consejo de Administración al alcanzar la edad de sesenta y cinco años, pero pueden continuar como vocales hasta los sesenta y ocho años. Como excepción, dichas normas no serán de aplicación para el caso del presidente y fundador de la compañía, Amancio Ortega Gaona.

Comisión Ejecutiva

El principal órgano de gobierno de Inditex es la Comisión Ejecutiva. A ella pertenecen los «patanegra» del grupo textil gallego, los que marcan el rumbo desde el puente de mando. Entre los siete que componen esta comisión no falta, como vocal ejecutivo aparte del propio Amancio Ortega, el vicepresidente primero Pablo Isla Álvarez de Tejera. Los otros cinco vocales son Carlos Espinosa de los Monteros, Francisco Luzón López, Emilio Saracho Rodríguez de Torres, Nils Smedegaard Andersen y Juan Manuel Urgoiti López de Ocaña. Actúa como secretario no-miembro, Antonio Abril Abadín.

Nombre	**Cargo**	**Naturaleza**
Amancio Ortega Gaona	Presidente	Dominical-Ejecutivo
Pablo Isla Álvarez de Tejera	Vicepresidente primero y consejero delegado	Ejecutivo
Carlos Espinosa de los Monteros	Vicepresidente segundo	Independiente
Francisco Luzón López	Vocal	Independiente
Emilio Saracho Rodríguez de Torres	Vocal	Independiente
Nils Smedegaard Andersen	Vocal	Independiente
Juan Manuel Urgoiti López de Ocaña	Vocal	Independiente

Antonio Abril Abadín, secretario general y del Consejo, actúa como secretario no-miembro

Alta dirección de Inditex

El segundo nivel de decisión dentro de Inditex lo asumen los veintiún miembros de la alta dirección de Inditex. Los miembros de la alta dirección, que no son consejeros ejecutivos o miembros de la Comisión Ejecutiva, son los siguientes:

Nombre	Cargo en Inditex
Jesús Echevarría Hernández	D.G. de Comunición y RR. II.
Gabriel Moneo Marina	D.G. de Sistemas
Begoña López-Cano Ibarreche	D.G. de Recursos Humanos
Carmen Sevillano	Directora de Oysho
Eva Cárdenas Botas	Directora Zara Home
Ramón Reñón Túñez	D.G. Adjunto Vicepte. primero
Carlos Mato López	Director de Zara
José Pablo del Bado Rivas	Director de Pull & Bear
Javier Monteoliva Díaz	Director Jurídico
Marcos López García	Director de Mercado de Capitales
Juan José López Romero	Director de Compras y Contratación
Abel López Cernadas	D. Importación, Exportación y Transporte
Lorena Alba Castro	D.G. de Logística
Jorge Pérez Marcote	Director de Massimo Dutti
Carlos Crespo González	Director de Auditoría Interna
Ignacio Fernández Fernández	D.G. de Finanzas
Jorge Triquell Valls	Director de Stradivarius
Oscar Pérez Marcote	Director de Bershka
Costas Antimissaris	Director de Uterqüe
Antonio Abril Abadín	Secretario general y del Consejo
Félix Poza Peña	D. Responsabilidad Social Corporativa

Directores de las cadenas

Los directores de las cadenas son los responsables del enlace del Grupo con el público. Cada una de ellas es una unidad de negocio por sí misma y de ellas depende la evolución económica del Grupo. Salvo excepciones, destaca la continuidad en el tiempo de los máximos responsables de las mismas, y la dura competencia existente entre ellas por ganarse a su público.

Responsables de las cadenas de tiendas de Inditex
A 31 de enero de 2011

Nombre	Puesto
Carmen Sevillano Chaves	Directora de Oysho
Eva Cárdenas Botas	Directora de Zara Home
Carlos Mato López	Director de Zara
José Pablo del Bado Rivas	Director de Pull & Bear
Jorge Pérez Marcote	Director de Massimo Dutti
Jorge Triquell Valls	Director de Stradivarius
Óscar Pérez Marcote	Direector de Bershka
Costas Antimissaris	Director de Uterqüe

En algunos grandes centros comerciales pueden coincidir hasta cuatro o cinco cadenas de Inditex ofertando sus productos, aunque para el gran público ello pase desapercibido. La máxima rivalidad, amistosa por supuesto ya que al final las cuentas del Grupo son únicas, es la que se da entre la veterana Zara y la joven Bershka. En esta última trabaja la segunda mujer de Amancio Ortega, Flora Pérez.

Participaciones financieras de accionistas, consejeros y directivos

Distintos accionistas, consejeros y directivos de Inditex —fundamentalmente Amancio Ortega— tienen, o tuvieron, participación en algunas transacciones inhabituales o relevantes del Grupo. Según la documentación que figura en la CNMV, remitida con ocasión del OPV, las sociedades más significativas son:

> GRILSE, S.L., dedicada a la realización de actividades inmobiliarias y a la adquisición, explotación y administración de instalaciones deportivas, en la que Amancio Ortega Gaona tiene una participación total, directa e indirecta, del 93,5 por ciento, es propietaria de seis fincas urbanas en A Coruña, las cuales se hallan arrendadas en condiciones de mercado a Indi-

tex con el objeto de ser utilizadas para el alojamiento de empleados en desplazamientos temporales a los servicios centrales del Grupo. La suma abonada por Inditex por el arrendamiento de los citados pisos está en torno a los 30.000 euros.

GOA INVEST, S.A., participada al cien por cien por Inditex, ha ejecutado determinadas obras de construcción para Grilse, S.L. en condiciones de mercado. La factura abonada en el ejercicio 2000 en relación con las citadas obras fue de 829.333.279 pesetas (excluido I.V.A.).

Adicionalmente, GOA Invest, S.A. ha realizado algunas obras de construcción menores para algunos consejeros, igualmente en condiciones de mercado. La cifra total facturada a tales consejeros en el ejercicio 2000 fue de 26.669.791 pesetas.

FIMOGA, S.A., sociedad constituida el 4 de noviembre de 1987, cuya actividad principal es la promoción y explotación de inmuebles, participada por varios accionistas de Inditex (Amancio Ortega Gaona, Dolores Ortega Renedo, Josefa Ortega Gaona, Rosalía Mera Goyenechea, Primitiva Renedo Oliveros y Sandra Ortega Mera), tiene arrendados treinta y un locales comerciales a las cadenas comerciales del Grupo. Las rentas y restantes condiciones contractuales son las habituales de mercado para las distintas cadenas. La suma abonada por Inditex en el ejercicio 2000 por el arrendamiento de los locales fue de 817.248.467 pesetas.

El 21 de octubre de 2000, Inditex vendió su participación en FIMOGA, S.A., un 4,002 por ciento del capital social, que fue adquirida por FIMOGA, S.A. en autocartera a su valor teórico contable. El precio de la compraventa fue de 86.800.000 pesetas.

FUNDACIÓN PAIDEIA, fue creada por GOASAM, S.A. (actualmente Zara España, S.A.) que presta asistencia y formación en favor de personas con minusvalías psíquicas y realiza actividades de investigación en el campo de la educación y los servicios sociales. Zara España, S.A. firmó en septiembre de

1998 un convenio de colaboración mutua con Fundación Paideia en virtud del cual se comprometió a aportar una cantidad de 300.000 euros anuales, con el incremento correspondiente del IPC, por un periodo inicial de cinco años, prorrogable a partir de dicha fecha por sucesivos periodos anuales salvo denuncia por cualquiera de las partes. Forman parte del patronato de esta fundación, entre otras personas, Rosalía Mera Goyenechea, que ocupa el cargo de presidenta, Amancio Ortega Gaona y José María Castellano Ríos, en calidad de vocales, y Antonio Abril Abadín, como secretario.

La Fundación Paideia es usufructuaria de un inmueble propiedad de Rosalía Mera Goyenechea, que está arrendado a Zara España, S.A. Las rentas y restantes condiciones contractuales son las habituales de mercado. La suma abonada por Zara España, S.A. a Fundación Paideia en el ejercicio 2000 por este arrendamiento fue de 16.787.294 pesetas.

Una operación importante que sigue pendiente es la de la cadena Stradivarius España, S.A. de la que Inditex es titular del 90,05 por ciento; el 9,95 por ciento restante pertenece a Jordi Triquell Valls, que forma parte del equipo directivo de la cadena.

En noviembre de 1999, Inditex y Jordi Triquell Valls acordaron que Inditex tuviera una opción de compra sobre dicha participación y Jordi Triquell Valls una opción de venta sobre la misma participación, ejercitable entre el 1 de febrero de 2005 y el 31 de enero de 2010, por un precio de 11,9 millones de euros.

Consejo Social de Inditex

La preocupación social de Inditex por el Tercer Sector, nació, justamente, con la salida a Bolsa del Grupo, momento en el que era preciso para unos lavar, para otros aclarar —en todo caso ambos relacionados con la colada—, la cara, no sólo ante los accionistas, sino ante la sociedad y sobre todo los clientes. Así, el Consejo de Administración celebrado en diciembre de 2002 acordó la constitución del Consejo Social, órgano asesor de Inditex en materia de Responsabilidad Social Corporativa, y aprobó su Estatuto de funcionamiento. En su primer año de andadura, el grupo gallego destinó 8,8 millones de euros a proyectos de acción social.

Este consejo tiene como función principal formalizar e institucionalizar el diálogo con aquellos interlocutores considerados claves en las distintas sociedades civiles, nacionales y extranjeras, en las que Inditex desarrolla su modelo de negocio, ya sea en actividades de fabricación, distribución o venta.

Su Estatuto regula los principios de actuación de este órgano, las reglas básicas de su organización y funcionamiento y las normas de conducta de sus miembros. El Consejo Social de Inditex está compuesto por personas físicas, miembros de instituciones relevantes del Tercer Sector, con acreditado prestigio y experiencia en el campo de la acción social y/o medioambiental. Los miembros del Consejo Social son elegidos por un plazo de tres años, al término de los cuales pueden ser reelegidos una sola vez por otro periodo de igual o menor duración.

También asisten a las reuniones del Consejo Social, con voz pero sin voto, el director del Departamento de Responsabilidad Corporativa y el secretario General de Inditex, al que le corresponde la Secretaría del Consejo Social, con la finalidad de auxiliar al presidente en sus labores y proveer al buen funcionamiento del Consejo Social.

Asimismo, el Consejo Social puede requerir la asistencia a sus reuniones, con voz pero sin voto, de representantes de las instituciones receptoras de fondos aportados a programas de sensibilización y/o desarrollo relacionados con las cadenas de producción y venta y, en general, a cualesquiera proyectos de desarrollo social.

El cargo de consejero social no está retribuido, pero corre por cuenta de Inditex el coste de los gastos de viaje, alojamiento, manutención y todos los que estén relacionados con el ejercicio de su función y debidamente justificados.

A diciembre de 2007 el Consejo Social lo componían:

— Cecilia Planyol Lacalle, presidenta de la Asociación Iberoamericana de la lucha contra el Cáncer.

— Susana Weyer, U.N. Global Compact, responsable de Outreach.
— Salvador García Atance, de Atance Lafuente, co-presidente de la Fundación Lealtad.
— Ramón Pueyo Viñuelas, director de Investigación de la Fundación Ecología y Desarrollo.
— Alfredo Vernis Doménech, director de Profesorado de Esade.

La hora del naviero

Mucho se habla acerca de la posibilidad de que Inditex elabore parte de su producción en alta mar a bordo de barcos fantasmas. Se trata de un caso más de rumorología. Lo que sí es cierto es que Inditex participa en negocios navieros a través de distintas sociedades, pero los fines son meramente fiscales.

En 2003, la textil gallega tenía una participación mínima del 49 por ciento en cada una de las siguientes sociedades navieras: Elealva, Celeste, Del Miño, Del Sil, Venus, Berlín, Covadonga y Guadiana, todas ellas con sede social en Las Palmas de Gran Canaria y registradas como Agrupaciones de Interés Económico (AIE), una actividad totalmente ajena a su negocio principal.

Con estas participaciones Inditex, la constructora Ferrovial y el Santander Central Hispano —entre otras sociedades—, logran reducir la cuantía de sus impuestos en cientos de millones de euros mediante el arrendamiento de buques, entre otras, a la naviera pública hasta 2003 Trasmediterránea.

Este tipo de arrendamiento de buques es uno de los incentivos fiscales que se incluyeron en la Ley de Acompañamiento de los Presupuestos Generales del Estado de 1998, a través de una disposición transitoria que afectaba al Impuesto de Sociedades. El objetivo de esta ayuda era promover la renovación de la flota mercante española a través de una serie de rebajas de impuestos para los inversores en este sector.

Inditex y Ferrovial, a través de la sociedad Burety, participan en tres firmas navieras —Naviera Eleava, Naviera Celeste y Naviera Miño— que son propietarias de tres buques explotados en la actualidad por Trasmediterránea. La participación de Ferrovial en este negocio es del 51 por ciento, mientras Inditex controla el 49 por ciento restante.

Además, Inditex está asociada al Santander Central Hispano (SCH) en otra firma dedicada a la misma actividad —Naviera del Sil— que ha intermediado también en estas operaciones de inversión. Casualidad o no, el SCH fue la entidad elegida por la Sociedad Estatal de Participaciones Industriales (Sepi) para coordinar el proceso de privatización de Trasmediterránea, un mandato revocado tras el nombramiento de Abel Matutes —uno de los ofertantes en el proceso de privatización— como consejero independiente del banco.

Según los contratos firmados entre Trasmediterránea y las sociedades financieras controladas por Inditex, Ferrovial y SCH, la naviera pública tiene derecho a explotar los barcos construidos bajo esta norma durante siete años en régimen de alquiler. Una vez concluido ese plazo, tiene una opción de compra definitiva sobre los buques. Los barcos, mientras tanto, están gravados con una hipoteca a favor del SCH, como garantía de que al término del periodo se producirá el desembolso previsto.

Esta operación permite a Inditex acceder a una serie de ventajas fiscales, como la amortización acelerada de las cantidades invertidas, con un tope del 35 por ciento anual; además, el dinero invertido en la construcción de buques permite generar bases imponibles negativas, que minoran la factura final a Hacienda en concepto de Impuesto de Sociedades.

Para beneficiarse de estos incentivos fiscales, los partícipes de estas sociedades deben reinvertir el 75 por ciento de las deducciones en el negocio pactado ya con Trasmediterránea.

En el caso de Inditex, esta operación supone una deducción en el Impuesto de Sociedades estimada en más de 9 millones de euros.

Para Trasmediterránea, la adquisición de las tres naves, pactada al finalizar el contrato de alquiler, ascenderá a unos 225 millones de euros, según se recoge en la memoria de 2002 de la compañía ahora bajo el paraguas mayoritario de Acciona.

El Gobierno aprobó los incentivos fiscales para la renovación de la flota mercante, de acuerdo con la legislación comunitaria, con el fin de fomentar la inversión privada en un sector estratégico como es la industria y la construcción naval. De ahí, uno de los requisitos que se imponen para disfrutar de esta ventaja fiscal es que la construcción se realice en la Unión Europea, salvo en aquellos territorios considerados como paraísos fiscales. Este tipo de operación financiera ha contado con una gran acogida en países como Alemania o Noruega. En España, según expertos del sector, la Dirección General de Tributos ha podido autorizar una decena de operaciones financieras de estas características.

No es la única forma que tiene Inditex de reducir impuestos. En mayo de 2003 pagó a la Hacienda española 3 millones de euros con una colección de trajes —casi quinientas piezas, de las cuales la mitad eran originales— de los pintores Mariano Fortuny y Madrazo, que irán a parar al Museo de la Indumentaria en Madrid, cuando se inaugure.

Energía limpia

La diversificación de actividades no conoce fronteras para Amancio Ortega avivada por los consejos de Castellano y Rodríguez Cebrián. La última ha sido la instalación de un aerogenerador en su sede central de Sabón (A Coruña) que suministrará entre el 20 y 25 por ciento de la energía necesaria para su edificio institucional, doce fábricas y el centro logístico de Zara. Con ello se ha convertido en la primera empresa española ajena al negocio energético en instalar un equipo de generación para este fin.

A ello hay que sumar la instalación de 1.500 metros cuadrados de colectores solares en la cubierta del edificio de su sede central, que le permitirán ahorrar 1.588,65 MWh anuales. La inversión para estos dos proyectos se aproximó a los 1,5 millones de euros, a los que hay que descontar las subvenciones.

Las inversiones financieras de Amancio Ortega

El día de la salida a Bolsa de Inditex, tras el éxito rotundo de la Oferta Pública de Venta (OPV), Ortega tenía una gran duda y así se lo transmitió a amigos con los que tuvo ocasión de hablar después del estreno exitoso de Inditex en el parqué: «No sé qué voy a hacer con tanto dinero». Amancio, entonces ya uno de los veinte hombres más ricos del mundo según la revista *Forbes*, disipó pronto la incógnita e hizo lo que la vida le había enseñado: «Volver a invertir», aunque con esta decisión empezase a sufrir en su cartera personal de valores las turbulencias de los mercados financieros.

Gestionar un patrimonio superior entonces a los 10.500 millones de euros no es cosa fácil. De ahí que el primer paso que dio Amancio Ortega una vez que se halló en posesión de una liquidez superior a los 200.000 millones de pesetas fue pedir a José Arnau Sierra, hasta entonces al frente de la Asesoría Jurídica de Inditex, que se encargase de la gestión de su dinero. Éste posteriormente sería sustituido al frente de la Asesoría por Ignacio Fernández Fernández, un hombre proveniente de la administración tributaria de Galicia, para que aquél pudiera dedicarse en exclusiva a llevar las inversiones del «jefe». A partir de ahí, su equipo ha empezado a crear y organizar un grupo de sociedades a través de las cuales se ordena el patrimonio y se realizan las nuevas inversiones. Así nacieron:

Licidia, constituida unos días después de la salida a Bolsa de Inditex con un capital social de 10 millones de euros, empieza a perfilarse como la cabeza de un nuevo grupo de sociedades. Según la información depositada en el Registro Mercantil, su finalidad es tomar participaciones en otras firmas así como adquirir valores mobiliarios y bienes inmuebles. Una de las primeras actuaciones de esta firma fue convertirse en el socio único de otra sociedad de Ortega, Ponte Gadea S.L. que, a su vez, figura también como socio único de Pontegadea Inmobiliaria. Esta última empresa fue creada en enero de 2002, con el fin de adquirir, tan sólo dos semanas después, cuatro hoteles NH por unos 91 millones de euros.

La estructura de las tres firmas es muy similar ya que en todas aparece como presidente Amancio Ortega, mientras que lo acompañan en el Consejo de Administración su actual esposa, Flora Pérez Marcote, y el propio José Arnau Sierra.

Gartler. Esta sociedad concentra la mayor parte del patrimonio de Amancio Ortega, ya que es la que posee el 59 por ciento de las acciones de Inditex, el 2 por ciento restante, aunque inicialmente lo controló el propio Ortega, tras su matrimonio oficial con Flora Pérez Marcote, se lo transmitió a ésta. Teniendo en cuenta que la acción de Inditex cotiza por encima de los 23 euros en noviembre de 2005, el valor de esta participación ronda los 9.000 millones de euros.

La constitución de esta sociedad data de 1997 y como administradores de la misma figuraban en su momento los pesos pesados y hombres de confianza de Amancio Ortega en Inditex, es decir, el vicepresidente y consejero delegado, José María Castellano; el director general, Juan Carlos Cebrián; su hermana Josefa Ortega, y el secretario del consejo, Antonio Abril Abadín, entre otros.

Bajo la máxima de que sus amigos lo son para siempre, al menos hasta el encontronazo con Emilio Botín tras el asunto Fenosa, encomendó la gestión, bajo la atenta mirada de José Arnau, de las dos principales SIMCAV (Sociedades de Inversión Mobiliaria de Capital Variable) a los bancos BBVA y BSCH. Bajo esta visión nacieron las dos SIMCAV más significativas de Amancio Ortega.

Las Sociedades de Inversión Mobiliaria de Capital Variable funcionan en España como fondos de inversión. Es decir, administran y gestionan las carteras constituidas con las aportaciones realizadas por inversores individuales. La diferencia fundamental entre ambos vehículos financieros estriba en que, en el caso de las SIMCAV, el capital está representado por acciones, de las que son titulares los inversores. De esta forma, son ellos mismos los que deciden la estrategia de adquisiciones, algo que no pueden hacer los partícipes de un fondo de inversión.

Alazán de Inversiones y Keblar de Inversiones: Amancio Ortega decidió crear estas dos SIMCAV en junio y agosto de 2001, confiando la gestión de la primera a BSCH y la segunda al BBVA.

Actualmente acumulan unos fondos de más de 2.000 millones de euros. Al menos, inicialmente, apostaron por colocar el grueso de los fondos en renta fija. No en vano, desde una óptica global la inversión que tiene Ortega en Bolsa es ya elevada, pues allí cotiza el grueso de su patrimonio. Lo lógico es que los gestores opten por limitar las nuevas inversiones en títulos de renta variable, puesto que el riesgo acumulado en acciones es elevado.

En este caso, la presidencia de ambas sociedades se ha reservado para José Arnau Sierra, al que acompañan en la administración de las mismas expertos de las dos entidades financieras depositarias de las SIMCAV.

Poco después, casi paralelamente al desarrollo de las SIMCAV, durante el periodo comprendido entre 2001 y 2004, Amancio Ortega empezó a colocar en renta variable unos 120 millones de euros. Lo hizo fundamentalmente a través de Alazán de Inversiones, una de las dos SIMCAV creadas por el presidente de Inditex para gestionar el patrimonio acumulado tras la salida a Bolsa del *holding* textil. Sus principales operaciones se dirigieron a la adquisición de acciones de:

Unión Fenosa. Amancio Ortega invirtió casi 28 millones de euros en la eléctrica, con lo que se hizo con un paquete del 0,6 por ciento.

Iberdrola. Se hizo con el 0,16 por ciento tras desembolsar 21 millones.

NH: Controla más del 4,5 por ciento de la cadena hotelera, con una inversión de 63 millones.

BSCH y BBVA. En sus sociedades de toda la vida la inversión supera los 2 millones de euros, respectivamente.

De la rentabilidad de las sociedades que gestionan su patrimonio no cabe la menor duda. El presidente de Inditex ganó en 2004 más de 21 millones de euros, sólo en Bolsa, a través de su sociedad Keblar. Esta firma abonó en 2004 un total de 214.000 euros a la Hacienda Pública española en concepto de impuestos.

Como otros empresarios, ya en 2003, Ortega también apostó fuerte por el ladrillo. Desde entonces viene efectuando sus inversiones inmobiliarias a través de la sociedad Pontegadea Inmobiliaria, ardid que además le sirve para reducir la factura fiscal, porque una sociedad inmobiliaria de este tipo tiene consideración de sociedad familiar y, por tanto, una exención del cien por cien en el impuesto sobre el patrimonio en lo que se refiere a la parte inmobiliaria de la cartera.

El perfil objetivo de las adquisiciones de Amancio en el campo inmobiliario se centra en edificios de oficinas, locales comerciales y hoteles, con excelentes ubicaciones en las calles céntricas de las principales ciudades y que en un momento dado puedan reconvertirse para uso residencial. Algunas de las compras más sonadas son, entre otras, Recoletos 7-8 (antigua sede de Caja Postal) en Madrid; el antiguo edificio «multicentro» de la calle Orense o Serrano 49, ambos en Madrid. Los analistas aseguran que en esta cartera, Amancio se ha inclinado por una actitud conservadora, con el fin de mantener durante un tiempo prolongado una inversión que puede superar en 2005 los 300 millones de euros.

En junio de 2003 los responsables de la gestión del patrimonio de Amancio pusieron en marcha la sociedad Pontegadea Biotecnológica, con la intención de participar en iniciativas de investigación y desarrollo. Ortega participa, junto a otras once empresas, con un 10 por ciento del capital de la *joint venture*, en la Fundación para la Investigación Médica Aplicada (FIMA) promovida por la Universidad de Navarra. Entre los socios aparecen El Corte Inglés, BBVA y Omega Capital (Alicia Koplowitz), entre otros. Ortega aportará 15 millones de euros en diez años, aunque desde su entorno se asegura que no es una inversión financiera.

En febrero de 2005 Amancio Ortega constituyó una nueva sociedad, Gramela de Inversiones 2004, su tercera sociedad de inversión de capital variable, que gestiona a través de Banif, entidad dependiente del banco BSCH. La dotación inicial fue de 68 millones de euros.

Al frente de Gramela se encuentran José Arnau y Alfredo Fernández Durán. Ambos participaron en el diseño de la compra, a través de Pontegadea, de un centro comercial en Lisboa, con 6.600 metros cuadrados de oficinas, 3.000 metros cuadrados de centro deportivo, otros 3.300 de centro comercial y un parking con 380 plazas.

La operación fue cerrada a finales de 2004. En Portugal Amancio Ortega compró además en 2005 nueve hoteles de la cadena Accor y es dueño del edificio donde se ubica el hotel NH Liberdade.

Aunque no de tanto volumen, las propiedades inmobiliarias de Amancio Ortega, o participaciones como es el caso del hotel Arts de Barcelona, se extienden por los principales núcleos urbanos de Madrid, Barcelona, Bilbao y otras ciudades europeas y latinoamericanas.

Su único intento frustrado conocido hasta la fecha fue la adquisición de un paquete de acciones de la eléctrica Unión Fenosa, que le fue arrebatado por la constructora ACS, que preside Florentino Pérez.

A finales de 2010 Amancio Ortega dio un pequeño giro a su cartera de inversiones. Dos de las sociedades de inversión, Keblar de Inversiones y Alazán Inversiones 2001, pasaron a ser sociedades anónimas con el objetivo de tener «total disponibilidad de los fondos para acometer otras inversiones, especialmente en el sector inmobiliario». Así lo comunicaron las gestoras de las dos sicav, BBVA Patrimonios y Banif Gestión, respectivamente, a la Comisión Nacional del Mercado de Valores.

Así, Keblar de Inversiones y Alazán Inversiones 2001, tras la renuncia a su condición de Institución de Inversión Colectiva, seguirán operando como sociedad anónima de régimen común.

Keblar de Inversiones, que cotiza en el MAB, contaba a octubre de 2010, con un patrimonio neto de 154,3 millones de euros, lo que supone un crecimiento del 4,6 por ciento en relación al mismo periodo del año anterior. Hasta ahora, su política consistía en invertir en valores mobiliarios de renta fija y variable, de manera flexible, así como en valores negociados en el mercado nacional y extranjeros, incluidos emergentes, y denominados divisas no euro.

Por su parte, Alazán Inversiones 2001 contaba, en las mismas fechas, con un patrimonio neto de 90,2 millones de euros, el 1,12 por ciento más que en el mismo periodo de 2009, y es una sociedad sin predeterminación en cuanto a los activos en los que invertir.

Esquemáticamente, el imperio inmobiliario y financiero —con distinto porcentaje de participación— de Amancio Ortega, a diciembre de 2010, estaba conformado de la siguiente forma:

Cartera de inversiones

Amancio Ortega tiene activas las sociedades Inversiones Menlle (repartida con su actual mujer y su hija Marta), Gramela de Inversiones, Crilse, Murazos, SlL, Gartler y Partler 2066 (a través de ellas controla Inditex) y Caroada entre otras. A través de ellas participa en el sector hotelero (NH Hoteles y Occidental Hoteles Management), Agbar y controla un 5 por ciento del Banco Pastor. Inversiones menores en biotecnología y capital riesgo completan este apartado de su cartera de inversiones.

El negocio inmobiliario es uno de los preferidos a la hora de canalizar sus inversiones. Entre las sociedades que participan en este negocio figuran: Pontegadea Inmobiliaria, Gadea Restaura, Pontadea Serrano 49, Pontegadea Inmobiliaria, Pontegadea France SAS, Pontegadea México, Pontegadea Florida, Fongadea Ortega 22, Proherre Internacional y Paseo de Gracia, entre otras.

A lo anterior hay que sumar su participación en Inditex, donde cuenta con 369.600.063 acciones. La valoración en euros de su imperio a 25 de marzo de 2011 se sintetiza en:

Participación en Inditex (369.600.063 acciones x 56,78 cotización acción a 25.03.2011)	**20.985.891.000**
Cartera de Inversiones	**3.425.000.000**
Inmuebles	**550.000.000**
Total	**24.950.891.000**

Capítulo V
Los talones de Aquiles de Inditex

La expansión de Inditex no ha sido ni es un camino de rosas. El Grupo se ha creado una imagen de máquina casi perfecta, que consigue todo lo que se propone; sin embargo, como cualquier compañía, también tiene asumidos unos riesgos, unos condicionantes y unos litigios, algunos de ellos en curso, que constituyen su talón de Aquiles y que podrían, si no dar al traste con el negocio, sí entorpecerlo de cara a su desarrollo futuro. Según la información facilitada a la Comisión Nacional del Mercado de Valores por el propio Grupo, los principales grupos de riesgo son los que pasamos a detallar.

Riesgos asociados al negocio y a la situación financiera

En opinión de Inditex, el éxito de su negocio reside en la capacidad para reconocer y asimilar los constantes cambios en las tendencias de la moda y para diseñar y fabricar en cada momento nuevos modelos que sean atractivos para su público objetivo.

Para ello, Inditex pretende —según el documento entregado a la CNMV— seguir aprovechando su modelo de negocio flexible que le permite anticipar los cambios que puedan producirse durante el desarrollo de las campañas, y para reaccionar y adaptarse a ellos con nuevos productos. Su principal punto débil en este punto estriba en que es posible que Inditex no logre reconocer los cambios en las preferencias de los consumidores o no consiga vender los productos ya fabricados, lo que podría tener un efecto negativo en los resultados operativos durante un periodo de tiempo determinado. Además, el prestigio de las marcas propiedad de Inditex podría deteriorarse si los consumidores llegan al convencimiento de que la falta de adaptación a los cambios implica que Inditex deja de ofrecer la última moda.

El crecimiento y mantenimiento del actual número de tiendas es otro de los riesgos que atenazan al futuro de Inditex. El coste medio de apertura de una nueva tienda en un local de alquiler se sitúa entre los 250 y los 300 millones de pesetas, y el número medio de empleados en cada una ronda las cuarenta personas.

Así, los resultados operativos futuros dependerán, entre otros factores, de la capacidad para abrir nuevas tiendas y aumentar las ventas en las tiendas ya existentes, gestionándolas de manera rentable. La capacidad del Grupo para continuar abriendo nuevas tiendas también depende de la oferta para encontrar locales que estén próximos a las tiendas existentes para posibles ampliaciones, de la capacidad para negociar contratos de arrendamiento o compra de locales para las nuevas tiendas que sean razonables en términos de mercado, de la capacidad para acometer proyectos de construcción y remodelación para las existentes, de la capacidad de atraer, contratar y formar personal cualificado, y de la capacidad de gestionar el proceso de expansión. Además, las inversiones destinadas a la apertura de nuevas tiendas pueden deteriorar los márgenes del Grupo hasta que dichas nuevas inversiones alcancen su periodo de maduración. En consecuencia, Inditex no puede asegurar que este crecimiento del número de tiendas produzca un aumento de la rentabilidad o que el ritmo de crecimiento se mantenga de forma indefinida en el tiempo.

La política seguida para su expansión internacional se basa en utilizar el modelo de tiendas en gestión propia como norma general y recurrir selectivamente a la expansión a través de franquicias en aquellos mercados que, por sus peculiares circunstancias de índole regulatoria o cultural, así lo aconsejen. Este sistema aporta un menor nivel porcentual de margen bruto respecto de la cifra de negocios, ya que el precio de venta al franquiciado es inferior al precio de venta al público. En consecuencia, el incremento de las ventas a franquiciados tiene un impacto negativo sobre el margen bruto.

Por su parte, la otra alternativa, los acuerdos de *joint venture* suscritos por Inditex siempre establecen la necesidad de cooperación con los socios locales para el desarrollo de estrategias de negocio. Si se produjeran desacuerdos con algún socio en un determinado país, los planes de expansión en dicho país podrían verse afectados con el consiguiente impacto en la cuenta de resultados.

A todo lo anterior hay que sumar que la expansión internacional conlleva una exposición a riesgos de tipo político, económico o regulatorio, entre los que se cuentan variaciones de los tipo de cambio, diferencias culturales o de idioma, barreras comerciales, régimen y trámites aduaneros, políticas de expropiación, fiscalidad extranjera e inestabilidad política y económica. En caso de que Inditex no fuera capaz de conseguir gestionar la expansión internacional de manera efectiva, la situación financiera y los resultados operativos del Grupo podrían verse afectados negativamente.

El aprovisionamiento, fabricación y distribución son otros de los puntos «delicados» de Inditex. Un porcentaje relevante de las compras que realiza el Grupo proviene de Europa y Asia. Por su parte, los productos que venden se fabrican o provienen principalmente de España, Portugal y algunos países europeos. Por lo que respecta a los talleres externos utilizados por el Grupo en el cosido de las prendas, el 96 por ciento de los mismos se encuentra ubicado en España y Portugal. Esta concentración de talleres y proveedores, no controlables desde dentro, implica una mayor exposición a las condiciones económicas, posible saturación de la capacidad productiva, paros o desastres naturales que se puedan producir en dichas regiones. Además, el incumplimiento de las normas y/o conductas éticas en materia laboral por parte de los proveedores y fabricantes en dichos países, podría tener un efecto negativo en el prestigio internacional del Grupo. Para paliar estas posibles prácticas, Inditex ha aprobado la implantación de un código ético de conducta que afecta, entre otras, a las relaciones con sus proveedores y fabricantes, aunque ello no asegura que éstos vayan a actuar siempre de manera ética.

Además, un incremento de los salarios en dichos países podría implicar un aumento de los costes de producción y una disminución de los márgenes operativos, lo que podría entrañar la necesidad para el Grupo de buscar nuevas regiones para la fabricación de sus productos.

Por lo que respecta a la distribución de los productos, cada cadena tiene su propio centro de distribución desde donde se centraliza el envío de los productos a las tiendas. El centro de distribución más importante es el de Zara, situado en Arteixo, A Coruña, que mueve en temporada aproximadamente 2,5 millones de unidades por semana; el *stock* medio en almacén se sitúa entre 6 y 10 millones de prendas. Esto supone una alta concentración de productos en dichos centros, especialmente al inicio de las temporadas. Cualquier interrupción importante en el funcionamiento de las actividades de los centros de distribución puede ocasionar problemas logísticos y retrasos en la distribución de los productos a las tiendas.

Si se produjera un siniestro en el centro de distribución de Zara que afectara a la totalidad de las prendas almacenadas en el mismo (se calcula un *stock* de 8 millones de prendas), el quebranto económico directo derivado de la destrucción de dichas prendas ascendería a aproximadamente 15.000 millones de pesetas. Para evitar este tipo de situaciones, Inditex ha establecido medidas de seguridad y tiene suscritas pólizas de seguros para cubrir los daños materiales que se pudieran producir en los centros de distribución, el lucro cesante que originaría la interrupción de las actividades de los mismos y las responsabilidades derivadas para Inditex de eventuales siniestros. Pero la repercusión en los consumidores no está cuantificada.

Riesgos en personal y estructura

Inditex considera que parte del éxito que ha alcanzado el modelo de negocio puede atribuirse a las capacidades profesionales y al esfuerzo desarrollado por los directivos del Grupo. En el supuesto de que alguno de sus principales directivos dejara de prestar servicios, los negocios y su desarrollo podrían verse afectados negativamente.

No parece que el presidente, Amancio Ortega, vaya a fugarse, y por el momento tampoco hay ninguna previsión de que vaya a cesar en sus funciones ni hay ninguna restricción de edad en los Estatutos de la Sociedad ni en el Reglamento del Consejo para su continuidad en el cargo. Adicionalmente, ha firmado un compromiso de no-competencia durante cinco años y ha asumido un compromiso de no-transmisión de acciones, con ciertas excepciones, por un periodo de trescientos sesenta días desde la admisión a negociación en Bolsa de las acciones. Pero pocos creen que si Amancio Ortega Gaona dejara de prestar funciones ejecutivas o disminuyera sensiblemente su participación en el accionariado, su decisión podría tener un efecto negativo para Inditex.

Además, Inditex estima que el éxito que ha alcanzado el modelo de negocio depende de la capacidad para atraer, motivar y retener a los empleados responsables del diseño y fabricación de los productos. En el supuesto de que alguno de estos responsables abandone el Grupo, sin posibilidad de ser sustituido adecuadamente, los resultados operativos y la imagen de mercado de Inditex también podrían verse afectados negativamente.

La estacionalidad y rebajas son otro de los puntos débiles. Las ventas del Grupo están sujetas a cierto grado de temporalidad. En los últimos años, el 60 por ciento de las ventas tuvo lugar durante la campaña de invierno (durante el tercer y el cuarto trimestre del ejercicio), y aproximadamente el 40 por ciento de las ventas se registraron en la campaña de verano (primer y segundo trimestre del ejercicio). Una disminución de las ventas de las colecciones de otoño e invierno podría afectar de manera negativa a la situación financiera y a los resultados operativos.

Zara, como la cadena más importante del Grupo por ventas y número de tiendas, también supone un riesgo. Si bien en los últimos años el resto de cadenas han incrementado su participación, sigue siendo la que más peso tiene en el balance final. En caso de que los consumidores que compran productos de Zara de manera habitual cambien sus preferencias y empiecen a comprar los productos de otras empresas competidoras, podría tener un efecto negativo en los resultados operativos y en la situación financiera del Grupo.

Riesgos asociados a la estrategia y a los mercados

La industria de la ropa y los complementos es altamente competitiva. Esta competencia puede aumentar como consecuencia de la paulatina desaparición de las barreras comerciales de entrada en los distintos países. Las cadenas del Grupo compiten con grandes almacenes locales, nacionales e internacionales, *boutiques* y cadenas de moda, así como empresas de venta por catálogo o venta a través de internet. Asimismo, es posible que en algunos casos las propias cadenas que componen Inditex compitan entre sí por un mismo perfil de cliente. La concurrencia no se manifiesta únicamente en las ventas sino también en la competencia para lograr los mejores locales comerciales, y los términos más favorables en los contratos de compra o arrendamiento de los mismos. Un aumento de la competencia podría presionar los precios a la baja y dar como consecuencia una disminución de la cuota de mercado de Inditex, lo que podría afectar negativamente a la situación financiera y a los resultados operativos.

Otro de los factores que pueden incidir en el negocio son las preferencias y los patrones de gasto de los consumidores, así como las condiciones económicas de los distintos mercados donde está presente Inditex, que pueden diferir o variar en el tiempo. Inditex no puede asegurar que el crecimiento en ingresos y beneficios que ha registrado en ejercicios pasados pueda mantenerse en el futuro, particularmente si las ventas se estabilizan o disminuyen.

El lanzamiento de nuevas líneas de productos y nuevas cadenas pueden ser positivos o negativos. Parte de la estrategia del Grupo consiste en lanzar continuamente nuevas líneas de productos y nuevas cadenas, pero Inditex no puede asegurar que estas nuevas cadenas vayan a tener éxito o vayan a ser rentables.

El lanzamiento de nuevas cadenas generalmente se caracteriza por un nivel alto de gastos de establecimiento e inicio de actividades. Por tanto, si no se obtiene el nivel de ventas esperado, la situación financiera y los resultados operativos del Grupo Inditex podrían verse afectados negativamente.

Los tipos de cambio también pueden incidir negativamente en la evolución del Grupo. Si bien la gran mayoría de las operaciones comerciales de Inditex se realizan en euros, el 15 por ciento del gasto en aprovisionamientos se realiza en dólares americanos y el 13 por ciento en otras divisas de países americanos. La utilización de monedas distintas del euro implica un riesgo de cambio. Inditex sigue una política de cubrir su exposición al riesgo de cambio, no para obtener beneficios o flujos de tesorería adicionales, sino con el objetivo de mitigar el impacto que las variaciones de las divisas puedan tener sobre los flujos monetarios. Si bien Inditex realiza habitualmente negocios de cobertura para minimizar el riesgo de variaciones en los tipos de cambio, no puede asegurar que dicha estrategia cubra adecuadamente las variaciones de los tipos de cambio que se puedan producir en el futuro.

Propiedad industrial

La propiedad industrial e intelectual es uno de los principales quebraderos de Inditex y que continuamente tiene en vilo a los servicios jurídicos del Grupo. Es posible que los nombres comerciales de las cadenas y las marcas asociadas a las mismas que utiliza Inditex puedan estar registrados o ser utilizados por terceras personas, en aquellos países donde el Grupo tiene intención de comenzar a desarrollar sus actividades. En tal caso, Inditex tendría que adquirir los derechos correspondientes de los terceros para poder utilizar los nombres comerciales de las cadenas o sus marcas asociadas. Si no fuera posible, ello podría impedir su desembarco en dichos países.

Inditex se ha ido anticipando y tiene registrados los nombres comerciales, las marcas y los demás signos distintivos de sus productos a nivel mundial, país a país. Sin embargo, no se puede asegurar que las gestiones llevadas a cabo para el registro y protección de las marcas y demás derechos de propiedad industrial vayan a ser suficientes para evitar la imitación y copia de los productos por parte de terceras personas. La imitación de los productos y del estilo de las tiendas que puedan realizar los competidores, podría afectar al prestigio e imagen de Inditex y tener un efecto negativo en la situación financiera y los resultados operativos.

Por otra parte, si Inditex se viera metido en reclamaciones o litigios por conflictos de derechos de propiedad intelectual de terceras personas sobre modelos de prendas de vestir o calzado, esto podría dar lugar a incurrir en gastos, con los consiguientes efectos negativos en la imagen y prestigio del Grupo.

Litigios judiciales

Los litigios abiertos en distintos juzgados, nacionales y extranjeros, por las causas más variadas, es el aspecto que más preocupa a los responsables del Grupo, y son los que podrían acarrear mayores perjuicios económicos, ya que afectan a propiedades inmobiliarias —incluida la sede central del Grupo en Sabón— y a la propiedad de las marcas que comercializan por todo el mundo.

Algunos, como los relacionados con la transmisión de diversas parcelas en el polígono industrial de Sabón, con la concesión de la licencia para la realización de obras de ampliación en el Centro de Distribución de Arteixo, A Coruña, y las denuncias presentadas en la Audiencia Nacional han sido interpuestos por el mismo demandante o por personas relacionadas con él.

Al tratarse de actuaciones judiciales en curso (y, en algunos casos, en sus trámites iniciales), desde Inditex aseguran que no se puede predecir con total seguridad el resultado de las mismas, ni por tanto evaluar las consecuencias de la posible ejecución de una sentencia cuyo eventual contenido se desconoce, aunque consideran que no deberían prosperar. Para ello, Inditex no ha registrado ninguna provisión por dichos litigios, por entender que no es previsible que los mencionados asuntos, que han sido objeto de resoluciones desfavorables para el demandante en diversas instancias, den lugar a un pasivo cierto o probable de importe significativo.

Uno de los principales procedimientos judiciales en los cuales se encuentran involucradas sociedades del Grupo Inditex, es el relativo al enfrentamiento con el empresario coruñés José María Vecino.

En los últimos años, don José María Vecino Rodríguez —él mismo o a través de sus sociedades controladas, Manufacturas de Sabón, S.A. y Manufacturas del Atlántico, S.A.— y su madre, doña María Esperanza Rodríguez Rojo, han estado interponiendo de manera continuada recursos y denuncias contra los intereses de Inditex y contra personas vinculadas a la empresa. En concreto y sin perjuicio de otras posibles actuaciones de las que no se haya llegado a tener constancia, se ha tenido conocimiento de la interposición de ocho recursos administrativos, nueve recursos contencioso-administrativos, un acto de conciliación, seis denuncias y una querella criminal. Todos los recursos han sido desestimados y archivadas las denuncias y la querella, salvo los siguientes procedimientos que se mantienen abiertos y pendientes de resolución definitiva:

Por lo que respeta a la ampliación del centro de distribución propiedad de Inditex, ubicado en el Polígono Industrial de Sabón, parcela 66-69, en Arteixo (A Coruña), por parte de José María Vecino Rodríguez se interpuso recurso contencioso-administrativo contra el Acuerdo de la Comisión de Gobierno del Ayuntamiento de Arteixo por el que se concedía licencia para la realización de obras de ampliación del citado almacén. La Sala de lo Contencioso-Administrativo del Tribunal Superior de Justicia de Galicia dictó, con fecha 12 de febrero de 1998, sentencia número 168/1998 en la que declaraba inadmisible el recurso interpuesto por José María Vecino Rodríguez. El recurrente ha presentado recurso de casación contra esta sentencia, actualmente pendiente de resolución.

La madre del mismo recurrente, María Esperanza Rodríguez Rojo, y sus sociedades, Manufacturas del Atlántico, S.A. o Manufacturas de Sabón, S.A., también han interpuesto ante el Tribunal Superior de Justicia de Galicia los recursos contencioso-administrativos 4016/99, 4017/99, 4018/99, 4038/00, 4039/00 y 4048/00 (los tres últimos acumulados) contra diversas resoluciones de la Diputación Provincial de A Coruña en relación con las parcelas 15, 17, 18, 19 y 68 del Polígono Industrial de Sabón, Arteixo (A Coruña), propiedad de Inditex, persiguiendo en último término la reversión al patrimonio provincial de las citadas parcelas. Todos los recursos contencioso-administrativos citados se encuentran en fase de alegaciones previas (año 2001), y se han invocado por Inditex en todos los casos determinados motivos de inadmisión. En relación con estos recursos contencioso-administrativos, que se encuentran pendientes, la parte recurrente ha instado la recusación de los tres Magistrados de la Sección Segunda de la Sala de lo Contencioso-Administrativo del Tribunal Superior de Justicia de Galicia que están conociendo los recursos, previa interposición por la parte recurrente de una querella criminal contra los mismos.

Finalmente, y una vez conocida la intención de la salida a Bolsa de Inditex, José María Vecino Rodríguez presentó el 26 de febrero de 2001 una denuncia en el Juzgado Central de Instrucción número 2 de la Audiencia Nacional contra los miembros del Consejo de Administración de Inditex y contra los auditores externos por delito societario (art. 290 del Código Penal) y estafa (art. 248) por no haber dotado en las cuentas anuales una provisión para cubrir los riesgos derivados de los litigios anteriores. Por Auto de 7 de marzo de 2001 el Juzgado acordó no haber lugar a admitir por infundada la denuncia, al tratarse de una serie de imputaciones genéricas sin relevancia penal y fuera del ámbito competencial de la Audiencia Nacional, y decretó el archivo de las actuaciones.

El denunciante ha promovido también un incidente de recusación contra el Magistrado, previa querella contra el mismo, que ha sido desestimado con imposición de la multa máxima; está pendiente de resolución el recurso de reforma contra el Auto de archivo de la denuncia, y el fiscal está informado a favor de la desestimación del recurso y de la confirmación de la resolución recurrida.

Los días 6 y 14 de abril de 2001, José María Vecino y su madre presentaron en la Audiencia Nacional nuevas denuncias por los mismos hechos que también están siendo tramitadas por el Juzgado Central de Instrucción Número 2. El fiscal ha interesado la acumulación de las mismas y ha constatado su identidad total y absoluta y su analogía con la denuncia ya desestimada de 26 de febrero de 2001, antes mencionada.

Desde Inditex se considera que «las citadas denuncias son sólo un episodio más de una actitud de animadversión infundada y que las mismas carecen de fundamento y no deben prosperar». Inditex no ha registrado ninguna provisión por los litigios anteriores por entender que no es previsible que dichos asuntos, que han sido objeto de resoluciones desfavorables para el demandante en diversas instancias, den lugar a un pasivo cierto o probable, de importe significativo, criterio compartido por los auditores de cuentas de la sociedad.

Marcas y actividad

Con independencia de los litigios judiciales domésticos, las marcas y la actividad de Inditex también han sido, o son aún, motivo de recurso a los tribunales. Así se sabe que —según el documento remitido a la CNMV— Inditex ha solicitado la nulidad de los registros de la marca Zahara en la clase 3 (perfumería, jabones y cosméticos) de la Clasificación Internacional de Bienes y Servicios, en México, Japón y Perú, sobre la base de la notoriedad del nombre comercial Zara y de la marca Zara que se encuentra en vigor en los citados países en clase 25 (vestidos, calzados y sombrerería). En México, la acción de cancelación presentada contra el registro existente no fue admitida, por lo que Inditex ha presentado un recurso que se encuentra pendiente de resolución. En Japón, se presentó acción de cancelación que fue admitida y se encuentra en tramitación. En Perú, Inditex se opuso con éxito a la concesión de la marca Zahara, tras lo cual su titular apeló y obtuvo el registro. Dicho registro es recurrido por Inditex en la actualidad.

Por su parte, la compañía Artigiana Sartoria Veneta presentó, con fecha 11 de enero de 2000, una demanda ante los tribunales de Milán cuestionando la validez de los registros de la marca Zara en Italia. El procedimiento se encuentra en los estadios iniciales de tramitación. A su vez, Inditex y Zara Italia, Srl. presentaron ante los tribunales de Turín una demanda contra la compañía Artigiana Sartoria Veneta por ocupar el nombre de dominio Zara.it. En el procedimiento cautelar previo, el Tribunal ha resuelto que Artigiana Sartoria Veneta debe inhibirse del uso del dominio y proceder a su cancelación, pero ésta ha apelado dicha decisión del Tribunal.

Entre las demandas presentadas por Inditex en defensa de sus marcas, recordemos el recurso interpuesto contra la NBA en 1996 por tener ya registrado en España N&B para la misma clase de productos que la de la liga de baloncesto americana. El Tribunal Superior de Xusticia de Galicia lo desestimó, porque la marca de la compañía gallega debe leerse como «Ene y Be» y la americana «Ene Be A». Visualmente, dice el Tribunal, no existe ninguna similitud que lleve a error.

Por lo que se refiere a los conflictos relativos a derechos de propiedad intelectual de modelos de prendas de vestir y calzado, Inditex se ha visto afectada por un número muy reducido de reclamaciones que han sido solventadas generalmente por medios extrajudiciales, aunque existen algunas pendientes de resolución, sin que se prevea que los costes asociados a las mismas sean significativos.

Riesgos en la estructura del accionariado

Antes de la OPV, el control de Inditex correspondía a Amancio Ortega Gaona, que tenía una participación total del 74,73 por ciento (directa del 15,44 por ciento e indirecta del 59,29 por ciento a través de Gartler, S.L., sociedad patrimonial constituida en 1995, en la que ostenta una participación del cien por cien). Una vez completada la oferta, Amancio Ortega Gaona continúa controlando Inditex, con una participación total del 61,22 por ciento (una participación directa del 1,93 por ciento y una participación indirecta del 59,29 por ciento a través de Gartler, S.L.). En el acta de constitución de esta sociedad patrimonial se especifica claramente el mecanismo de transmisión de participaciones, ya sean puestos de libre designación, *inter vivos* o *mortis causa*. Las participaciones de Gartler no pueden ser representadas por medio de títulos ni acciones. Su capital es de 66 millones de euros dividido en 2.194.200 cuotas. La idea, no escrita, es que esta sociedad pase a estar controlada por la Fundación Amancio Ortega, cuando falte éste.

Consecuentemente, Amancio Ortega Gaona tendrá una importante capacidad de decisión en los temas que hayan de ser aprobados por la Junta General, incluyendo la aprobación de dividendos, los cambios en el capital social, la elección de los miembros del Consejo de Administración, la modificación de los Estatutos Sociales, así como fusiones y otras operaciones societarias de relevancia para la Sociedad.

Tropezón en Portugal y México

Los tropiezos internacionales más sonados de Inditex han tenido como escenarios Portugal y México. Ya en marzo de 1996, los Servicios de Información y Seguridad portugueses (SIS) tuvieron que salir al paso negando que estuviesen investigando al grupo español Inditex, después de que el semanario *O Independente* publicase que los grupos españoles Inditex y Consorcios y Participaciones estaban siendo investigados en Portugal por su presunta implicación en operaciones de narcotráfico y blanqueo de dinero, reportaje del que también se hizo eco el diario luso *O Público*.

O Independente citaba fuentes oficiales para apoyar su información de que «desde hace más de un año la empresa propietaria de las tiendas Zara está bajo investigación por sospecha de vinculaciones al narcotráfico y al blanqueo de capitales». Agregaba que, tras un informe preliminar, el SIS había remitido a la Policía Judicial el informe por «haberse confirmado las sospechas». Los desmentidos del SIS y del entonces portavoz del Grupo gallego, José María González, desviaron la información a supuestos intereses del sector textil portugués que pretendía frenar el despliegue de Zara en tierras lusas.

Ha habido más chinas en el camino. La siguiente tuvo como escenario México. El gobierno mexicano abrió en 2003 una investigación a Zara y Bershka, por presunta falsedad en los documentos sobre la procedencia de sus importaciones para beneficiarse de aranceles más bajos. La sospecha de las autoridades mexicanas es que la compañía gallega introduce en México prendas etiquetadas en España pero confeccionadas en países asiáticos. De demostrarse los cargos se enfrentarían a sanciones económicas y, en última instancia, podrían llegar a perder el derecho de importación a México.

La investigación abierta se fundamenta en que el coste de la mano de obra en España es superior al de México, lo que supuestamente impediría a ambas cadenas de tiendas ser competitivas en aquel país, donde el Grupo cuenta con más de noventa establecimientos, lo que lo convierte en el tercero a nivel mundial. Desde Inditex se aseguró que «todo está dentro de la ley», pero la investigación cuenta con la colaboración de la aduana española para esclarecer los hechos.

Otro de los «problemas internacionale» a los que ha tenido que hacer frente Zara es al enfado de los judíos con esta cadena. Inditex llevaba a orgullo publicar en las etiquetas de sus prendas los precios del mismo artículo en varios países e idiomas. Así fue como las multietiquetas llegaron a Israel, y en ellas figuraban los precios de esa misma prenda en países árabes, con las correspondientes banderas y traducciones a las monedas y lenguas respectivas. Este asunto le costó a la empresa de Ortega concentraciones populares de protesta ante sus tiendas en Israel, además de algo mucho más preocupante: la presión del *lobby* judío, especialmente norteamericano, que movilizó a sus terminales. El error ha sido corregido, pero los efectos persisten.

Por encima de todos

Con la prepotencia que parece otorgar el hecho de ser una de las primeras empresas del sector textil del mundo, los responsables de la sociedad Industria Diseño Textil S.A. (Inditex) han bordeado en muchas ocasiones la línea de no retorno en el camino de aplicar el principio de Atila a todo aquello que se encuentran y estorba a su paso, lo que les ha obligado a veces a caminar por el linde de la legalidad.

Algunos de los asuntos más escabrosos tienen como origen las relaciones de «gran enemistad» existentes entre Amancio Ortega y José María Vecino. Esta situación tensa viene de años atrás, cuando sus intereses textiles e inmobiliarios chocaron como dos locomotoras. En el sector, los que los conocen, aseguran que a ambos les gusta mandar, pedalear, diseñar moda y coser... por lo tanto todo era posible.

Los enfrentamientos entre ambos comenzaron en junio de 1990, cuando el primero le vendió al Grupo de Ortega tres parcelas en el Polígono de Sabón. Los terrenos habían sido adjudicados en pública subasta a dos empresas propiedad de Vecino y de su madre que, en aquellos momentos, tenían una fuerte presencia en el sector textil gallego. Pasados algunos años los negocios empezaron a ir mal, por lo que las parcelas fueron embargadas, y la Diputación de A Coruña acordó la revisión de la concesión, justificada «por falta de actividad empresarial».

El Grupo Inditex se interesó por ellas y, a través de Gosam, se las compró a Vecino, si bien éste asegura que fue coaccionado y decide querellarse contra la cúpula de Inditex. Desde entonces, José María Vecino Rodríguez no pasa por alto nada de lo que sucede en torno al Grupo Inditex, y los procesos judiciales fueron subiendo en espiral y adquirieron distintos matices.

El primero de los casos abiertos ante los jueces por José María Vecino, del que más se ha escrito y ha levantado más ampollas dentro de Inditex —aparece reflejado en la información remitida a la CNMV por Inditex, con motivo de la salida a Bolsa (ver epígrafe de «Riesgos asociados a la estrategia y a los mercados»)—, es el que afecta a uno de sus activos inmobiliarios situados en el polígono industrial de Sabón-Arteixo (A Coruña) —concretamente la finca registrada con el número 27097— cuya construcción, para la que contó con la presunta colaboración del Ayuntamiento de Arteixo, podría ser declarada ilegal por los tribunales y, en consecuencia, tendría que procederse a su derribo con el consiguiente perjuicio económico.

Según publicó la revista *Gam*, en febrero del año 2000, la concesión de la autorización para la «reconstrucción» del inmueble fue aprobada el día 26 de diciembre de 1994, fecha en la que la Comisión de Gobierno del Ayuntamiento otorgó licencia de obra nueva al Grupo Inditex para la ejecución de obras de ampliación de la nave industrial, que figuran recogidas con todo detalle en el expediente administrativo que quedó registrado con el número 32/94.

Contra este acuerdo, el polémico empresario coruñés, José María Vecino Rodríguez, presentó el 4 de octubre de 1995 un recurso contencioso ante el Tribunal Superior de Justicia de Galicia, que fue admitido con el número 5134/95, por entender que vulneraba el ordenamiento jurídico reconocido por la vigente legislación del suelo.

En este recurso, José María Vecino Rodríguez pedía que se declarase la nulidad del acuerdo de la Comisión de Gobierno del Ayuntamiento de Arteixo de diciembre de 1994, que «presuntamente desestima o no resuelve el recurso formulado por José María Vecino» con anterioridad y que se «ordene la demolición de lo construido en exceso por el Grupo Inditex».

El informe de los técnicos sobre la situación irregular de este inmueble es concluyente. Según el arquitecto, colegiado número 900 del Colegio Oficial de Arquitectos de A Coruña que emitió el informe, a petición de José María Vecino Rodríguez, para su incorporación al recurso 5134/95 presentado ante el Tribunal Superior de Xustiza de Galicia, las ordenanzas que regulan el uso de los terrenos incluidos en el Polígono Industrial de Sabón, limitan en tres plantas la altura máxima de los bloques representativos —edificios sociales y oficinas— y en una planta la de las naves de fabricación y almacenaje.

Este extremo, según el informe, no fue respetado por los responsables de Inditex, que tras dividir la nave en planos horizontales continuos, conformaron un cuerpo de hasta un máximo de cinco plantas en algunos puntos, excediéndose por tanto de la altura máxima autorizada y tasada.

Según el experto, para conseguir sus objetivos, los responsables de Inditex hicieron una utilización torticera del concepto de planta semisótano con el objeto de justificar tanto el cumplimiento de los parámetros de altura máxima, medida en el número de plantas, como la tolerancia de uso.

La conclusión del informe pericial es que la edificación objeto del informe, aparte de superar la altura máxima establecida en el número de plantas, ha rebasado con creces la superficie máxima edificable autorizada por las «ordenanzas que regulan el uso de los terrenos incluidos en el polígono industrial de Sabón».

Ante la no admisión del recurso por parte del Tribunal Superior de Xusticia de Galicia, José María Vecino insistió de nuevo y presentó con fecha 30 de julio de 1998, un recurso de casación ante el Tribunal Supremo.

En este nuevo recurso, el empresario coruñés pedía otra vez la paralización de las obras que se «venían y vienen ejecutando por el Grupo Inditex», así como la «nulidad de la licencia edificatoria otorgada a dicha empresa en el expediente 32/94, y el consiguiente derribo» del exceso de construcción y volumen en la parcela motivo del conflicto.

La situación conflictiva no pasa desapercibida para el Registro de la Propiedad. El 5 de octubre de 1999, figuraba en el Registro de la Propiedad de A Coruña, número 3, una anotación en la que la parcela en cuestión aparece gravada por procedencia con la anotación «preventiva de recurso de licencias edificatorias en el Polígono Industrial de Sabón contra el Grupo Inditex: en la Sección Segunda de la Sala de lo Contencioso-Administrativo del Tribunal Superior de Justicia de Galicia, se interpuso recurso contencioso administrativo contra los acuerdos de la Comisión de Gobierno del Ayuntamiento de Arteixo, por los que se otorgaron a la Empresa Grupo Inditex, licencias edificatorias en el Polígono Industrial de Sabón, tramitándose dicho recurso con el número 5134/95, ante la citada sala». Fecha de la anotación, 14 de febrero de 1996, obrante al folio 180 del libro 327 de Arteixo.

Desde Inditex se considera que las citadas denuncias «son sólo un episodio más de una actitud de animadversión infundada y que las mismas carecen de fundamento y no deben prosperar. Inditex no ha registrado ninguna provisión por los litigios anteriores, por entender que no es previsible que dichos asuntos, que han sido objeto de resoluciones desfavorables para el demandante en diversas instancias, den lugar a un pasivo cierto o probable, de importe significativo, criterio compartido por los auditores de cuentas de la sociedad».

La siguiente denuncia de Vecino fue la presentación de una querella contra dos magistradas y la cúpula de Inditex, a los que acusaba de detención ilegal, prevaricación y conspiración. Para explicar la querella, este empresario, ahora reconvertido del textil al negocio de la restauración, asegura estar convencido de que «no es difícil que te estampen en la cara un vaso en un momento de pasión dialéctica a altas horas de la madrugada, y más si la escena se desenvuelve al amparo de la excitante y corrompida luz roja de las barras americanas que pueblan las cunetas de las carreteras gallegas», para añadir que lo que «no es muy normal es que una funcionaria judicial, siguiendo instrucciones torticeras, ordene la detención, en víspera de Navidad, de una mujer (su madre) de setenta y cinco años, inválida —le falta una pierna— por ser accionista de una empresa en proceso de suspensión de pagos (en la que él figuraba como gerente), y pase casi veinticuatro horas en los calabozos de la Policía Nacional de A Coruña».

Esta nueva querella recogía, en sus preliminares, que el denunciante ha sufrido indefensión y obstrucción a la acción de la Justicia, producto de la suma de actuaciones —supuestamente aisladas, pero que constituyen una única trama— efectuadas por un «auténtico "grupo de presión", que previa advertencia y amenaza, se han venido cumpliendo con el resultado negativo para sus intereses», al amparo de una situación de «prevalencia ilegal y utilizando obtusamente el oficio de Juez, Secretario de Juzgado y otros para fines distintos a los que establece la ley».

Según recoge el texto de la querella criminal, el resultado de todas las actuaciones denunciadas es que el vocal y secretario del Consejo de Administración de Inditex, S.A., Antonio Abril Abadín, «induce a la prevaricación a su esposa, magistrada juez, y a otros funcionarios judiciales, con el fin de impedir que la acción de la Justicia alcance y perjudique los intereses de Inditex, S.A»., y desista del ejercicio de las acciones legales que la ley le concede, a la vez que, a modo de venganza y represalia, perjudican, torciendo deliberadamente el derecho, al compareciente y a su familia.

En su querella, Vecino Rodríguez asegura que Abril Abadín alcanzó, de forma evidente, acuerdos ilegales con los abogados designados por él —cita a Manuel Sáez Parga, con despacho en Barcelona— para defender sus intereses con la finalidad de que no fuesen adelante las acciones legales entabladas por su iniciativa.

Para Vecino no hay ningún tipo de duda, según el texto de la querella criminal —que comprende más de veinte folios, a los que acompaña casi medio centenar de documentos—, de que las actuaciones de este «grupo de presión» que conforman Antonio Abril Abadín, su mujer, María Ángeles Paredes Prieto y la funcionaria judicial, María Rosa Freire Pérez deben ser consideradas en su conjunto como delitos de «corrupción, tráfico de influencias, prevaricación y delitos contra la Administración de Justicia, cometidos por un "grupo de presión" del que forman parte personas revestidas de autoridad, inadmisibles en un Estado de Derecho y en régimen de democracia que deben ser sancionados».

Antonio Abril Abadín, abogado del Estado en excedencia, desempeñó sus servicios en la Delegación de la Administración de Hacienda en A Coruña, en la que, según asegura Vecino, le confesó: «Conserva importantes amistades», y está, a mayores, casado con una juez de lo Penal, María Ángeles Paredes Prieto. Todo ello unido a la propia influencia del Grupo Inditex que, Abril le recalcó en más de una ocasión, pone de manifiesto al querellante los distintos problemas que una actitud no sumisa y «cooperante» le podría acarrear en cada uno de los ámbitos judicial, tributario y empresarial.

La táctica de Abril Abadín, según Vecino, es «hacerse amigos para siempre». Es lo que sucedió con el abogado barcelonés, Manuel Sáez Parga, contratado en agosto de 1992 por este empresario coruñés para llevar a cabo la presentación de una querella criminal.

Sáez Parga, tras notificar a Abril Abadín las intenciones del querellante, a los pocos días recibió la visita de éste en su despacho de Barcelona y desde ese momento las excusas y evasivas por parte del abogado catalán llevan a que la querella encargada por Vecino no llegue nunca a ser interpuesta, pese a haber abonado las minutas correspondientes. Para el querellante está claro que se produjo una connivencia entre ellos, que le impidió ejercer la acción de la Justicia.

La presión y el cerco sobre Vecino Rodríguez se estrecha y las palabras de Abril Abadín se cumplen en todos los campos. A la presión sobre sus empresas, que acaban en suspensión de pagos o quiebra obligando a las franquicias a cambiar de proveedor, se suma que el proceso judicial se acelera o retarda, en función, asegura Vecino, de los intereses del secretario del Consejo de Administración de Inditex, S.A., que trata lógicamente de favorecer a su empresa.

Mueve los hilos de este entramado judicial-empresarial, según recoge en la querella Vecino Rodríguez, el propio Antonio Abril Abadín. En el texto de la querella se dice que, para ello, cuenta con «la amistad existente entre la funcionaria judicial María Rosa Freire Pérez, Antonio Abril Abadín y su esposa María Ángeles Paredes Prieto», que aceleraron o retrasaron a su voluntad procesos judiciales que le perjudicaron desde el punto de vista profesional y personal.

El salto cualitativo, siempre según el texto de la querella, se produce cuando la funcionaria Freire Pérez ordena a la Policía Nacional la detención de la madre del denunciante, quien, desde las veinte horas del 23 de diciembre de 1996, estuvo detenida en un calabozo de la Policía Nacional por figurar entre los accionistas de Brado S.A., sumida en un proceso de suspensión de pagos.

De nada sirvió que Freire Pérez tuviese conocimiento de la edad de la madre de Vecino Rodríguez, setenta y cinco años entonces, y de su condición de inválida, circunstancia que fue acreditada con el correspondiente certificado médico. No saldría del calabozo del edificio de los juzgados hasta las 13.30 de la tarde del día 24 de diciembre.

Para el querellante, todos estos hechos constituyen un delito de prevaricación cometido por una funcionaria judicial, la señora Freire Pérez, que «deshonra la carrera judicial, delinquiendo contra los débiles ancianos inválidos».

Esta actuación contrasta, según Vecino Rodríguez, con «el trato de favor que la misma funcionaria dispensó al presidente del Consejo de Administración de Inditex, Amancio Ortega Gaona, a quien citó en calidad de imputado para declarar a las 18.00 de la tarde y puso a su disposición el edificio de los juzgados, permitiendo que entrase por la puerta destinada a los jueces en coche, para que no fuese «"importunado" por los periodistas que le esperaban».

En 2000, el Tribunal Superior de Xusticia de Galicia calificó de «temeraria la denuncia efectuada por Vecino y su madre sobre la existencia de una trama delictiva entre Inditex y los dos magistrados», y decidió archivar la demanda presentada por ambos.

Capítulo VI
Lo que cuentan de él

De empresario a empresario

Amancio Ortega Gaona, presidente de Inditex, y Manuel Fernández de Sousa-Faro, presidente del Grupo Pescanova, se conocieron hace casi una década. Marta, la hija de Amancio, e Ignacio, el retoño de Manuel, coinciden en los concursos de saltos y los padres comienzan a hablar de los estilos de la amazona y del jinete, de los corceles que poseen, de los nervios de la competición y de las bendiciones de un deporte que ha conseguido lo que parecía impensable hasta el momento: hacer que olviden sus empresas durante unas horas. «Amancio me dijo un día: "No sé qué tiene este deporte, pero siento la necesidad de estar con ella si hay competición". Amancio ha estado más tiempo con Marta del que hubiera pensado nunca gracias a los caballos».

Hasta que Marta se aficiona a la hípica, a Amancio Ortega no se le conoce más distracción que las partidas de tenis para mantener la forma y la pachanga de fútbol con los empleados, que se disputa los viernes en el Club Financiero. «Encuentras tiempo donde no lo hay para estar con tus hijos en una edad que te necesitan y en el caso de Amancio es todavía más llamativo, porque tenía una dedicación absoluta a su trabajo. Dicen que la hípica es un deporte caro, pero todo depende de lo que te rente. Si te lo puedes permitir creo que es de una gran rentabilidad porque, además de aproximarte a tus hijos, despierta en ellos un deseo de superación y de responsabilidad. Al caballo hay que limpiarlo y entrenarlo todos los días».

Ya que no puede haber pique empresarial por las características tan diferentes de sus negocios, en los mentideros económicos se alude a que Amancio posee una de las mejores hípicas del mundo y Manuel Fernández le da la réplica organizando en Vigo una prueba de la Copa del Mundo de Saltos. «Él intenta superarse en su hípica y yo también. Está claro que si hace algo bien en Casas Novas, yo intento hacerlo mejor en Vigo, y viceversa. En cierto modo, es también imagen para nuestras empresas. Pero son competiciones distintas. Lo suyo es privado y lo mío es municipal. Me metí por mi hijo, porque me apenaba que la ciudad se quedase sin concurso y sin esa proyección exterior. Pero no hay rivalidad», desdice Fernández a los malpensados.

El Centro Hípico de Casas Novas se ha convertido, en sólo tres años, en referencia mundial. Es como una isla en un país que no cuenta con una gran tradición hípica. Creado en lo que antes era la granja O Corzo, en Larín, municipio de Arteixo, a Amancio Ortega le costó 9 millones de euros. «Amancio es un amante de la perfección. Visitó otros sitios, buscó lo mejor e hizo una instalación inmejorable para que su hija y sus allegados pudiesen practicar. Al principio, no tenía previsto que se hiciesen concursos, pero hizo uno para ponerlo a andar y acabó instaurando una de las mejores competiciones con carácter privado. Yo le decía: "Como lo hagas tan bien no te va a dar tiempo a inaugurarlo". Lo hizo el 15 de diciembre de 2000 y lo acompañó Manuel Fraga, el presidente de la Xunta».

En ese intento de superación y de hacerlo mejor, Manuel Fernández no olvida una anécdota: «Necesitábamos un suelo muy bueno para contrarrestar que el Recinto Ferial de Vigo no era el más idóneo para celebrar el concurso. Buscamos un tipo de arena para conseguir las mejores condiciones plásticas. Así, al menos, no se quejarían los jinetes. La encontramos cerca de Santiago, en el Pico Sacro. Es una arena cuyo polvo de sílice le permite tener un comportamiento con el agua de una elasticidad excepcional. Curiosamente, cuando fuimos a comprarla nos contaron que también se la había llevado un señor de A Coruña por los mismos motivos. Pregunté por los rasgos físicos de ese señor y me di cuenta de que era Amancio. Hoy no podría hacerlo porque ya se le conoce y él disfruta mucho con las cosas sencillas».

Don Manuel ha aludido al antes y al después de que saliese publicada la fotografía en la vida del dueño de Zara. «No le quedó más remedio por la magnitud que adquirió su empresa, pero continúa siendo un tipo sencillo, con un sentido práctico y una capacidad de reflexión enormes. Es muy difícil que improvise decisiones. Cuando lo conoces en profundidad te das cuenta de que podrá contar con un equipo fantástico, porque uno es lo que vale el equipo que le rodea, pero los conceptos y las ideas claras son todos de Amancio. Al igual que la capacidad de selección de personas».

La conversación con Manuel Fernández es pausada y el apartado, concebido para que su amigo empresario desvista tanto a la persona como al empresario que viste al mundo, se convierte en un monólogo.

Los empresarios gallegos interpretaron la cotización bursátil de Inditex con signos de admiración. «Creo que ha sido una sorpresa hasta para él. No el asunto empresarial, sino el bursátil. Son los conceptos que maneja los que le llevaron a la actual dimensión. Y ésta nace de una persona tremendamente comercial, con una actitud de servicio al cliente fantástica. Tiene muy claro lo que el cliente quiere porque siempre mostró una gran proximidad. Se puede decir que está al servicio de la demanda y es la clave del éxito», apunta Fernández.

¿Cómo se consigue? Bajo una apreciación somera puede parecer sencillo. Sólo hay que seguir sus pasos. Manuel Fernández desanima a los ilusos: «Unos son capaces de encontrar respuesta a lo que pide la clientela y otros no. Él fue capaz de encontrarlo. Es el modelo Zara, aunque no me creo la persona más indicada para teorizar sobre ello».

Pero sí lo es para hablar de cómo se tomó el empresariado de Galicia la decisión de Amancio Ortega de salir a Bolsa y la excelente acogida del mercado de valores: «Creo que el *boom* empresarial de Inditex tiene un salto muy importante con la salida a Bolsa. Yo no era muy optimista porque su empresa iba bien y no necesitaba recurrir al mercado de capitales para crecer. No necesitaba de esa publicidad añadida que te da la Bolsa. ¿Hasta qué punto necesitas complicarte la vida con una sociedad cotizada? Y ahí está. Otro éxito de

Amancio, que se ha encontrado con un valor de capitalización bursátil brutal y, además, con unos cimientos muy sólidos en la cuenta de resultados».

Sin embargo, el mercado de valores ha avisado dos veces. Un día el negocio marcha estupendamente y al siguiente, y sin saber bien por qué, el valor de tus acciones se deshinchan como una pelota de playa. Para Manuel Fernández es «irrisorio ver cómo le caen las acciones con el crecimiento y los resultados que presentó. Es como si hubiera que perder dinero para que suban».

Una de las dudas cuando se alude al tema, es la autoría de la idea de aventurarse en las aguas no siempre tranquilas de la Bolsa. Para Manuel Fernández, la duda ofende: «Es evidente que si tienes la mayor parte de la compañía, al menos, la decisión es tuya. Unos te podrán aconsejar que sí, otros que no, pero conociendo a Amancio fue él quien la tomó».

Resuelta la duda, no es un misterio que cuando los dos se encuentran, Amancio predica con el ejemplo para que el dueño de la sexta compañía pesquera del mundo abra tiendas que le permitan tener un control del producto desde el principio hasta el final. «Probablemente tenga razón, pero no se trata de empresas equivalentes. Él tuvo, dentro del acierto de su proyecto empresarial, la visión clara de eliminar eslabones de coste desde el productor hasta el cliente. Un eslabón de coste es la publicidad, que no hace. El hecho de tener tus tiendas te permite ser dueño de la política de precios y de la de promociones; incluso te da la posibilidad de interpretar los gustos para apostar por un producto o por otro. Es otra de las claves de su éxito y me sugiere que debería de tener un esquema parecido. Pero los mercados de la alimentación y del textil no son exactamente iguales. Tampoco es igual empezar de cero a tener una clientela formada de grandes superficies».

Como antes se ha referido, Amancio Ortega se caracteriza por no gastar una perra en publicidad. Las excepciones son las rebajas y los anuncios por palabras, sección que utiliza cuando necesita personal. Manuel Fernández, por su parte, apadrinó una de esas campañas cuyo eslogan se convierte en aforismo. Su Rodolfo Langostino, imitado incluso por la pareja de humoristas Martes y 13, salía en pantalla con sombrero, ínfulas de seductor y pedía con la dulce cadencia del tango: «*Shevame* a casa, che».

Son estrategias antagónicas, dos maneras diferentes de conquistar a la clientela. El primero con el guiño de los escaparates en los mejores locales, el segundo introduciéndose en el subconsciente del consumidor a través de la publicidad para que escoja su marca y no otra del arcón de los congelados. Hecho que lo convierte en una excelente tribuna para descifrar la estrategia de Inditex de publicidad cero. «Un producto ha de estar bien posicionado en el punto de venta. Tiene que responder a las expectativas del cliente, pero una vez que está ahí, hay que intentar fomentar su consumo y eso es materia de la comunicación. Amancio no optó por eso porque la ecuación coste de comunicación-mejora en ventas no la debió de ver clara en un principio. Y supongo que lo tiene bien estudiado. No hay duda de que la publicidad fomenta el consumo, pero también tiene un coste. Hay que valorar el coste y en nuestro caso es necesaria esa inversión. Juzgo por los resultados que conozco, que son los de Pescanova y a nosotros nos compensa».

En más de una ocasión se ha dicho: «Con diez Inditex se acababa el paro en Galicia». El cuento también se puede aplicar a Pescanova. Con diez Inditex y veinte Pescanova, Galicia dejaría de entregar a las potencias del mundo sus hombres más atrevidos. Amancio Ortega y Manuel Fernández no suelen hablar de trabajo cuando comen en La Posada del Mar de A Toxa. Los caballos suelen acaparar la conversación, pero a veces tocan los problemas que frenan el avance de una comunidad rica en naturaleza y en mano de obra esforzada. Los dos coinciden en el análisis. «No se puede decir que por existir un caso como el de Inditex, podríamos tener cien. Galicia tiene carencias pese a una notable evolución. Lo más preocupante es que no tenemos una capacidad de empleo suficiente para que se queden los jóvenes mejor formados. Antes se producía la emigración de mano de obra pura, ahora se van la mayor parte de nuestros jóvenes con una preparación excelente, que son aprovechados en otros sitios. ¿Cómo evitarlo? Si tuviésemos una varita mágica lo haríamos».

La familia de los Fernández López, padre y tíos del actual presidente de Pescanova, protagonizó una de las historias de la posguerra.

Ellos son los fundadores de empresas como Zeltia (1939) o Pescanova (1960). Fueron capaces de revolucionar desde el sector agropecuario hasta el pesquero y su contribución fue decisiva para que Galicia levantase la cabeza. Manuel Fernández continúa la tradición familiar, y su defensa de la acuicultura como alternativa de futuro lo convierte en abanderado de la llamada revolución azul. Es la segunda generación, la que, según el refrán, mantiene el patrimonio para que la tercera lo dilapide. Amancio Ortega se ha curado en salud y ha dejado las riendas de la empresa a la fundación que ha recibido su nombre.

Esta decisión se ha tomado como una señal de que el fundador no ve a los hijos suficientemente preparados, aunque Fernández no lo juzga así: «Sobre la empresa familiar hay muchas teorías y se da toda la casuística del mundo. ¿Por qué no son capaces de continuar con lo que hizo su fundador? En muchos casos, las circunstancias que dieron origen al proyecto no son las mismas. En otros, llega un momento en que se pueden descubrir negocios mejores. En las transiciones familiares hay principalmente dos escenarios. Uno, que los sucesores no deseen continuar con el proyecto y se decanten por oportunidades mejores. Y dos, cambia la situación y por tanto el proyecto se convierte en inviable. Otra es que todo marche sobre ruedas, caso que también se da. La fundación te garantiza la continuidad de la idea empresarial, pero no es la única fórmula. De todas formas, por el hecho de que Amancio haya creado una fundación no se puede interpretar que no quiera una sucesión familiar. Más bien todo lo contrario. Creo que lo que pretende es que le pueda suceder su hija Marta. Ésa sería su ilusión y para eso se está preparando Marta».

Y por último, para dar por concluida la disección, la gran pregunta que se hace todo aquél que no es millonario: ¿merece la pena convertir el trabajo en diversión? ¿Compensa sacrificar la vida por más y más dinero? «Cuando tienes un patrimonio suficiente te puedes plantear desconectar y dedicarte a gastarlo o a vivir de otra manera. Pero cuando disfrutas con lo que haces, como es el caso de Amancio, no te diviertes más en otro lado. No es cuestión de tener más o menos dinero. Lo hace porque le gusta y disfruta con el bienestar de la gente que trabaja con él».

Juzguen si compensa.

La entrevista

Con la aparición de la primera fotografía, la prensa intuyó que Amancio Ortega había bajado los brazos. Las peticiones para entrevistar al fundador de Inditex colmaron el fax del departamento de comunicación. Las esperanzas eran fundadas. Si había permitido que el mundo conociese su aspecto físico, ¿por qué no iba a consentir que también se supiese su ideario? Los principales medios enseñaron los galones para conseguir el objetivo. Puntualizaron el número de lectores, la cantidad de espectadores o el abanico de personajes ilustres entrevistados. Incluso el prestigioso *The New York Times* se ofreció a enviar un *dossier* con todas las personalidades que habían desfilado por sus páginas para que Amancio Ortega pasase por el aro. Todos, grandes y chicos, obtuvieron la misma respuesta: no.

«A medida que nos instalamos en nuevos países aumenta la petición de entrevistas. Solicitan al jefe en primer lugar, "si es posible", y si no otra persona. Con ese "si es posible" se contestan ellos mismos», explica Raúl Estradera, del departamento de comunicación de Inditex.

No fue posible hasta el 18 de septiembre de 2003. Ese día, el rotativo londinense *The Times* publica la primera entrevista con Amancio Ortega Gaona. Lleva la firma de Patience Wheatcroft, editora de la sección de Economía. En el reportaje se recogen entrecomillados del hombre que ha puesto patas arriba el mundo de la moda. Confiesa que siempre ha «soñado con abrir una tienda frente a los almacenes Harrods», propiedad de Mohamed Al Fayed y se muestra satisfecho porque en el otoño verá cumplidos sus deseos. Explica también cómo se le encendió la bombilla: «Estaba trabajando como dependiente y pensé que no era justo que sólo las personas adineradas pudieran vestir bien. Había muchos temas sociales que quería abordar». Se ufana de que, en su día, permitió a un equipo de veintidós personas de The Limited entrar en Inditex para intentar desvelar la fórmula milagrosa «y no lo consiguieron». Finalmente, se postula a favor de que las etiquetas lleven reflejado el coste de distribución. Con eso se aclararía la diferencia de precios entre una prenda puesta en las tiendas de España y en las de Estados Unidos.

Para la prensa gallega la entrevista desprende un tufillo a chamusquina. Las fotos que ilustran el reportaje son las recurrentes de la memoria y le buscan explicaciones al gol que les han metido. Así, dos días después, el decano de la prensa española, *Faro de Vigo*, recoge la caída en Bolsa de un 12,8 por ciento sufrida por Inditex y en un apoyo se hace eco de la peripecia periodística con un titular sin concesiones: «La entrevista que no existió». En el texto abunda sobre el tema: «Fuentes de la compañía gallega aseguraron ayer que la entrevista no se produjo y que en ningún caso Amancio Ortega había dado su consentimiento para la publicación de las declaraciones. Aunque la empresa textil gallega le resta importancia a lo acontecido, alguna de las frases que el periódico británico pone en boca del presidente de Inditex forman parte supuestamente de una conversación privada de Amancio Ortega».

Es decir: sí, pero no. El patrón de Zara lo estaba consiguiendo de nuevo. Se comenzaba hablando de él para acabar cediendo el protagonismo a otra persona.

Patience Wheatcroft está en Vigo el día que el rotativo local cuestiona su profesionalidad. Se está celebrando la Feria Mundial de la Pesca y su marido, Tony Salter, desempeña el cargo de director ejecutivo de la organización técnica internacional. Alfonso Paz-Andrade, presidente del comité ejecutivo y vicepresidente de Pescanova, es íntimo de Amancio Ortega. ¿Son necesarias más pistas?

«Una amiga muy influyente en Galicia es también amiga de la mujer del señor Ortega. Fui a visitar la fábrica y él nos recibió. La conversación duró unos quince minutos». Así explica la periodista cómo ha conseguido entrevistar al hombre más buscado por el gremio. Durante el recorrido por la sede central de Inditex Wheatcroft toma notas, pero se guarda la libreta durante la conversación con el presidente de la compañía. «Yo no pedí permiso, pero él tampoco me preguntó si iba a publicar la charla. En Inglaterra, cuando hablas con un periodista si no dices lo contrario, ya sabes que la conversación va a ser utilizada. Además, el director de comunicación, Diego Copado, estaba delante y no sugirió nada».

Patience Wheatcroft coge con la guardia baja a la persona que había custodiado con más celo su intimidad. Se confía por la compañía de la entrevistadora.

La editora de la sección de Economía de *The Times* no se sorprende cuando se desayuna con el desmentido a medias publicado por *Faro de Vigo*: «Entiendo el artículo porque sé que a él no le gusta aparecer en los periódicos, pero admite que ha hablado conmigo. Lo que creo es que el señor Ortega no querrá conceder más entrevistas en el futuro».

¿Es lícito traicionar la confianza de una persona para conseguir un rédito periodístico? El director de *La Voz de Galicia*, Bieito Rubido Ramonde, se reunió en un par de ocasiones con el protagonista de la historia. Tendría material suficiente para publicar una entrevista con el método pregunta-respuesta. ¿Por qué no lo ha hecho? «Cada uno debe ponerse los límites. Conociendo la trayectoria de Amancio Ortega, una persona que es excepcional por su absoluta normalidad, no me sentiría bien robándole una entrevista o unas declaraciones de una conversación que es privada. Es como si faltases a la palabra».

La siguiente entrevista no quiere faltar a la palabra porque no las hubo. Es un ardid que viene a completar lo publicado por *The Times*. Está calcetada con lo que los amigos de Amancio han dicho que ha dicho el jefe. Es, en cierto modo, como si lo hubiese dicho él. La primera entrevista pregunta-respuesta a Amancio Ortega está confeccionada con las declaraciones que encuadran a la persona a lo largo de los capítulos del libro y con una miaja de imaginación:

—¿Por qué se empeñó en seguir trabajando cuando ya era suficientemente rico?

—Claro que podría vivir sin trabajar el resto de mi vida desde hace años. Hay muchos casos en la ciudad de comercios prósperos que acabaron en nada. No lo hice por dinero, sino porque me apasionaba.

—Usted llegó a decir que lo primero es el trabajo, incluso antes que la familia. Tras una gran experiencia vital y con sesenta y siete años, ¿cree que ha merecido la pena?

—Ahora mismo tengo claro que hay cosas más importantes en la vida que el trabajo.

—¿A qué cosas se refiere?

—Cada uno en la vida necesita tener claro qué quiere ser y cómo quiere ser y qué está bien y qué está mal.

—Por cierto, últimamente se le ve más relajado. Se deja ver en los caballos, permite que lo fotografíen con su hija…

—No sé qué tiene este deporte, pero siento la necesidad de estar con ella si hay competición. El día anterior ya estoy nervioso. A los caballos les agradezco que hayan conseguido que pase mucho más tiempo con la familia.

—Hablando de fotografías, ¿por qué esquivó durante tiempo a los fotógrafos? ¿Por qué evita a toda costa ser una persona conocida?

—Porque, como hice toda mi vida, me gustaría seguir haciendo cosas tan normales como dar un paseo por la playa o tomar un café en una terraza de María Pita mientras leo el periódico. Sé que si empiezo a salir en los medios, si hago concesiones, eso se acaba.

—Alguien ha mencionado que no quería salir en las fotos por estar amenazado por ETA.

—Hay sistemas de seguridad para protegerte de ETA, pero la protección de la intimidad es mucho más difícil de conseguir y sólo se logra evitando ser un personaje público.

—¿Cuál ha sido el factor decisivo para que su empresa deje boquiabiertos hasta a las lumbreras de Harvard?

—Es importante la concepción del proyecto, pero, sobre todo en los comienzos, la culpa del 90 por ciento de la venta se la atribuyo al escaparate.

—Su primer viaje fue a París. ¿Qué sintió cuando posó años después su marca en la capital de la moda?

—No asistí a la apertura. Fui días después y la tienda estaba abarrotada. Ni tan siquiera intenté entrar. Me solté a llorar como un niño, di media vuelta y me volví.

—La irrupción en Bolsa no estuvo nada mal. ¿Qué pensó?

—Que no sabía lo que iba a hacer con tanto dinero y continué trabajando.

—Una curiosidad. Dicen que es un lince formando equipos. Pero eso quiere decir que no todo el mérito es suyo.

—En un reloj necesitas de todas las piezas para que la maquinaria sea precisa, pero ¿quién le da cuerda?

—*Touché*. Para terminar, ha decidido legar las riendas de Inditex a su fundación, ¿está diciendo que no ve a nadie de la familia preparado para afrontar la sucesión?

—Para nada. Mi hija Marta está estudiando Dirección y Gestión de Empresa. Será por algo.

—¿Con qué aforismo le gustaría que lo recordase la historia?

—Yo siempre he dicho «no existe el no».

Epílogo
Y después de Amancio, ¿qué?

Si el presidente de Inditex falleciera repentinamente, o dejara de ejercer sus funciones, el asunto de su sucesión no plantearía problema alguno. En una reunión con los empleados, con motivo del anuncio de la creación de la Fundación Amancio Ortega, dijo públicamente que aunque adoraba a sus hijos, y por lo mismo había previsto que sus necesidades económicas estuvieran siempre cubiertas, no les iba a dejar la empresa, aunque disfrutaran de los derechos económicos. Esta declaración disipó todos los rumores acerca del legado de su obra.

La solución vino de nuevo de la mano de José María Castellano con el diseño de una entidad a la medida de la ocasión: la Fundación Amancio Ortega Gaona. Esta fundación, también presidida por Amancio Ortega, no tiene inicialmente una participación mayoritaria en Inditex. Por ahora, controla el 5 por ciento de Gartler —una sociedad instrumental que desde 1995 agrupa el patrimonio del fundador en Inditex— en tanto que la porción restante continúa en manos de Ortega.

De cara a la sucesión, o ante una falta repentina de Amancio Ortega, está previsto que la fundación tome el control del 20 por ciento de Gartler, lo que, en virtud del régimen especial por el que se rige este tipo de instituciones, le otorgará el control mayoritario de los votos de la sociedad instrumental y, por lo tanto, indirectamente de Inditex, aunque los derechos económicos quedarán en manos de los herederos.

La estructura y objetivos de la fundación son formalmente sociales, pero el verdadero fin es blindar al *holding* frente a los posibles avatares del futuro y evitar que, las más que probables disputas hereditarias de familia, pongan en riesgo la continuidad del imperio. Todos son conscientes, Amancio el primero, de que aquel niño que nació en Busdongo, que aprendió a andar en Guipúzcoa y soñaba en A Coruña con alcanzar la cumbre del textil, ronda los setenta años y tiene claro que todas las precauciones en esta materia son pocas.

Con estos objetivos duales, el 10 de julio de 2001 se constituyó la Fundación Amancio Ortega. Se fijó su domicilio en un edificio de nueva planta, a la sombra de las oficinas centrales de Inditex en Sabón. La superficie del complejo que la alberga ronda los 30.000 metros cuadrados y fue necesaria una inversión de casi 2.000 millones de pesetas en 2001.

Se trata de una institución privada —según la declaración fundacional— sin ánimo de lucro, cuyo objetivo es el de promover todo tipo de actividades en los campos de la cultura, la educación, la investigación y la ciencia.

Si bien es cierto que la fundación no está ligada a actividad empresarial alguna relacionada con el textil, no lo es menos que los vericuetos financieros diseñados para garantizar su supervivencia económica están inevitablemente unidos a la evolución del negocio de Inditex. Como casi todas las unidades de negocio que conforman el universo Inditex, se atribuye su constitución a una iniciativa personal de su fundador, Amancio, que de este modo pretende dar, en palabras de Felipe Gómez-Pallete, director general de la fundación: «Desahogo a la vez que a sus inquietudes humanas y filantrópicas, a su preocupación por el futuro del Grupo». La dotación económica inicial con la que se constituyó fue de 60 millones de euros (10.000 millones de pesetas), una cifra nada despreciable en estos ámbitos filantrópicos.

De acuerdo con la voluntad de su creador, la actividad altruista de la fundación está dirigida a la «resolución práctica de problemas concretos de interés general, de forma tal que las experiencias y las soluciones desarrolladas en cada proyecto piloto queden a disposición de la sociedad civil».

Bajo su presidencia, el patronato está compuesto desde sus comienzos por la flor y nata del equipo directivo de Inditex. Así, como vocales figuran José María Castellano Ríos, Juan Manuel Urgoiti López de Ocaña, Carlos Espinosa de los Monteros Bernaldo de Quirós, José

Arnau Sierra y Antonio Abril Abadín, como vocal-secretario. El director general es Felipe Gómez-Pallete.

Según los estatutos, su funcionamiento «se rige por la voluntad del fundador y por la legislación aplicable, en especial, la que regula el Régimen de las Fundaciones de Interés Gallego». Aunque con sede en Arteixo, tiene como campos de actuación no sólo el de la Comunidad Autónoma de Galicia sino también los ámbitos nacional e internacional.

Desarrolla su actividad, como todo lo que emprende Ortega, como una fundación de servicios plenos, es decir, diseña y ejecuta sus propios programas, lo que podrá llevar a cabo bien por sí misma o bien en colaboración con las personas físicas o jurídicas que en cada caso se estime oportuno. No se trata, por tanto, de una fundación de financiación de iniciativas o proyectos ajenos, sean estos individuales o corporativos. Es una fundación hecha a la medida de Amancio y, por lo tanto, de Inditex.

Oficialmente, como fundación de servicios, su objetivo es dar soluciones prácticas a problemas concretos de interés general, de modo que su experiencia pueda servir de modelo para la resolución de otras situaciones similares. No se trata, en este sentido, de una fundación orientada exclusivamente a la teoría y al estudio de problemas, sino de una que busca, mediante el estudio riguroso de los problemas, el diseño y puesta en práctica de soluciones operativas (como se señala en los estatutos fundacionales).

Los primeros pasos de la fundación han tenido como objetivo el prestar una especial atención al mundo educativo. Dentro de éste ha elegido como prioritarios —aunque no exclusivos— los tramos de la educación infantil y primaria por entender que el «futuro de la sociedad depende, más que de ninguna otra consideración, de lo que se haga a diario en este terreno».

Desde la fundación se interpreta que la incorporación de medios tecnológicos avanzados en los centros educativos es una de las formas que permite la progresiva modernización de los procesos de enseñanza y aprendizaje. Por ello, antes que en la enseñanza de disciplinas concretas, la fundación está interesada en la modernización de los procesos educativos como uno de los factores más influyentes en la formación de las futuras generaciones, empezando por Galicia.

Su director general sostiene que la experiencia que la fundación adquiera en esta primera fase determinará sus futuros campos de actuación. Las premisas sobre las que descansa este primer proyecto son las siguientes:

— Las Tecnologías de la Información y Comunicación (TIC) constituyen medios al servicio de un fin y no un fin en sí mismas.
— Se trata de modernizar la enseñanza y el aprendizaje mediante la utilización de las TIC, y no de adoptarlas como una disciplina adicional del programa curricular de los centros de enseñanza.
— No se trata de crear aulas de tecnología, sino de llevar la tecnología a las aulas para que esta revierta en la sociedad.

Como todo lo que lleva la impronta de Ortega Gaona, o de sus ideólogos, el inicio de actividades no se ha hecho esperar, y diríamos que casi coinciden con su presentación pública. El primer proyecto puesto en marcha tiene como objetivo la modernización de los procesos de enseñanza y aprendizaje mediante la incorporación de tecnologías avanzadas en los centros escolares.

Este primer proyecto, por expreso deseo del fundador, se ha empezado a ejecutar en el Centro de Enseñanza Infantil y Primaria Ponte dos Brozos, de Arteixo (A Coruña), localidad con la que se identifica plenamente Amancio, y casi sin ninguna duda donde situaría su lugar de nacimiento si hubiera podido elegir, aunque como ha quedado de manifiesto, Busdongo y Valoria la Buena son otra cosa desde el punto de vista sentimental.

Este centro está a 10 kilómetros de la ciudad de A Coruña. En él imparten clase unos sesenta profesores y consta de tres pabellones, con cuarenta aulas, construidos en 1974 y 1993.

El colegio es de titularidad pública y depende por lo tanto de la Consellería de Educación y Ordenación Universitaria de la Xunta. Según los datos facilitados por la Consellería de Educación de la Xunta de Galicia, es el mayor Centro de Enseñanza Infantil y Primaria (CEIP) de la comunidad por número de alumnos, alcanza casi el millar, con un número creciente —en los últimos años— de hijos de trabajadores procedentes de otros países. Esa composición multicultural dicen que es lo que ha llevado a Amancio a considerarlo como el lugar ideal para llevar a cabo los propósitos de la fundación.

En la fundación, como en el universo de Inditex, nada queda al margen, y las relaciones internacionales son una de las claves de éxito. Así, los primeros pasos a la hora de establecer relaciones institucionales fueron con la Xunta de Galicia, de la que depende el Centro de Ponte dos Brozos y el Ayuntamiento de Arteixo responsable de su mantenimiento.

Lejos de su ámbito geográfico, los organismos elegidos para colaborar en la tarea fueron la Fundación Bertelsmann —fundación privada alemana, líder mundial en proyectos de modernización educativa mediante la introducción de nuevos medios de información y comunicación— y la Fundación Encuentro, una de las promotoras del Foro Pedagógico de Internet.

Pero el altruismo de Inditex no acaba con una fundación pensada para ser el salvavidas de Inditex. El «lavado» de cara ha llevado a los responsables del Grupo a emprender otras acciones sociales que aporten un poco de claridad al oscuro proceso productivo del textil, empezando por ellos mismos. Bajo la premisa de que, en palabras de José María Castellano, «estamos haciendo grandes esfuerzos por modificar y mejorar el entorno social y laboral de los países en los que trabajamos», se esconde otra de las actividades de Inditex para canalizar a través de las ONGs su apuesta social, que ha sido respaldada hasta por la ONU a través del Pacto Mundial de Naciones Unidas, al que el propio Amancio Ortega pidió adherirse remitiendo una carta a Kofi Annan. Ha sido la primera empresa española en hacerlo. En noviembre de 2001 se formalizó oficialmente esta adhesión con la presencia en las instalaciones de Inditex del adjunto al secretario general de la organización, Michael Doyle. Durante el acto, Javier Chércoles, director de Responsabilidad Corporativa, advirtió que desde este momento «los fabricantes y talleres externos que trabajan para la compañía se verán continuamente sometidos a controles para que se cumplan los principios asumidos por Inditex».

La labor social de Inditex tiene además su ramificación con la colaboración con organizaciones no gubernamentales. Las dos que cuentan con más apoyo del grupo textil gallego son Fe y Alegría y Codespa.

Fe y Alegría es, según su propia declaración de principios, un «movimiento de educación popular integral y promoción social» cuya acción «se dirige a sectores empobrecidos y excluidos de la humanidad, para potenciar su desarrollo personal y participación social».

Esta ONG «agrupa a personas en actitud de crecimiento, autocrítica y búsqueda de respuestas a los retos de las necesidades humanas». Promueve la «formación de personas conscientes de sus potencialidades y de la realidad, libres y solidarias, abiertas a la trascendencia y protagonistas de su desarrollo».

Fe y Alegría, según los datos que se desprenden de su propia web, nació en Venezuela, en el año 1955, para aunar esfuerzos en la creación de servicios educativos en zonas deprimidas. La visión del fundador —el jesuita José María Vélaz— y la colaboración de personas y organizaciones lograron cristalizar una obra con trayectoria histórica, y proyección al futuro.

Este movimiento se ha extendido posteriormente por Ecuador (1964), Panamá (1965), Perú y Bolivia (1966), El Salvador (1969), Colombia (1971), Nicaragua (1974), Guatemala (1976), Brasil (1980), República Dominicana (1990), Paraguay (1992), Argentina (1995) y Honduras (2000). En España se estableció (1985) como plataforma de apoyo y de sensibilización de los españoles hacia los menos favorecidos.

Fe y alegría, que no oculta su «impulso por la vivencia de la fe cristiana», está comprometida «con el proceso histórico de los sectores populares en la construcción de una sociedad justa y fraterna». Este movimiento —según su propia valoración— persigue los siguientes objetivos: «Promover la formación de hombres y mujeres nuevos, conscientes de sus potencialidades y de la realidad que los rodea, abiertos a la transcendencia, agentes de cambio y protagonistas de su propio desarrollo, y contribuir a la creación de una sociedad nueva en la que sus estructuras hagan posible el compromiso de una fe cristiana en obras de amor y de justicia». Su actividad educativa se caracteriza, no podía ser menos, por su carácter evangelizador y pastoral.

Esta organización goza de autonomía funcional en países, regiones y centros dentro de una comunión de principios y objetivos, y de «una intercomunicación y solidaridad en inquietudes y proyectos, marcada por el carácter eclesial del movimiento como pueblo de Dios en el que resalta la presencia y acción de laicos comprometidos y de institutos de vida consagrada con sus carismas propios, en co-responsabilidad con la Compañía de Jesús, fundadora y animadora del movimiento, y en comunicación con las iglesias locales».

Su máxima autoridad es la Asamblea General, conformada por los directores nacionales, el coordinador general de la Federación, actualmente Jesús Orbegozo, los miembros de la junta directiva, un delegado adicional cualificado por cada país y el presidente de la Conferencia de Provinciales de la Compañía de Jesús de América Latina. La responsabilidad ejecutiva radica en una junta directiva de cuatro miembros: el coordinador general, que es el representante legal de la Federación, y otros tres elegidos por la Asamblea.

En la búsqueda de respuestas a las urgencias de alumnos y comunidades, la propuesta de Fe y Alegría se ha concretado en diversas iniciativas. Además de la educación escolarizada en preescolar, básica y media, se ha abierto espacio a otras formas de acción para la promoción humana, como son: las emisoras de radio, los programas de educación de adultos, capacitación laboral y reinserción escolar, la formación profesional media y superior, el fomento de cooperativas y microempresas, así como proyectos de desarrollo comunitario, salud, cultura indígena, formación de educadores y edición de materiales educativos entre otros.

En todas estas áreas actúa desde y con las comunidades, buscando complementar y apoyar la acción de otros entes, públicos y privados. En noviembre de 2003 operaba con una red de 2.188 puntos en los que funcionan 2.826 unidades de servicio: 922 son planteles escolares, 46 emisoras de radio, 671 centros de educación a distancia y 1.187 centros de educación alternativa y servicios.

En Fe y Alegría trabajan 33.005 personas, el 97,1 por ciento laicos y el 2,9 restante miembros de congregaciones religiosas. Esta cifra no incluye a centenares de colaboradores voluntarios en más de quince países. Inditex figura entre las empresas con mayor aportación. En octubre de 2003 la revista británica *The Economist* y la consultora de búsqueda de directivos, Spencer Stuart, otorgaron a Castellano el galardón «A la ética en el éxito empresarial», que recogió de manos de José María Aznar. El importe en metálico, algo más de 12.000 euros, lo donó a la ONG Fundación Fe y Alegría, con la que colabora estrechamente desde Inditex.

Otra de las ONGs preferidas por el universo de Amancio es la Fundación Codespa, que lleva más de diecisiete años trabajando en cooperación con los países en vías de desarrollo (PVDs). Su presidente de honor es S.A.R. el Príncipe de Asturias, Felipe de Borbón.

Los fines de Codespa, según sus estatutos, son «apoyar a las personas y comunidades de los PVDs a mejorar sus condiciones de vida fortaleciendo a la sociedad civil. El enfoque de la cooperación al desarrollo se centra en la persona y el desarrollo integral de sus capacidades para su crecimiento como ser humano, porque ahí reside, para Codespa, la clave del desarrollo».

Codespa entiende el desarrollo no sólo como «la satisfacción de las necesidades básicas», sino como «un proceso en el que, al mismo tiempo, la persona crece, fortalece sus capacidades y se desarrolla como ser humano».

Codespa nació en 1985, promovida por un grupo de empresarios y profesores de universidad que no se querían quedar impasibles ante el desigual reparto de la riqueza en el mundo y desearon comprometerse activamente con los más desfavorecidos. Desde sus inicios contó con el apoyo de la Casa Real, a través de don Juan de Borbón y Battenberg, su primer presidente de honor, y su nieto, S.A.R. el Príncipe de Asturias, que le ha sucedido en la presidencia de honor.

El patronato de Codespa está integrado por personalidades del ámbito empresarial y cultural español.

En noviembre de 2003, Inditex recibió el premio Codespa a la «Empresa solidaria». En esta ocasión, el encargado de recogerlo no fue José María Castellano sino Antonio Abril Abadín. Ante un selecto auditorio, el secretario general del Consejo de Administración de Inditex sentenció que «ninguna empresa internacional podrá subsistir en el futuro sin un ambicioso plan de responsabilidad social».

De cero a Zara hasta llegar a Isla

Cholo —como lo llaman sus amigos— regresa al folio siete años después de que apareciese publicado el libro *Amancio Ortega. De cero a Zara*. Inditex, como la moda, ha cambiado a la velocidad de una máquina de coser. Del mismo paño continúa siendo el protagonista de esta historia. Amancio Ortega es siempre el que queda; el que decide cuándo hay que iniciar una nueva temporada o cuándo un directivo ha pasado de moda.

El 11 de julio de 2010, Xabier R. Blanco, coautor de esta biografía con Jesús Salgado y adjunto a la dirección de *Xornal de Galicia*, publicaba en la primera página de este periódico una conversación con Amancio Ortega bajo el título «Voy a seguir trabajando hasta el final»:

> (...). El tiempo ha pasado, Inditex sigue creciendo a ritmo de vértigo y Amancio Ortega, el centinela de su aspecto, ha relajado la custodia de su intimidad. Pasan de las cuatro de la tarde del viernes. En la hípica Casas Novas, en Larín, Arteixo, Ortega se agacha para hacerle un arrumaco a un bebé. Charla animosamente con sus amigos. A su lado está Flora Pérez Marcote, su mujer. Son los anfitriones del concurso internacional de saltos que se celebra en la que está considerada mejor hípica de Europa, como no podía ser de otra manera, según cuenta su gran amigo Manuel Fernández de Sousa-Faro, presidente de Pescanova, que organiza la prueba hípica de Vigo. Los une la pasión por los caballos. Marta, la hija de Amancio Ortega y de Flora Pérez, es amazona. Por Casas Novas pasa gente guapa como Athina Onasis, Carlota Casiraghi, la infanta Elena, Cayetano Martínez de Irujo, José Bono... Pero Amancio, quizá porque la fórmula de democratizar la moda le ha llevado al éxito empresarial, ahora abre también las puertas de la hípica para que el que lo desee pueda disfrutar de los caballos. A esta hora hay poca gente. Amancio tiene conversación para unos y para otros (...). El periodista se acerca a la espera de que una rendija en la charla que está manteniendo le permita hablar con él por primera vez y agradecerle en persona que aunque no abrió las puertas del imperio, por lo menos permitió que mirásemos por la ventana y que sus amigos hablasen por él cuando casi todo se desconocía.

—¿Sabe quién soy?

—No —pero Amancio Ortega ya está ofreciendo la mano. Ahora sí todo el mundo sabe quién es él.

—Soy uno de los periodistas que intentamos reconstruir su vida...

Amancio sonríe y comienza a hablar de lo que le pareció la biografía. Han pasado seis años desde su publicación.

—Es difícil escribir un libro cuando no se tienen todos los datos de la empresa.

Por sus palabras se deduce que, al menos, no le disgusta un trabajo que pretendió acercarse a su vida y a su actividad empresarial con respeto.

A sus setenta y cuatro años, tiene un aspecto excelente. Viste, como siempre, camisa blanca, sin corbata. Es muy afable y, a pesar de que lleva en A Coruña desde 1944 por traslado del padre, que era ferroviario, conserva el acento castellano. "Yo no voy a actos sociales, pero esto está abierto a todos", comenta. Como hay una máxima que dice que el periodista vale más por lo que calla que por lo que dice y por respeto a un hombre que no impidió que hurgásemos en su vida durante año y medio, la miga de la conversación queda a buen recaudo. Esperemos que no le moleste la publicación de un par de preguntas.

—Es una de las mayores fortunas del mundo. ¿No piensa jubilarse para descansar?

—Tengo setenta y cuatro años pero voy a seguir trabajando hasta el final. El mundo de la moda, el diseño de tiendas es apasionante.

Hay quien sostiene que el imperio Inditex, creado por Amancio Ortega, se acabará cuando él no esté, pero el ideólogo confía plenamente en sus jóvenes directivos, con Pablo Isla a la cabeza, a la espera de que Marta, su hija, concluya el rodaje para poder asumir, quizá, el mando de la multinacional. Ortega siempre se ha caracterizado por olfatear talentos y por saber quién es la persona indicada para desempeñar una u otra actividad. Amancio sonríe ante el comentario. "Es la dinámica del grupo", comenta, como si Inditex girase sin necesidad de que él le dé cuerda. Sorprende la sencillez y el trato de una de las mayores fortunas del planeta.

—Falta que usted cuente su vida. ¿No va a hablar en una próxima biografía?

—La siguiente biografía que la escriba la historia.

Amancio Ortega suelta una gran carcajada y se despide con un cálido apretón de manos. Continúa la conversación que había quedado pendiente con unos amigos a la espera de que le toque concursar a su hija Marta. Parece una persona que está en paz consigo mismo.

La tranquilidad absoluta del máximo accionista de Inditex de cara al futuro de la empresa llegó cuando encontró a la persona adecuada para entregarle el testigo, sobre todo con la convulsa salida de José María Castellano, su mano derecha durante muchos años, de la compañía. En el año 2005 Ortega y Castellano deciden conjuntamente que es el momento de buscar el relevo generacional y salen a pescar un ejecutivo de primer nivel. La compañía cazatalentos Korm Ferry le recomienda a Pablo Isla (Madrid, 1964). Entre los dos deciden que este abogado del Estado, tras ocupar puestos de relevancia en empresas como Lactaria Española, Luis Mejía, Grupo de Empresas Álvarez o Renfe, es la persona adecuada para llevar el timón del trasatlántico que no fuese de la familia.

El relevo iba a ser tranquilo y paulatino, pero ocurre un desencuentro que precipita la salida de Castellano de Inditex en septiembre de ese mismo año cuando ya estaba apartándose de la primera línea. Sucedió al hilo de una operación abanderada por Jacinto Rey, dueño de la constructora San José, con el consenso de Julio Fernández Gayoso, en aquel momento presidente de Caixanova. El ex vicepresidente de la Xunta Anxo Quintana había propiciado un encuentro en Oporto para conseguir *regalleguizar* Fenosa comprando las acciones que tenía Emilio Botín, presidente del Banco Santander. Con la sana intención de agradar a Amancio Ortega, Jacinto Rey propuso que el presidente de Fenosa fuese José María Castellano, el hombre que lo había acompañado durante buena parte de su camino hacia el éxito. Amancio Ortega no se entusiasma con la propuesta, pero cuando la operación parece ya cerrada, Botín descuelga el teléfono, llama a Florentino Pérez y le entrega Fenosa a Gas Natural por poco más dinero. José Luis Gómez —periodista que por aquel entonces dirigía la revista *Capital* y que consiguió sacarle en una entrevista a Rosalía Mera, ex mujer de Ortega y segunda accionista de la compañía, titulares como «si no se hubiera roto nuestro matrimonio yo sería la mujer de otro (...). A menudo se nos coloca al servicio de los proyectos de otros» o «Inditex es una empresa que trasciende a nuestra generación; se trata de un proyecto potente y dinámico que ya solo es posible con muchas personas que pasaron, pasan y pasarán»— explica los motivos que tenía Botín para hacerle la puñeta a Amancio con la jugarreta de Fenosa: «Botín estaba muy desencantado con Ortega porque tiempo antes había viajado hasta A Coruña para visitarlo, algo inusual en él. Pasó la noche en un hotel de A Coruña y al día siguiente peregrinó hasta Arteixo para pedirle ayuda en la operación de compra del banco británico Abbey National. Amancio escuchó, pero en contra de los deseos de Botín no dijo ni que sí ni que no. En el momento que decidió fue que no, pero Ortega ni siquiera llamó a Botín. Mandó a Castellano que lo llamase y este a su vez habló con un hombre de Botín. No sólo rechazó participar en el desembarco en Gran Bretaña, sino que su forma de eludir el compromiso desencajó a un banquero que no está acostumbrado a que le suceda algo así. Por eso, en la primera oportunidad que se le presentó a Botín para devolvérsela lo hizo».

El fallido intento para *regalleguizar* Fenosa no sólo acarrea consecuencias en las relaciones entre el banquero y el empresario, sino también en el imperio Inditex, que estaba acometiendo un relevo generacional tranquilo. A los oídos de Castellano le llegó que Ortega no había aplaudido la propuesta de Jacinto Rey de nombrarlo presidente de Fenosa en caso de que hubiese cuajado la operación y las tensiones dialécticas entre los dos fueron importantes. El desencuentro propició que Castellano ajustase cuentas con el que era su jefe desde el periódico *El Mundo* con unas declaraciones explosivas que disgustaron a Ortega. Como la vida da más vueltas de las esperadas, su camino ha vuelto a coincidir en 2011. Para que Castellano se convirtiese en el líder de Novacaixagalicia —entidad salida de la fusión de Caixa Galicia y Caixanova— transformada en banco, necesitó antes el plácet de Amancio, ya que estamos hablando del primer cliente de esta entidad financiera. Si Ortega hubiera dicho no, la operación hubiera tenido más obstáculos de los que ya se le presentan, pero alguien hizo la pregunta a Amancio y éste fue generoso, comentan en su entorno.

Pero andábamos con el futuro de Inditex y no con el incierto destino de las cajas gallegas, ahora integradas en NCG Banco. Amancio Ortega se vio contra toda previsión en un suspiro sin el que era su principal apoyo en la empresa, aunque ya contaba con Pablo Isla, que llevaba varios meses de rodaje en la multinacional. Isla supo leer desde un principio el libro de ruta del patrón y éste pronto comprendió la singladura de la empresa pasaba por el joven ejecutivo que acababa de aterrizar. Ortega está muy contento porque su olfato infalible le dice que ha encontrado el dedal a su medida. Ha visto que Isla hace las cosas a su manera y cumple los requisitos que siempre ha exigido a un directivo: entiende la empresa, su trabajo y esfuerzo es impecable, manda sin que se note, y la discreción tanto fuera como dentro de la empresa es una de sus divisas, aunque le haya entregado como recompensa acciones por valor de 13,6 millones de euros.

La multinacional ha duplicado resultados desde la llegada de Pablo Isla y el amartelamiento es tal entre los dos que, meses después de aquella conversación en Casas Novas, en enero de 2011, Cholo volvía a enhebrar la aguja para dar otra puntada decisiva al imperio Inditex. Los mercados andaban algo convulsos por la cantinela de la crisis, él embocaba los setenta y cinco años y decidió que era el momento de dar el pespunte definitivo. Por decisión propia, con una carta enviada a los empleados y a la Comisión Nacional del Mercado de Valores (CNMV) comunicaba su decisión de dar un paso atrás para entregar la presidencia ejecutiva de la empresa a Pablo Isla, fichado en el año 2005 para acometer definitivamente el relevo generacional soñado. Las acciones se dispararon ante la señal inequívoca de continuidad. Por el camino quedaron atrás ejecutivos de la talla de José María Castellano o Juan Carlos Rodríguez Cebrián, casado con una sobrina de Ortega. Todos, de una importancia capital en algún momento de la aventura, cogieron la puerta sin que la empresa se resintiese.

En aquella conversación con uno de los periodistas que escribieron este libro, Amancio Ortega confesaba que no era necesario que su hija Marta asumiese antes de tiempo las riendas de la empresa por la calidad y juventud del equipo directivo que había conseguido confeccionar. Tampoco es seguro que la amazona algún día vaya a hacerlo en un imperio con demasiados caballos ganadores.

Los números que cada ejercicio presenta Inditex propiciaron que en los mentideros empresariales situasen a Pablo Isla al frente de Altadis o incluso en el equipo de Mariano Rajoy en el hipotético caso de que consiguiese pisar la moqueta de La Moncloa. Como en Inditex se dan noticias y no se desmienten rumores, Pablo Isla salió con total naturalidad a la palestra mediática para decir que se ve trabajando «en la mejor empresa del mundo» toda la vida. Amancio y Pablo ya sabían a esas alturas que el futuro de Inditex, esa Isla en medio de la crisis, estaba bien zurcido.

El joven ejecutivo ha conseguido desde la discreción y la sencillez el mando de la primera empresa textil del mundo. Al jefe, al tipo que da cuerda al reloj aunque es consciente de que sin cada pieza las prendas no llegarían a su destino a la hora, le convenció su trabajo callado. Y decidió dar un pasito atrás aunque siga estando al frente. Con un gesto que puede parece natural por el calendario, Amancio Ortega puso sordina a los rumores que apuntaban que como un imperio de tales magnitudes se gestó en una generación también acabará con la misma. ¿Y después de Amancio, qué?, siguen preguntándose los agoreros, debido a que tiene una hija —Marta— con Flora Pérez Marcote, su actual mujer; y dos hijos —Sandra y Marcos— con su ex esposa Rosalía Mera. Semeja que una cosa será la sucesión patrimonial y otra muy distinta la gestión de la compañía. Si los herederos tienen algo de su olfato, dejarán que la empresa continúe girando a la velocidad de una máquina de coser a pleno rendimiento. Es una historia que empezó de cero y pasó por Zara hasta llegar a Isla.

Anexos

1. Cronología del imperio Inditex

2011 En enero Amancio Ortega anuncia que en la Junta General a celebrar en junio propondrá a Pablo Isla como presidente del Grupo.

2010 Inditex inicia la venta *online* para su cadena Zara. Este mismo año abre sus primeras tiendas en Siria. Un nuevo centro de distribución comienza a operar en Palafolls (Barcelona), muy cerca de la plataforma logística que el Grupo tiene en Tordera.

2009 Bershka y Pull & Bear abren sus primeras tiendas en China. Zara alcanza 50 establecimientos en Japón.

2008 Lanzamiento de Uterqüe, especializada en complementos y accesorios de moda que se convierte en la octava cadena del Grupo. Inditex abre la tienda número 4.000 en Tokio.

2007 El objetivo fue China y Rusia. En el primer país se abrieron tiendas en Pekín, Macao y Hangzhou. En el segundo, las ciudades que vieron abrir una tienda de Inditex fueron Novosibirsk, Kazan y Rostov, entre otras. A ello hay que sumar el desembarco en Guatemala, Colombia, Croacia y Omán. El Grupo inaugura en León y Meco (Madrid) dos nuevos centros logísticos. De este modo, Inditex ya cuenta con ocho plataformas logísticas en España. El resto queda como está.

2006 Serbia, China continental y Túnez se unen a la lista de mercados donde Inditex tiene presencia.

2005 Inditex abre sus primeras tiendas en Mónaco, Indonesia, Tailandia, Filipinas y Costa Rica.

2004 El Grupo abre su tienda número 2.000 en Hong Kong y alcanza presencia en 56 países de Europa, América, Asia y África. En este año se han abierto, además, las primeras tienda en Marruecos, Estonia, Letonia, Rumanía, Hungría, Lituania y Panamá.

2003 Apertura de las primeras tiendas de Zara Home, la octava cadena del Grupo. Inditex inaugura en Zaragoza el segundo centro de distribución de Zara, Plataforma Europa, que complementa la actividad del centro logístico de Arteixo (A Coruña). Se producen las primeras aperturas de tiendas del grupo Inditex en Eslovenia, Eslovaquia, Rusia y Malasia.

2002 Comienzan las obras de construcción del nuevo centro logístico de Zara en Zaragoza. El Grupo abre sus primeras tiendas en Finlandia, Suiza, El Salvador, República Dominicana y Singapur.

2001 Lanzamiento de la cadena de lencería Oysho. El 23 de mayo de 2001 comienza la cotización de Inditex en el mercado bursátil. Durante este año el Grupo se introduce en Irlanda, Islandia, Italia, Luxemburgo, República Checa, Puerto Rico y Jordania.

2000 Inditex instala sus servicios centrales en un nuevo edificio situado en Arteixo (A Coruña). Apertura de tiendas en cuatro nuevos países: Andorra, Austria, Dinamarca y Qatar.

1999 Adquisición de Stradivarius, que se convierte en la quinta cadena del Grupo. Se abren tiendas en Holanda, Alemania, Polonia, Arabia Saudí, Bahrein, Canadá, Brasil, Chile y Uruguay.

1998 Inicia su andadura la cadena Bershka, dirigida al público femenino más joven, en un ejercicio en el que se producen aperturas en nuevos países: Reino Unido, Turquía, Argentina, Venezuela, Emiratos Árabes, Japón, Kuwait y Líbano.

1997	Noruega e Israel se unen a la lista de países en los que está presente Inditex.
1995-1996	Inditex adquiere la totalidad del capital de Massimo Dutti. En ese año se produce la primera apertura del grupo en Malta y al año siguiente en Chipre.
1992-1994	Inditex prosigue la apertura de nuevos mercados internacionales: México en 1992, Grecia en 1993, Bélgica y Suecia en 1994.
1991	Nacimiento de la cadena Pull & Bear y compra del 65 por ciento del Grupo Massimo Dutti.
1989-1990	El Grupo inicia su actividad en Estados Unidos y Francia con la apertura de establecimientos en Nueva York (1989) y París (1990).
1988	La primera apertura de una tienda Zara fuera del territorio español se produce en diciembre de 1988 en Oporto (Portugal).
1986-1987	Las sociedades de fabricación del Grupo dirigen la totalidad de su producción a la cadena Zara y se sientan las bases de un sistema logístico adecuado al fuerte ritmo de crecimiento previsto.
1985	Creación de Inditex como cabecera del grupo de empresas.
1976-1984	El concepto de moda de Zara experimenta una buena acogida social que permite extender su red de tiendas a las principales ciudades españolas.
1975	Zara comienza su andadura con la apertura de su primera tienda en una céntrica calle de A Coruña.
1963-1974	Amancio Ortega Gaona, presidente y fundador de Inditex, inicia su actividad empresarial como fabricante de prendas de vestir. El negocio crece progresivamente en esta década hasta contar con varios centros de fabricación, que distribuyen su producto a distintos países europeos.

2. Inditex según Inditex

- ¿Dónde está la sede central del Grupo Inditex?

  Los servicios centrales del Grupo están ubicados en la localidad de Arteixo (A Coruña), en el noroeste de España.

- ¿Qué empresas forman parte del Grupo Inditex?

  El Grupo Inditex está integrado por ocho cadenas de distribución de moda (Zara, Pull & Bear, Massimo Dutti, Bershka, Stradivarius, Uterqüe, Oysho y Zara Home) y por empresas de fabricación textil, compras y tratamiento de tejidos, logística, construcción (encargadas de las reformas en tiendas, estructura fabril), etc.

- ¿Tiene actividades Inditex en otros sectores no relacionados con la moda?

  No directamente. Sus accionistas de referencia sí. La actividad directa de las empresas del Grupo está centrada en el mundo de la distribución de moda, si bien en los últimos ejercicios se atisba una diversificación del negocio.

- ¿Cuántas tiendas tiene el Grupo actualmente?

A enero de 2011, Inditex tenía 5.044 tiendas abiertas en setenta y nueve países diferentes de Europa, América y Asia. A ello hay que sumar la venta *online* desde el último trimestre de 2010.

- ¿Se pueden obtener franquicias de las cadenas del Grupo?

  Debido a la compleja dimensión comercial de sus cadenas, el Grupo Inditex únicamente elige esta fórmula comercial para la entrada en algunos mercados donde, bien por imperativos del país o características específicas del mismo, se necesita o estima la colaboración con una compañía local.

  Para optar a este tipo de acuerdo en un país es necesario ser un gran grupo nacional, consolidado en la distribución textil por una dilatada y exitosa experiencia en dicho campo así como por una amplia disponibilidad de recursos, tanto humanos como económicos, necesarios para el rápido desarrollo de los diferentes conceptos del Grupo en el país.

- ¿Cuántas prendas vende Inditex cada año?

  Las nueve cadenas del Grupo venden más de 90 millones de prendas al año.

- ¿Diseña y fabrica Inditex todas las prendas que vende en sus tiendas?

  El Grupo diseña la totalidad de los productos que pone a la venta en sus establecimientos. Respecto a la fabricación, alrededor de un 50 por ciento se realiza de forma directa, en las fábricas del Grupo en España.

- ¿Cuál es el origen de las prendas que vende Inditex en sus cadenas?

  Desde un punto de vista geográfico, el producto vendido procede casi en su totalidad —alrededor de un 80 por ciento— de Europa.

- ¿Adapta Inditex su oferta a cada mercado en el que está presente?

  Las centrales de cada una de las cadenas del Grupo realizan la misma oferta a todas sus tiendas en cualquier lugar del mundo. En el hemisferio sur, la oferta se adapta a la estacionalidad inversa a la del hemisferio norte.

- ¿Es cierto que Inditex distribuye desde Arteixo (A Coruña) a todas las tiendas en cualquier parte del mundo?

  Desde el centro logístico de Inditex en Arteixo se distribuye a las tiendas de Zara y Pull & Bear de todo el mundo. Desde 2001, Pull & Bear tiene su propio centro logístico que se ubica en Narón (A Coruña). La distribución de las cadenas Massimo Dutti, Bershka y Stradivarius se realiza desde sus centros ubicados en Cataluña. Con la apertura del centro logístico de Zaragoza la distribución tiende a centrarse en esta unidad de cara al mercado europeo.

- ¿Cuál es su estrategia de publicidad?

  Inditex utiliza como principal instrumento de imagen sus propias tiendas, ubicadas en las principales áreas comerciales de las ciudades. La publicidad convencional que realiza el Grupo es de carácter puramente informativo, y se usa como medio para comunicar la apertura de nuevas tiendas y en el inicio de las temporadas y periodos de rebajas.

- ¿Cuáles son las características de su tarjeta Affinity?

  La tarjeta Affinity sólo opera en España. Es gestionada por una entidad financiera ajena al grupo (BBVA).

  Tiene las siguientes opciones:

  — Pago inmediato
  — Un mes sin intereses
  — Tres meses sin intereses
  — Seis meses con intereses
  — Pago fraccionado

- ¿Existe posibilidad de compra por catálogo o internet?

  Sí. Zara y Zara Home permiten la compra por internet, donde se encuentran los catálogos con los productos ofrecidos.

- ¿Cómo solicitar trabajo en Inditex?

  Existe, a disposición del público, un apartado dentro de la página web correspondiente a cada una de las cadenas del Grupo donde incluir el currículum, al igual que en la general *www.inditex.com*. Esta información es remitida directamente a los correspondientes departamentos de recursos humanos de las cadenas o del Grupo.

- ¿Desde cuándo cotizan en Bolsa las acciones de Inditex?

Desde el día 23 de mayo de 2001, las acciones del Grupo Inditex están admitidas a negociación oficial en las cuatro Bolsas españolas: Madrid, Barcelona, Valencia y Bilbao, así como en el Sistema de Interconexión Bursátil Español (Mercado Continuo).

En el ejercicio 2001, las acciones de Inditex fueron incluidas en los índices IBEX 35, Eurostoxx 600 y MSCI.

- ¿Se pueden comprar acciones de Inditex desde el extranjero?

Las acciones de Inditex se pueden adquirir a través de los mecanismos de compra-venta existentes actualmente en el mercado, como son los bancos y sociedades de valores. Los datos identificativos de la acción son los siguientes:

Compañía: INDITEX, S.A.
Bolsa de cotización: Mercado Continuo de Madrid
Código de Identificación (ISIN): ES0148396015
Otros códigos: Bloomberg ITX SM, Reuters ITX.MC

- ¿Cuál es el capital social de Grupo Inditex?

El capital social del Grupo Inditex, a 1 de enero de 2011, ascendía a 93.499.560,00 euros, repartido en 623.330.400 acciones de 0,15 euros de valor nominal de cada una.

- ¿Cuál fue el beneficio neto de Inditex en el ejercicio de 2010?

1.741 millones de euros.

- ¿Cuáles han sido los dividendos de los últimos años?

El Consejo de Administración de Inditex suele proponer a la Junta General de Accionistas el pago de un dividendo que supone en torno al 20 por ciento del beneficio atribuido a la Sociedad.

- ¿Cuándo y con qué frecuencia se pagarán los dividendos?

  La previsión inicial del Grupo es proceder al pago del dividendo de forma anual, una vez aprobado el reparto del resultado del ejercicio por la Junta General de Accionistas.

- ¿Cuál será la estrategia de crecimiento del Grupo Inditex?

  El Grupo estima mantener el ritmo de crecimiento gracias al aumento previsto en su número de tiendas, así como incrementar las ventas en las tiendas actualmente existentes. El objetivo actual de Inditex es aumentar el número de tiendas en los mercados europeos donde ya está presente, así como entrar en nuevos países, principalmente de Europa.

- ¿Quiénes son los auditores de la compañía?

  Los auditores (2003) son KPMG. Los informes de auditoría de los tres últimos ejercicios se han emitido sin salvedad alguna.

- ¿Dónde se puede obtener la memoria anual del Grupo?

  La memoria anual de los últimos ejercicios está disponible en *www.inditex.es* (link a *Informes Anuales*).

- ¿Cuál es el ejercicio fiscal de Inditex, S.A.?

  El ejercicio fiscal de Inditex abarca el periodo comprendido entre el 1 de febrero de cada año natural y el 31 de enero del año siguiente.

3. Quién es quién

3.1. Los Ortega Gaona, uno a uno

CUESTA LLIDO, Jaime. Casado con Pilar Ortega Gaona, segunda hermana de Amancio Ortega.

GAONA, Josefa. Madre de los hermanos Ortega Gaona. Ama de casa. Falleció en enero de 2001 en A Coruña a los noventa y cuatro años de edad.

GÓMEZ, Pablo. Está casado con Sandra Ortega Mera, hija de Amancio Ortega. Desarrolla su actividad laboral en el Departamento Comercial de Inditex.

JOVE GONZÁLEZ, Miguel. Está casado con Josefa Ortega Gaona, la número tres de los hermanos de la dinastía de los Ortega Gaona. Experto en recursos humanos, trabaja en el departamento de personal de Inditex.

JOVE ORTEGA, María José. Nació en A Coruña. Es la primogénita del matrimonio Jove Ortega. No tiene relación laboral con Inditex ya que trabaja como docente en un instituto de Mugardos (A Coruña). Está casada con José Manuel Romay de la Colina, primogénito del ex ministro del Partido Popular, José Manuel Romay Beccaría. Tiene dos hijos.

JOVE ORTEGA, Miguel. Segundo hijo de Miguel y Josefa. Nació en A Coruña. Su trabajo en Inditex está a caballo entre los departamentos de Prenda Acabada y Prenda Exterior.

MERA GOYENECHEA, Rosalía. Nació en A Coruña en 1945. Conoció a Amancio en La Maja. Se casaron en A Coruña y, junto con sus cuñados, abrieron un taller de confección de lencería en la ciudad. Cuando nació su segundo hijo con una discapacidad se retiró de la gestión en fábrica de Inditex. Su vida, tras separarse de Amancio en 1986, gira en torno a la Fundación Paideia, un proyecto personal dirigido a la reinserción de discapacitados que controla directamente. La difícil experiencia de tener un hijo con parálisis cerebral removió su interior de tal modo que, desde entonces, canaliza sus energías en este proyecto que abarca múltiples aspectos del mundo de la discapacidad y el desarrollo de colectivos sociales desfavorecidos. Proyectos como Antear —capacitación y empleo de personas con discapacidad—, Deloa —dinamización de zonas subdesarrolladas y apoyo a la mujer rural— o Evo —atención y orientación psicosocial y laboral de discapacitados—, se unen al grupo Trébore en el ámbito de la economía social con empresas de jardinería, diseño o restauración.

No sucede lo mismo con sus activos mobiliarios e inmobiliarios, que se rigen por las más rigurosas leyes de los mercados financieros e inmobiliarios. La gestión de sus propiedades y la cartera de valores están hábilmente distribuidas en varias sociedades. A través de Rosp Corunna, S.L., en la que participa como administradora solidaria con su hija Sandra Ortega Mera, gestiona su participación del 6,99 por ciento en el capital de Inditex que aún conserva. Además, como administradora única tiene activas las siguientes sociedades:

— Breixo Inversiones, Simcav, Sociedad Anónima, con un capital social de 180.091.262,00 euros.

— Soandres de Activos, Simcav, Sociedad Anónima, con un capital social de 185.985.012,00 euros.

Estas dos sociedades, que gestionan la cartera de valores mobiliarios de Rosalía Mera, tienen su domicilio en Madrid, en la calle José Ortega y Gasset, 29, y en ambas aparece como secretario del Consejo de Administración, José Francisco Leyte Verdejo, un curtido profesional del sector salido de la escuela de Caixa Galicia.

— Ferrado Inmuebles es la sociedad encargada de gestionar las propiedades inmobiliarias de la ex mujer de Amancio Ortega, que en septiembre de 2003 contaba con unos activos de 76 millones de euros.

Junto a estas inversiones puramente mercantilistas, Rosalía Mera cuenta con otras participaciones, más o menos impregnadas de un contenido social, tales como su participación en la farmacéutica Zeltia, 5 por ciento; en la sociedad Identificación y Custodia Neonatal (ICN), 20 por ciento, una pequeña empresa que desarrolla un infalible sistema de identificación de bebés basado en la biometría dactilar; y en el sector de audiovisual gallego a través de la productora Continental tiene un 17 por ciento en su apuesta financiera por la sociedad Milú Films. La última iniciativa de Rosalía Mera ha sido la puesta en marcha de un Centro de Iniciativas Empresariales en A Coruña, que le ha supuesto un desembolso de 6 millones de euros, destinado a apoyar proyectos emprendedores en nuevas tecnologías.

En total, acumula una fortuna que ronda los 1.700 millones de euros, a septiembre de 2003, lo que la sitúa a la cabeza del *ranking* de las mujeres más ricas de España, aunque como ella dijo en 2003, con ocasión de la entrega del galardón «Gallego del año», concedido por el Club de Periodistas Gallegos en Madrid: «Creo que eso quizá no añade demasiado a lo que es una vida de cincuenta y nueve años como la mía. Quiero decir que si ahora, de repente, eso es lo más significativo, una queda un poco descolocada», para añadir que «se puede tener mucho dinero y muy poco de otro montón de cosas; el concepto es que la abundancia debilita la capacidad de pensar, las relaciones y el potencial de lo que uno puede tener».

Cartera de valores de Rosalía Mera:

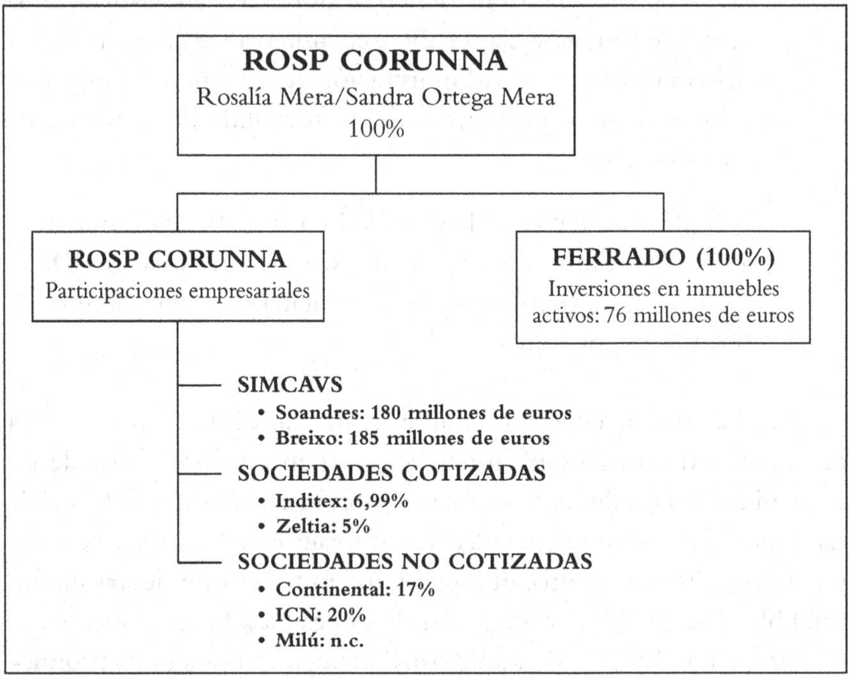

ORTEGA GAONA, Amancio. Nació en Busdongo de Arbas (León) en 1936. Presidente del Grupo Inditex, se casó en primeras nupcias con Rosalía Mera Goyenechea con quien tuvo dos hijos: Sandra y Marcos. Tras veinticinco años de matrimonio, se vinculó sentimentalmente con una empleada de Zara, Flora Pérez Marcote, con la que se casó y con la que tiene una hija: Marta.

ORTEGA GAONA, Antonio. Era el primogénito del matrimonio Ortega Gaona. Nació en Valoria (Valladolid) y falleció en A Coruña en 1987, cuando aún no había cumplido los sesenta años, y sin casi tiempo para saborear el éxito de la empresa en la que puso toda su dedicación. Como otros miembros de la dinastía, empezó a trabajar en La Maja con apenas diecinueve años. En el proyecto Inditex encarnaba el lado amable y humano y, quizá por ello, fue el responsable de llevar a cabo las relaciones públicas del Grupo no sólo con el sector, sino que logró los contactos y apoyos necesarios en el mundo empresarial y de la banca para salir financieramente adelante. Casado con Primitiva Renedo Oliveros, tuvo una única hija, María Dolores, que está casada con uno de los hombres de confianza de Amancio, Juan Carlos Rodríguez Cebrián.

ORTEGA GAONA, Josefa. Tercera en la línea dinástica de los Ortega Gaona, nació en Valoria (Valladolid). Josefa, Pepa o Pepita, según el grado de confianza, ejerció siempre como la primera autoridad familiar y ha sido una de las claves en el crecimiento de Inditex. Fue ella la que buscó el primer trabajo a Amancio, cuando éste tenía apenas catorce años, en la mercería Gala. Los vaivenes pasionales de Amancio tampoco le son ajenos. Supuestamente, ella urdió el «destierro» a Vigo de Flora Pérez, cuando quedó embarazada de Amancio, y también es la responsable de que la separación entre él y Rosalía no fuese traumática ni para Inditex ni para ellos mismos. En su biografía figura que estudió en la Escuela de Comercio de A Coruña y, como casi todos los miembros de la familia, trabajó hasta 2003 en los Servicios Centrales de Inditex, donde gestionaba el Departamento de Viajes. Como hicieron sus hermanos y su cuñada, Rosalía trabajó en los almacenes de La Maja. El legado recibido del Grupo la sitúa en el quinto puesto en cuanto a volumen de acciones recibido. El 20 de septiembre de 2002, dimitió como vocal del Consejo de Administración de Inditex y de su Comisión Ejecutiva al haber alcanzado la edad máxima para el ejercicio de tal función (sesenta y ocho años, según el Código de Olivencia), una norma que no será de aplicación a su hermano Amancio. En esa fecha mantenía una participación en la compañía del 0,56 por ciento. Entre otras participaciones destaca el 50 por ciento en la sociedad Artinver, que comparte con José María Castellano, a través de la cual controlan el 5 por ciento de la inmobiliaria gallega Fadesa. Cuenta además con dos Simcav para administrar sus inversiones: Jocami Inversiones y Arzúa inversiones, con un patrimonio, en 2002, de 16,99 y 11,34 millones de euros cada una.

ORTEGA GAONA, Pilar. Nació en Valoria (Valladolid) y falleció en 1991 en A Coruña. Su aportación a Inditex fue un comercio en el que se podían adquirir las batas con taras a precio de ganga. Tuvo una hija que vive en A Coruña, donde ha contraído matrimonio. Su boda fue uno de los pocos actos sociales que se ha celebrado en el Pazo de Anceis, propiedad de Amancio Ortega.

ORTEGA MERA, Marcos. Segundo hijo del matrimonio Ortega Mera, sufre una discapacidad que le mantiene apartado de toda actividad en la empresa.

ORTEGA MERA, Sandra. Es la primogénita de Amancio Ortega y fue, en el momento de la salida a Bolsa de la sociedad, la cuarta accionista. Está casada con Pablo Gómez y tiene un niño, el primer nieto de Amancio. Desarrolla su actividad laboral fuera de Inditex.

ORTEGA PÉREZ, Marta. Hija del segundo matrimonio de Amancio con Flora Pérez, nació en A Coruña en 1983. Físicamente es un fiel retrato de su madre. De momento, estudia y disfruta de su gran afición, la hípica, donde ha contado con el apoyo de su padre quien no dudó en contratar a una institutriz inglesa e incluso ha llegado a construirle el centro hípico de Casas Novas en A Coruña, que ocupa 71.000 metros cuadrados de superficie, con 12.000 metros cuadrados de construcciones. En 2003, se coló entre los cien mejores jinetes nacionales. Como toda joven en edad de merecer —recibió en herencia cerca de 10.000 millones de pesetas—, le surgen admiradores por todas partes. Su corazón flirteó primero con José Bono, jr., con quien comparte su afición a la hípica, y con uno de los hijos del presidente del Banco Pastor, con el que rivaliza en fortuna.

ORTEGA RENEDO, María Dolores. Nació en A Coruña. Está casada con Juan Carlos Rodríguez Cebrián y tiene dos hijos. Trabaja en los servicios centrales de Inditex. Cuando el Grupo salió a Bolsa, Loly se convirtió en la tercera accionista de la empresa. No tiene ningún cargo representativo ni en el Consejo de Administración, ni en la Comisión Ejecutiva. El legado recibido de su padre está gestionado, fundamentalmente, en régimen de comunidad de bienes, a través de la sociedad Reordo, SL., de la que controla el 55 por ciento, el resto pertenece a su madre. Esta sociedad tiene su domicilio en A Coruña, en la calle Picavea, 5, en cuyo registro mercantil se haya inscrita. Una de sus participaciones más significativas es en el capital social de Inversiones Ibersuizas, S.A., de la que controla en torno al 10 por ciento.

ORTEGA RODRÍGUEZ, Amancio. Padre de los hermanos Ortega Gaona. Su vida laboral estuvo siempre vinculada a RENFE, empresa en la que se jubiló como jefe de la Brigada de Enclavamientos. Esta actividad le llevó a peregrinar por distintas ciudades: desde Valladolid pasó por Busdongo (León), Tolosa (Guipúzcoa) y, finalmente, recaló en A Coruña.

PÉREZ MARCOTE, Flora. Primero empleada en Inditex y después segunda mujer de Amancio Ortega, trabaja en la cadena de tiendas Bershka, la mimada del Grupo, que pretende rivalizar con su hermana Zara. Estableció lazos sentimentales con Amancio en los primeros años de la década de los ochenta, cuando trabajaba en la tienda de Zara de la calle Torreiro, de A Coruña. Flori, como la conocen sus allegados, quedó embarazada. Con el nacimiento de Marta en 1983, fue trasladada a la única tienda que entonces tenía Zara en Vigo, situada en la calle Roda, donde ejerció como encargada. Este «destierro» (dicen que fue ideado, supuestamente, por la hermana mayor de Amancio, Josefa) terminó en 1986 con la separación oficial de Amancio y Rosalía Mera. Ortega ejerció desde entonces, más si cabe, de padre de Marta, pero no se casó oficialmente con Flora hasta el año 2002. Durante este tiempo, Flora cumplió su papel de madre soltera, a la vez que trabajaba en el Departamento de Diseño para Bershka y compartía la compañía de Amancio. Sus sacrificios fueron recompensados con una participación del 1,98 por ciento en el capital de Inditex, que el propio Amancio regaló a su ya esposa.

RENEDO OLIVEROS, Primitiva. Nació en Valoria la Buena (Valladolid) y pronto entró en el mundo de la costura a través de un taller propio. Se casó con Antonio Ortega, con el que tuvo una hija, María Dolores. Hoy ocupa su tiempo en la administración del legado recibido de su marido, fundamentalmente a través de la sociedad Reordo, S.L., de la que controla el 45 por ciento, el resto pertenece a su hija. Esta sociedad tiene su domicilio en A Coruña, en la calle Picavea, 5, en cuyo registro mercantil se haya inscrita. Una de sus participaciones más significativas es en el capital social de Inversiones Ibersuizas, S.A., de la que controla en torno al 10 por ciento.

RODRÍGUEZ CEBRIÁN, Juan Carlos. Nació en Ourense en 1953. Está casado con la única descendiente de Antonio Ortega Gaona, el hermano mayor de la dinastía, ya fallecido. Se incorporó a Inditex a mediados de los años setenta y, desde entonces, ha pasado por las áreas más importantes de la compañía: Comercial, Producción, Logística, Diversificación del Negocio y Expansión Comercial. Para Amancio es, más que un sobrino político, casi un hijo, el preferido y en el que más confianza ha depositado. Su actual cargo de director general de Servicios Generales, su presencia como vocal del Consejo de Administración de Inditex y su pertenencia a la Comisión Ejecutiva del Grupo, en la que no figuran ni su mujer ni su suegra, así lo atestiguan. Según los que le conocen reúne el perfil del empresario nato: frío y calculador. Su principal actividad de ocio conocida es subirse a su barco y navegar con los amigos de toda la vida, muy al estilo del «jefe». Cerca del atraque del yate en Sanxenxo, compró recientemente un chalé que, casualidades de la vida, linda con el de Amancio Ortega. Tiene dos hijos. En el reparto, el «jefe» le recompensó con el 0,52 por ciento del capital social. Su patrimonio lo gestiona a través de la Simcav Silleiro de Inversión, que en 2002 contaba con un capital patrimonial de 106,1 millones de euros.

ROMAY DE LA COLINA, José Manuel. Casado con la primogénita de Josefa Ortega Gaona, es a su vez el primogénito del ex ministro del Partido Popular, José Manuel Romay Beccaría. Nació el 20 de agosto de 1960 y es licenciado en económicas. Trabaja en las oficinas centrales de Inditex.

3.2. Quién es cada uno en el Grupo

ABRIL ABADÍN, Antonio. Secretario general del Consejo de Administración desde enero de 1993 y de su Comisión Ejecutiva desde su creación en febrero de 1997. Es consejero desde diciembre de 2002. Licenciado en Derecho por la Universidad de Oviedo y funcionario por oposición del Cuerpo de Abogados del Estado, se incorporó a Inditex en 1989 como Director del Departamento Jurídico, después de haber estado destinado como abogado del Estado en el Servicio Jurídico del Estado en la Delegación de Hacienda y Tribunales de Lugo y en la Delegación del Gobierno en Galicia, en A Coruña. Es, además, secretario del Comité de Auditoría y Control y de la Comisión de Nombramientos y Retribuciones, así como secretario general de Inditex. Es miembro del Consejo de Administración de Banco Gallego, S.A.

En julio de 2010 renunció como miembro del Consejo de Administración de Inditex, S.A. y, consecuentemente, de su Comisión Ejecutiva, para continuar ejerciendo sus funciones de secretario general y del Consejo, en línea con las mejores recomendaciones internacionales de Buen Gobierno Corporativo.

AGUIAR MARAGOTO, Fernando. Director de Administración y Sistemas. Su función es desarrollar e implementar todos los procesos administrativos y contables. Agrupa los departamentos de contabilidad general, administración de cadenas, filiales y fábricas, cajas y medios de pago. Es miembro del Comité de Dirección de Inditex.

ALBA, Lorena. Directora de Logística. Este departamento se ocupa de todos los aspectos de la recepción, almacenaje y distribución a las tiendas, de todas las prendas producidas dentro y fuera de Inditex. Su equipo utiliza la más avanzada tecnología para agilizar los procesos de reparto y optimizar los recursos disponibles. Es uno de los departamentos clave de Inditex.

ARNAU SIERRA, José. No está relacionado laboralmente de forma directa con Inditex, pero por su presencia en la Fundación Amancio Ortega, merece figurar en el grupo de personas que cuentan en Inditex. Es consejero del Banco Gallego, S.A. Preside varias sociedades patrimoniales de Amancio Ortega.

BADO RIVAS, Pablo del. Director de la cadena de tiendas Pull & Bear.

BARBERÁ, Iván. Director Internacional para América, Asia y Oriente Medio. Es el máximo responsable para la implantación y expansión del Grupo en esas tres zonas, junto con Alfonso Vázquez.

BLANC, Luis. Director Internacional para Europa. Su actividad se centra en dirigir la gestión del Grupo en el continente europeo, junto con Luis Lara. Blanc, tras permanecer seis años en Inditex, abandonó el grupo en diciembre de 2003 para fichar por KA International (antes Kilo Americano) como consejero delegado. Su objetivo en el nuevo destino era abrir seiscientas tiendas en cinco años y duplicar las ventas. Su decisión fue un duro revés para los responsables de Inditex.

BUCHER, Sergio. Provenía de Women Secret (Cortefiel) y en 1999 se hizo cargo de la dirección de la cadena Oysho. En 2002, causó baja en Inditex por no cumplir los objetivos en el desarrollo y ventas de esta cadena.

CÁRDENAS, Eva. Directora de Zara Home, es la segunda mujer que llega tan alto en el escalafón de Inditex. La última cadena de tiendas activada por Inditex está dedicada a complementos del hogar. Su reto es hacer realidad una cadena que abre nuevas fronteras al grupo.

CASTELLANO RÍOS, José María. Nacido en 1947 en A Coruña, está casado y tiene dos hijos. Desempeña el cargo de consejero desde 1985 y fue nombrado vicepresidente del Consejo y de su Comisión Ejecutiva y consejero delegado en 1997. Con anterioridad a su incorporación a Inditex fue director de Informática de Aegon España, S.A., desde 1968 a 1974, y director general y financiero de Conagra España, S.A., de 1974 a 1984. Es doctor en Ciencias Económicas y Empresariales y catedrático de Economía Financiera y Contabilidad en la Facultad de Ciencias Económicas y Empresariales de A Coruña. Además, es miembro del Consejo de Administración de Fadesa, S.A. Ejerce como catedrático de Análisis Contable en la Universidad de A Coruña, donde sigue dando clase. En Inditex, es el hombre que diseña la ingeniería financiera del Grupo. La situación económica de Inditex no sería la que es si no fuese por Castellano. Este tiburón financiero es un mago en su campo. Junto con Juan Carlos Rodríguez Cebrián constituye un tándem perfecto para que Amancio tenga un retiro, si eso llega algún día, tranquilo. A parte de su participación en Inditex, 1.373.863 acciones, a través de Artinver, sociedad que comparte al 50 por ciento con Josefa Ortega Gaona, hermana de Amancio, controla el 5 por ciento de la inmobiliaria gallega Fadesa. En octubre de 2003, la revista británica *The Economist* y la consultora de búsqueda de directivos Spencer Stuart, le otorgaron el galardón «A la Ética en el Éxito Empresarial». Cuando se le pregunta sobre su jubilación dice que «no sería responsable por mi parte dejar la compañía en estos momentos sin tener resuelto el tema de la sucesión. La responsabilidad de un directivo pasa por dejar resuelta la sucesión». No aclaró si se refería a la suya o la del «jefe». Finalmente, en 2005, el relevado será él, aunque oficialmente presentó la dimisión.

CASTRO, Amador de. Fue el antecesor de José María Castellano en el cargo de director general. Su papel, junto con el de Antonio Ortega, fue decisivo en los comienzos del Grupo.

CHÉRCOLES BLÁZQUEZ, Javier. Director de Responsabilidad Corporativa. Su labor consiste en delimitar el territorio, tanto dentro como fuera, del Grupo Inditex.

CIERVA ÁLVAREZ DE SOTOMAYOR, Borja de la. Director financiero y de control de gestión. Desarrolla la gestión financiera corporativa. Sus responsabilidades incluyen, básicamente, las relaciones bancarias, la negociación de las posiciones de deuda financiera y tesorería, la gestión de los riesgos de cambio y de interés, y la estructura de capital de las diferentes unidades de negocio y del Grupo en su conjunto. También dirige el Departamento de Control de Gestión, desde el que se lleva a cabo la planificación y el seguimiento de las diferentes unidades de negocio y del Grupo en su conjunto. Recaba, analiza y proporciona información de gestión a otros departamentos. Realiza los planes de negocio y analiza la viabilidad económica de cada uno de los proyectos de inversión.

COBIÁN, Juan. Director de Internet. Junto con Logística, este departamento es la clave para el funcionamiento del negocio de Inditex. Desarrolla, mantiene y actualiza las webs corporativas del Grupo. Además, es el responsable de crear y gestionar aplicaciones *e-business* que potencien y ayuden al desarrollo del negocio. En su entorno está también el Departamento de Informática, que implanta las distintas soluciones tecnológicas y servicios para apoyar las diversas áreas del negocio de la compañía. Su implicación abarca todos y cada uno de los departamentos que configuran esta empresa.

COPADO, Diego. Director de Comunicación Corporativa. Es el responsable de la comunicación y de la imagen del Grupo Inditex y sus sociedades. Emite las notas de prensa y dirige las distintas publicaciones de la compañía. También controla el diseño y el desarrollo de las escasas campañas de publicidad e imagen que efectúa Inditex. Con la llegada de Pablo Isla asumió la dirección de Comunicación Jesús Echevarría, y poco después dejaría el Grupo para incorporarse a El Corte Inglés.

CRESPO GONZÁLEZ, Carlos. Director de Auditoría Interior. Asumió este departamento, uno de los más sensibles de Inditex, tras quedar vacante por cambio de función del anterior.

DEXEUS, Carlos. Licenciado en Derecho y Económicas por la Universidad de Barcelona, fue el representante propuesto por J. P. Morgan a Inditex para el cargo de consejero director general que inicialmente llevaría el día a día, y posteriormente diseñaría y ejecutaría la operación de salida a Bolsa del Grupo. Dexeus procedía de la banca de negocios. Ocupó cargos en J. P. Morgan en las oficinas de Madrid, Nueva York, Bruselas y Londres, hasta que en 1989 se incorporó a Swiss Bank. En 1995, se convirtió en vicepresidente de Barclays Bank en España. En su estapa en BZW, entidad del grupo británico Barclays, había sido asesor en alguna de las últimas salidas a Bolsa en España. Ante la sorpresa de todos, en septiembre de 1998 renunció a su cargo, apenas cumplidos los seis meses. Nadie explicó con convicción los motivos de este abandono tan repentino, salvo que sea por lo que sostiene Castellano: «Los grandes fichajes externos nunca han funcionado en Inditex, por ello apostamos por la promoción interna».

DRUET AMPUERO, José María. Director de Recursos Humanos. Desembarcó en Inditex de la mano de Pablo Isla y sustituyó en el cargo a Jesús Vega. Procedía de Hannover International. Licenciado en ICADE en 1987, es máster en Dirección de Empresas (ESDEN). Su trayectoria profesional le ha llevado a ser director de Recursos Humanos en Willis (1998-2003), Publieespaña (1992-1998), La Sudamérica (1990-1992) y Hannover International (1990-1992). Es miembro del Colegio de Abogados de España.

ECHEVARRÍA HERNÁNDEZ, Jesús. Director general de Comunicación y Relaciones Institucionales. Se incorporó a Inditex con la llegada de Pablo Isla. También procede de Altadis, donde desempeñaba las mismas funciones de Comunicación y Relaciones Institucionales para España. Está considerado como hombre de máxima confianza del vicepresidente de Inditex.

ESPINOSA DE LOS MONTEROS BERNALDO DE QUIRÓS, Carlos. Vicepresidente segundo. Consejero independiente desde mayo de 1997. En septiembre de 2005 fue nombrado vicepresidente segundo. Licenciado en Derecho y Ciencias Empresariales por ICADE, es técnico comercial y economista del Estado y MBA por la Northwestern University. Ha sido vicepresidente del Instituto Nacional de Industria, presidente de Iberia y Aviaco, miembro del Comité Ejecutivo de International Air Transport Association, presidente del Círculo de Empresarios, de la Asociación Española de Fabricantes de Automóviles y Camiones y de la Organización Internacional de Constructores de Automóviles. En la actualidad es presidente del Consejo de Administración de Daimler Chrysler España Holding, de Mercedes Benz España, de González Byass, S.A. y consejero de Acciona, S.A.

FERNÁNDEZ FERNÁNDEZ, Ignacio. Director Fiscal. Se responsabiliza del estricto cumplimiento de las obligaciones fiscales del Grupo en todos y cada uno de los países en los que operan sus sociedades, así como de la relación e información con las diferentes administraciones tributarias. Además de consejero es director de Gartler, la sociedad limitada en la que Amancio tiene depositadas sus acciones de Inditex.

GARCÍA-POVEDA, Agustín. Nacido en A Coruña, es director general adjunto del Grupo con dependencia directa del consejero director general. Procede de Carrefour, donde era director general de hipermercados. Es uno de los pocos fichajes externos que de momento no ha sido cuestionado por los «pata negra» de Inditex.

GARTLER, S.L. Consejero. La sociedad Gartler S.L., representada en el Consejo de Administración de Inditex por Flora Pérez Marcote, actualmente casada con Amancio Ortega, es el accionista mayoritario de Inditex, con un 59,29 por ciento de su capital social.

GÓMEZ, Pablo. Desarrolla su actividad laboral en el Departamento Comercial de Inditex. Está casado con Sandra Ortega Mera, la primogénita de Amancio.

GÓMEZ-PALLETE, Felipe. No pertenece al *staff* de Inditex, pero su vinculación con el Grupo es incuestionable al ser el director general de la Fundación Amancio Ortega.

ISLA ÁLVAREZ DE TEJERA, Pablo. Consejero delegado desde junio de 2005 y presidente desde junio de 2011. Licenciado en Derecho por la Universidad Complutense de Madrid y abogado del Estado, ha sido presidente del Consejo de Administración de Altadis y copresidente de este grupo desde julio de 2000. Entre 1992 y 1996 fue director de los Servicios Jurídicos del Banco Popular. Posteriormente fue nombrado director general de Patrimonio del Estado en el Ministerio de Economía y Hacienda. En 1998 se reincorporó al Banco Popular como secretario general hasta su nombramiento en el grupo Altadis.

JOVE GONZÁLEZ, Miguel. Pertenece al Departamento de Personal de Inditex. Está casado con Josefa Ortega Gaona, hermana de Amancio.

JOVE ORTEGA, Miguel. Trabaja en los departamentos de Prenda Acabada y Prenda Exterior. Es el segundo hijo de Josefa Ortega Gaona.

LANGHAMMER, Horst. Es vocal independiente en el Consejo de Administración de Inditex desde 2001. Inició su carrera profesional en Eatons, un operador canadiense de grandes almacenes, y más tarde fue nombrado consejero delegado de Dodwell Import, una filial japonesa de la británica Inchcape. En 1975, entró a formar parte de Estee Lauder Companies Inc. en calidad de presidente de Estee Lauder Japón. En 1982, fue nombrado consejero delegado de Estee Lauder Alemania y en 1985 fue reubicado a Nueva York y promovido a presidente y director de operaciones de Estee Lauder Companies Inc. En 1999, fue nuevamente promovido al cargo que ostenta actualmente de presidente y consejero delegado.

LARA, Luis. Director Internacional para Europa. Junto con Luis Blanc es responsable de la implantación del Grupo en el continente europeo.

LÓPEZ, Marcos. Director de Mercado de Capitales. La internacionalización del Grupo requiere un control de las diferentes divisas en las que factura Inditex. Su tarea se centra en corregir y rentabilizar el impacto de la evolución de los cambios de divisas en la cuenta final del Grupo.

LÓPEZ NEIRA, Jorge. Conocido entre las cooperativas que trabajan para Inditex con el sobrenombre de «el padre Jorge», no pertenece a la plantilla del Grupo en ninguno de sus escalones, pero parte del milagro Inditex hay que apuntarlo en su haber. Este cura de la orden de los pasionistas estudió cómo hacer negocios en Roma, concretamente en el Instituto Social Pío XII, afición que posteriormente profundizó en Navarra. A mediados de la década de los ochenta, se convirtió en el promotor de la más amplia red de cooperativas textiles en la clandestinidad. Un sistema que aún hoy, aunque más blanqueado, es la base laboral, sin ningún tipo de relación contractual, del imperio de Amancio Ortega. Antes del reparto de Inditex con motivo de su salida a Bolsa, el padre Jorge intentó formar parte del *staff* del Grupo, pero sólo Amancio sabe por qué no accedió a sus pretensiones. Dicen que su actividad cooperativista podría lastrar la imagen de Inditex.

LUZÓN LÓPEZ, Francisco. Consejero independiente desde febrero de 1997. Licenciado en Ciencias Económicas y Empresariales por la Universidad de Bilbao, ha colaborado como profesor en la Universidad de Deusto (Bilbao). Se incorporó al Banco de Vizcaya en 1972, desarrollando una amplia experiencia en este grupo en diferentes Unidades y funciones, accediendo al cargo de consejero Director General en 1986. En 1988, y tras su fusión con el Banco de Bilbao, pasó a ser miembro del Consejo de Administración del Banco Bilbao Vizcaya. A finales del mismo año fue nombrado Presidente del Banco Exterior de España, cargo que desempeñó de 1988 a 1996. En 1991 impulsó la creación del nuevo Grupo Bancario Argentaria, del que fue fundador y presidente hasta 1996. A partir de dicho año, se incorporó al Banco Santander Central Hispano como consejero director general, Adjunto al presidente y responsable de Estrategia, Comunicación y Relaciones Institucionales. En la actualidad es responsable del área Latinoamericana de la mencionada institución financiera.

MARTÍN, Eduardo. Director general de Zara España. Aunque depende directamente de Juan Carlos Rodríguez Cebrián, Eduardo Martín complementa el trabajo de José Toledo, director de Zara a nivel mundial. Como no podía ser menos, Martín es un hombre «de la casa», siguiendo la política de Castellano de recurrir lo menos posible a fichajes externos.

MARTÍNEZ, Fernando. Director Inmobiliario. El Departamento de Inmuebles se encarga de la localización, ubicación y negociación de los locales más adecuados para la construcción de los puntos de venta.

Miembros de este departamento recorren constantemente las distintas áreas comerciales de los países donde Inditex está presente o puede estarlo en el futuro, en búsqueda de locales óptimos por su localización, calidad y perspectivas comerciales.

MERA GOYENECHEA, Rosalía. Es vocal del Consejo de Administración y segunda accionista privada, tras Amancio, del Grupo. Fue la primera mujer de Amancio Ortega. En la actualidad no desempeña ninguna actividad laboral dentro del Grupo Inditex, aunque la Fundación Paideia que preside mantiene estrechos lazos económicos con la compañía.

MILLER, Irene R. Consejera independiente desde abril de 2001. Licenciada en Ciencias por la Universidad de Toronto y máster en Ciencias Químicas por la Universidad de Cornell. Inició su carrera profesional en General Foods Corporation y más tarde trabajó en banca de inversión en Rothschild Inc. y Morgan Stanley & Co. En 1991 se incorporó a Barnes & Noble como Senior Vice President de Corporate Finance y en 1993, antes de la salida a bolsa de Barnes & Noble, fue nombrada Directora Financiera de dicha sociedad. En 1995, fue designada consejera y vicepresidenta del Consejo de Administración de Barnes & Noble. En 1997 fue nombrada consejera delegada de Akim, Inc., una compañía de inversión y consultoría norteamericana. También es miembro de los consejos de Administración de Coach Inc., Oakley Inc. y The Body Shop International Plc.

MONEO, Gabriel. Director general de Sistemas. Procedente de la dirección de Tecnología de la Información del Banco Popular, se incorporó con la llegada de Pablo Isla.

MONTEOLIVA, Javier. Director de la asesoría jurídica del Grupo. Su actividad se centra en el asesoramiento en Derecho. Además, ostenta la representación del Grupo ante administraciones públicas, juzgados y tribunales. Lleva la secretaría de los órganos de gobierno corporativo, que cuenta con áreas especializadas en contratación civil y mercantil, contratos de colaboración empresarial internacional, derecho inmobiliario y propiedad industrial. Depende directamente del secretario general.

ORTEGA GAONA, Amancio. Presidente del Grupo Inditex. Es socio fundador de Inditex y presidente de su Consejo y de su Comisión Ejecutiva desde su constitución en 1985. Inició su actividad de fabricación textil en 1963. En 1972 constituyó Confecciones GOA, S.A., la primera fábrica de confección de Inditex, y tres años más tarde Zara España, S.A., la primera sociedad de distribución y venta al detalle.

ORTEGA GAONA, Josefa. Trabajó en el departamento de Viajes de Inditex. Es la segunda hermana de Amancio Ortega, y hasta 2002 ocupó una vocalía en el Consejo de Administración. Participa con José María Castellano en la sociedad Arteinver.

PÉREZ MARCOTE, Flora. Es la segunda mujer de Amancio Ortega. Desarrolló su actividad laboral en la cadena de tiendas Bershka. Ahora es miembro del Consejo de Administración.

PÉREZ MARCOTE, Jorge. Director de Massimo Dutti, Jorge Pérez Marcote es hermano de la segunda mujer de Amancio Ortega.

REÑÓN TÚÑEZ, Ramón. Director de Expansión de Inditex y miembro del Comité de Dirección.

RODRÍGUEZ CEBRIÁN, Juan Carlos. Ex director general del Grupo. Consejero ejecutivo desde 1997, desempeñó el cargo de director general desde 2000. Ha desarrollado toda su carrera profesional en Inditex, donde comenzó a trabajar en 1978. Desde entonces ha prestado servicios en distintos departamentos, incluidos los de Comercial, Producción, Logística, Servicios Generales, Desarrollo Internacional y Dirección de Negocio. Su actividad principal se centra, en 2003, en el Departamento de Servicios Generales, donde es responsable del mantenimiento de todas las instalaciones y de adquirir y suministrar los bienes y servicios necesarios para el funcionamiento de toda la organización. Está casado con la primogénita de Antonio Ortega Gaona. Si puede haber un sucesor de Amancio Ortega, éste es en el que se fijan todas las atenciones. En el reparto, el jefe le recompensó con el 0,52 por ciento del capital social. Dejó Inditex en febrero de 2005.

ROMAY DE LA COLINA, José Manuel. Trabaja en las oficinas centrales de Inditex. Está casado con la primogénita de Josefa Ortega Gaona, y, a su vez, es el primogénito del ex ministro de Sanidad por el Partido Popular, José Manuel Romay Beccaría.

RUBIO MERINO, Antonio. Director general de Finanzas. Licenciado en Ciencias Económicas y Empresariales y en Geografía e Historia, se trata de un ascenso dentro de Inditex, era el director de Administración del Grupo. Antes de incorporarse al Grupo Inditex en 2003 fue director de Consolidación y Auditoría en el Grupo Abengoa.

SARACHO RODRÍGUEZ DE TORES, Emilio. Licenciado en Ciencias Económicas por la Universidad Complutense de Madrid. Obtuvo un MBA por la Universidad de California en Los Ángeles en 1980. Becario Fulbright.

Empezó su trayectoria profesional en 1980 en el Chase Manhattan Bank, donde fue el responsable de las actividades en distintos sectores tales como Gas y Petróleo, Telecomunicaciones y Capital Goods.

En 1985 participó en la creación y desarrollo del Banco Santander de Negocios, donde lideró la división de Investment Banking. En 1989 fue nombrado responsable de la División de Grandes Empresas del Grupo Santander y director general adjunto. Fue asimismo consejero de FISEAT, Santander de Pensiones y Santander de Leasing.

En 1990 trabajó para Goldman Sachs en Londres, como co-responsable de las operaciones españolas y portuguesas. En 1995, volvió a Santander Investment como director general responsable del área de Investment Banking a nivel global. De 1996 a 1998, sus responsabilidades incluyen las operaciones del Banco en Asia.

Se incorporó a J.P. Morgan en 1998 como presidente para España y Portugal, responsable del negocio en la Península Ibérica y miembro del European Management Comittee.

Desde principios de 2006 hasta el 1 de enero de 2008 fue Chief Excecutive Officer de J.P. Morgan Private Bank para Europa, Oriente Medio y África, con base en Londres, siendo a su vez miembro del Operating Committee y del European Management Committee y manteniéndose como presidente de J.P. Morgan para España y Portugal. Actualmente es responsable de las actividades de Investment Ganking de J.P. Morgan para Europa, Oriente Medio y África. Es miembro del Comité Ejecutivo de Investment Bank y miembro del Executive Committee de JP Morgan Chase. Desde julio de 2010 es consejero de Inditex.

SEVILLANO, Carmen. Directora de Oysho, es la primera mujer que llega tan alto en el escalafón de Inditex.

SMEDEGAARD ANDERSEN, Nils. Licenciado en Comercio y Economía por la Universidad de Aarhus en Dinamarca. Se incorporó a la compañía Carlsberg en 1983 donde se convirtió en vicepresidente del Grupo en 1988. De 1990 a 1997, desempeñó sus labores en el extranjero como consejero delegado de Carlsberg España y posteriormente del grupo Carlsberg German Brewery.

Nils Andersen dejó la compañía Carlsberg en 1997 para convertirse en consejero delegado de la división de bebidas de Hero con sede en Suiza, puesto que ocupó hasta 1999, año en el que se reincorporó a Carlsberg como miembro de la Comisión Ejecutiva, siendo responsable de operaciones de las bebidas europeas. En el año 2001 fue nombrado consejero delegado de Carlsberg A/S. Lideró al grupo durante un periodo de adquisiciones y crecimiento internacional hasta que en 2007 dejó Carlsberg para convertirse en socio y consejero delegado del Grupo A.P. Moller-Maersk.

Nils Andersen es miembro de la Mesa Redonda Europea de Industriales desde el año 2001 y forma parte de la Mesa Redonda Ruso-Europea de Industriales de 2007. En el seno del Grupo A.P. Moller-Maersk, preside la Comisión Ejecutiva y es presidente de Maersk Oil Gas A/S y de Danish Supermarket A/S. En el año 2010, recibió la condecoración danesa «Knight of the Dannebrog». En julio de 2010 fue nombrado consejero independiente de Inditex.

TOLEDO DE LA CALLE, José. Ex director de Zara. Fue miembro del Comité de Dirección de Inditex. En 2010 fue sustituido en la dirección de Zara por Carlos Mato.

TRIQUELL VALLS, Jordi. Director de Stradivarius.

URGOITI LÓPEZ DE OCAÑA, Juan Manuel. Consejero independiente desde enero de 1993. Licenciado en Derecho por la Universidad Complutense, inició su carrera profesional en el Banco de Vizcaya en 1962. Tras ocupar diversas posiciones directivas, fue nombrado director general en 1978, consejero en 1984 y consejero delegado en 1986. En 1988, tras su fusión con el Banco Bilbao fue nombrado consejero delegado del Banco Bilbao Vizcaya. Ha sido presidente de Ahorrobank, Banco de Crédito Canario, Banco Occidental, Instituto de Biología y Sueroterapia y Laboratorios Delagrange y consejero de Antibióticos, S.A. En la actualidad es presidente del Banco Gallego, vicepresidente de Acciona, S.A., consejero de Necso, S.A. y miembro del Consejo Asesor Europeo de Citigroup Global Markets. Es presidente del Real Patronato del Museo Nacional Centro de Arte Reina Sofía y miembro de los Reales Patronatos del Museo del Prado y de la Biblioteca Nacional. Preside la fundación privada José Antonio de Castro y es miembro de otras fundaciones e instituciones. Gran Cruz del Mérito Civil y Commander of the British Empire.

VANDELLÓS AGUILÓ, José María. Director de Materia Prima y miembro del Comité de Dirección. Uno de los éxitos de Inditex es la materia prima, ya que la filosofía del Grupo es lograr que ésta sea correcta a precios que dejen el margen señalado por la dirección.

VÁZQUEZ, Alfonso. Director Internacional para América, Asia y Oriente Medio. Responsable, junto con Iván Barberá, de la implantación y explotación del Grupo en estas áreas.

VÁZQUEZ MARIÑO, José Luis. Consejero independiente desde marzo de 2005. Profesor mercantil, licenciado en Ciencias Económicas y Empresariales y censor jurado de cuentas. Ha desarrollado su carrera profesional en Arthur Andersen, donde ocupó las direcciones Financiera y de Recursos Humanos a nivel mundial y ha sido socio-director para América Latina. En la actualidad es miembro de los consejos de administración del Banco Pastor y la Corporación Voz de Galicia. En julio de 2010 dejó de ser consejero independiente del Grupo Inditex.

VEGA DE LA FALLA, Jesús. Director de Recursos Humanos. Es doctor en Derecho, ingeniero técnico informático y MBA. Su carrera profesional transcurrió hasta su incorporación a Inditex en 2000, en Hewlett-Packard y el BSCH. En su departamento está acompañado por un extenso equipo de profesionales que desempeñan las labores de selección, contratación, formación, relaciones laborales, política de retribuciones, orientación, desarrollo profesional, seguridad y prevención de riesgos laborales. Es, además, miembro del Comité de Dirección.

4. SOCIEDADES

4.1. Sociedades que integran el Grupo Inditex*

Las sociedades, españolas y multinacionales, que conforman el Grupo Inditex a 31 de diciembre de 2003, agrupadas en función de las actividades que desarrollan cada una de ellas, son:

*Comercialización:***

Sociedad	País
BERSHKA BSK ESPAÑA, S.A.	ESPAÑA
BERSHKA PORTUGAL CONF., LDA.	PORTUGAL
BERSHKA MÉXICO, S.A. de CV.	MÉXICO
BERSHKA GIYIM LIMITED	TURQUÍA
BERSHKA HELLAS, S.A.	GRECIA
BERSHKA BSK VENEZUELA, S.A.	VENEZUELA
BRETTOS BRT ESPAÑA, S.A.	ESPAÑA
GRUPO MASSIMO DUTTI, S.A.	ESPAÑA
KIDDY'S CLASS ESPAÑA, S.A.	ESPAÑA
KIDDY'S CLASS PORTUGAL CONF., LDA.	PORTUGAL
MASSIMO DUTTI HELLAS, S.A.	GRECIA
OYSHO ESPAÑA, S.A.	ESPAÑA
OYSHO MÉXICO, S.A. de CV.	MÉXICO
OYSHO HELLAS, S.A.	GRECIA
OYSHO VENEZUELA, S.A.	VENEZUELA

→

* Fuente: *www.inditex.es*

** Se mantiene la configuración primitiva porque son las sociedades históricas existentes en el momento de salir a Bolsa Inditex

Sociedad	País
OYSHO PORTUGAL CONF-UNIPERSSOAL LTD.	PORTUGAL
PULL & BEAR ESPAÑA, S.A.	ESPAÑA
PULL & BEAR HELLAS, S.A.	GRECIA
PULL & BEAR PORTUGAL CONF., LDA.	PORTUGAL
PULL & BEAR VENEZUELA, S.A.	VENEZUELA
PULL & BEAR MÉXICO, S.A. de CV.	MÉXICO
PULL & BEAR GIYIM LIMITED	TURQUÍA
STRADIVARIUS ESPAÑA, S.A.	ESPAÑA
STRADIVARIUS HELLAS, S.A.	GRECIA
STRADIVARIUS PORTUGAL, CONF. LIMITED	PORTUGAL
STRADIVARIUS GIYIM LIMITED	TURQUÍA
VAJO, N.V.	BÉLGICA
ZARA DENMARK, A/S	DINAMARCA
ZARA GIYIM LIMITED	TURQUÍA
ZARA ARGENTINA, S.A.	ARGENTINA
ZARA BELGIQUE, S.A.	BÉLGICA
ZARA BRASIL, LTDA.	BRASIL
ZARA CANADA, INC.	CANADÁ
ZARA CLOTHING OSTERREICH, GMBH.	AUSTRIA
ZARA CHILE, S.A.	CHILE
ZARA DEUTSCHLAND, GMBH.	ALEMANIA
ZARA ESPAÑA, S.A.	ESPAÑA
ZARA FRANCE, S.A.R.L.	FRANCIA
ZARA HELLAS, S.A.	GRECIA
ZARA ITALIA S.R.L.	ITALIA
ZARA JAPAN CORP.	JAPÓN
ZARA LUXEMBOURG, S.A.	LUXEMBURGO
ZARA MÉXICO, S.A. de C.V.	MÉXICO
ZARA NEDERLAND, B.V.	HOLANDA
ZARA NORGE, AS.	NORUEGA
ZARA PORTUGAL CONFECÇOES LDA.	PORTUGAL
ZARA SUISSE, S.A.R.L.	SUIZA
ZARA SVERIGE, AB.	SUECIA
ZARA UK, LTD.	REINO UNIDO
ZARA URUGUAY, S.A.	URUGUAY
ZARA USA INC.	USA
ZARA VENEZUELA, S.A.	VENEZUELA
ZARA PUERTO RICO INC.	PUERTO RICO
ZARA CLOTHING IRELAND LIMITED	IRLANDA

Fabricación:

Sociedad	País
CHOOLET, S.A.	ESPAÑA
COMDITEL, S.A.	ESPAÑA
CONFECCIONES FÍOS, S.A.	ESPAÑA
CONFECCIONES GOA, S.A.	ESPAÑA
CONFECCIONES NOITE, S.A.	ESPAÑA
DENLLO, S.A.	ESPAÑA
FIBRACOLOR, S.A.	ESPAÑA
GLENCARE, S.A.	ESPAÑA
HAMPTON, S.A.	ESPAÑA
INDIPUNT, S.A.	ESPAÑA
KENNER, S.A.	ESPAÑA
KETTERING, S.A.	ESPAÑA
JEMA CREACIONES INFANTILES, S.L.	ESPAÑA
NIKOLE, S.A.	ESPAÑA
NOSOPUNTO, S.L.	ESPAÑA
SAMLOR, S.A.	ESPAÑA
SIRCIO, S.A.	ESPAÑA
STEAR, S.A.	ESPAÑA
TEMPE, S.A.	ESPAÑA
TEXTIL RASE, S.A.	ESPAÑA
TODOTINTE, S.L.	ESPAÑA
TRISKO, S.A.	ESPAÑA
TUGEND, S.A.	ESPAÑA
YEROLI, S.A.	ESPAÑA
ZINTURA, S.A.	ESPAÑA

Servicios:

Sociedad	País
BERSHKA LOGÍSTICA, S.A.	ESPAÑA
FIBRACOLOR DECORACIÓN S.A.	ESPAÑA
FRUMINGA, B.V.	HOLANDA
GOA-INVEST, S.A.	ESPAÑA
INDITEX ASIA, LTD.	HONG-KONG
INDITEX COGENERACIÓN, AIE.	ESPAÑA
INDUSTRIA DE DISEÑO TEXTIL, S.A.	ESPAÑA
INVERCARPRO, S.A.	ESPAÑA
MASSIMO DUTTI HOLDING, B.V.	HOLANDA
MASSIMO DUTTI LOGÍSTICA, S.A.	ESPAÑA
OYSHO LOGÍSTICA, S.A.	ESPAÑA
PULL & BEAR LOGÍSTICA, S.A.	ESPAÑA
ROBUSTAE, SGPS.	PORTUGAL
VASTGOED ASIA, LTD.	HONG-KONG
ZALAPA, B.V.	HOLANDA
ZARA ASIA, LTD.	HONG-KONG
ZARA FINANCIEN, B.V.	HOLANDA
ZARA HOLDING, B.V.	HOLANDA
ZARA ITALIA, B.V.	HOLANDA
ZARA LOGÍSTICA, S.A.	ESPAÑA
ZARA MERKEN, B.V.	HOLANDA
ZARA MEXICO, B.V.	HOLANDA
ZARA VASTGOED, B.V.	HOLANDA
ZARA VASTGOED HELLAS, S.A.	GRECIA

4.2. Sociedades participadas directa o indirectamente por Inditex *

Sociedades que desarrollan actividades de aprovisionamiento de materias primas y de fabricación:

Sociedades participadas	Domicilio social	Actividad principal	Método consolidado	% Participación		Titular part. indirecta
				Direct.	Indirect.	
CHOOLET, S.A.	Avenida Diputación, Edificio Inditex, Arteixo (A Coruña)	Confección en serie de prendas de vestir y complementos	Integración global	100	—	—
COMDITEL, S.A.	Avenida Diputación, Edificio Inditex, Arteixo (A Coruña)	Central de compras de materia prima	Integración global	100	—	—
CONFECCIONES FIOS,S.A.	Avenida Diputación, Edificio Inditex, Arteixo (A Coruña)	Confección en serie de prendas de vestir y complementos	Integración global	100	—	—
CONFECCIONES GOA, S.A.	Avenida Diputación, Edificio Inditex, Arteixo (A Coruña)	Confección en serie de prendas de vestir y complementos	Integración global	100	—	—
DENLLO, S.A.	Avenida Diputación, Edificio Inditex, Arteixo (A Coruña)	Confección en serie de prendas de vestir y complementos	Integración global	100	—	—
GLENCARE, S.A.	Avenida Diputación, Edificio Inditex, Arteixo (A Coruña)	Fabricación y venta al por menor y al por mayor de materias primas textiles, prendas de vestir y complementos	Integración global	100	—	—
HAMPTON, S.A.	Avenida Diputación, Edificio Inditex, Arteixo (A Coruña)	Confección en serie de prendas de vestir y complementos	Integración global	100	—	—
KENNER, S.A.	Avenida Diputación, Edificio Inditex, Arteixo (A Coruña)	Confección en serie de prendas de vestir y complementos	Integración global	100	—	—
KETTERING, S.A.	Avenida Diputación, Edificio Inditex, Arteixo (A Coruña)	Confección en serie de prendas de vestir y complementos	Integración global	100	—	—

→

* Fuente: Boletín CNMV

Sociedades participadas	Domicilio social	Actividad principal	Método consolidado	% Participación		Titular part. indirecta
				Direct.	Indirect.	
NIKOLE, S.A.	Avenida Diputación, Edificio Inditex, Arteixo (A Coruña)	Confección en serie de prendas de vestir y complementos	Integración global	100	—	—
NOSOPUNTO, S.L.	Ctra. de San Pedro, s/n, Ferrol (A Coruña)	Fábrica de punto	Integración global	51	—	—
SAMLOR, S.A.	Avenida Diputación, Edificio Inditex, Arteixo (A Coruña)	Confección en serie de prendas de vestir y complementos	Integración global	100	—	—
SIRCIO, S.A.	Avenida Diputación, Edificio Inditex, Arteixo (A Coruña)	Confección en serie de prendas de vestir y complementos	Integración global	100	—	—
STEAR, S.A.	Avenida Diputación, Edificio Inditex, Arteixo (A Coruña)	Confección en serie de prendas de vestir y complementos	Integración global	100	—	—
TEXTIL RASE, S.A.	Avenida Diputación, Edificio Inditex, Arteixo (A Coruña)	Fabricación textil	Integración global	100	—	—
TISKO, S.A.	Avenida Diputación, Edificio Inditex, Arteixo (A Coruña)	Central de compras de materia prima	Integración global	100	—	—
TUGEND, S.A.	Avenida Diputación, Edificio Inditex, Arteixo (A Coruña)	Confección en serie de prendas de vestir y complementos	Integración global	100	—	—
YEROLI, S.A.	Avenida Diputación, Edificio Inditex, Arteixo (A Coruña)	Confección en serie de prendas de vestir y complementos	Integración global	51	—	—
ZINTURA, S.A.	Avenida Diputación, Edificio Inditex, Arteixo (A Coruña)	Confección en serie de prendas de vestir y complementos	Integración global	100	—	—

Sociedades que desarrollan actividades logísticas:

Sociedades participadas	Domicilio social	Actividad principal	Método consolidado	% Participación		Titular part. indirecta
				Direct.	Indirect.	
ZARA LOGÍSTICA, S.A.	Avenida Diputación, Edificio Inditex, Arteixo, (A Coruña)	Distribución	Integración global	100	—	—

Sociedades que desarrollan actividades de comercialización, CADENA ZARA:

Sociedades participadas	Domicilio social	Actividad principal	Método consolidado	% Participación		Titular part. indirecta
				Direct.	Indirect.	
ZARA ESPAÑA, S.A	Avenida Diputación, Edificio Inditex, Arteixo (A Coruña)	Venta al por menor de prendas de vestir, calzado y complementos	Integración global	100	—	—
ZARA FRANCE, S.A.R.L.	80 Avenue des Terroris de France París (Francia)	Venta al por menor de prendas de vestir, calzado y complementos	Integración global	0,01	99,99	Zara Holding B.V.
ZARA HELLAS, S.A.	59 Stadiou, Omonia Atenas (Grecia)	Venta al por menor de prendas de vestir, calzado y complementos	Integración global	1	99	Zara Holding B.V.
ZARA BELGIQUE, S.A.	Avenue Louise, 2 Bruselas (Bélgica)	Venta al por menor de prendas de vestir, calzado y complementos	Integración global	0,01	99,99	Zara Holding B.V.
ZARA U.K. LIMITED	120 Regent Street Londres (Reino Unido)	Venta al por menor de prendas de vestir, calzado y complementos	Integración global	100	—	—
ZARA DEUTSCHALAND, GMBH.	Mönckebergerstrasse, 10 Alemania	Venta al por menor de prendas de vestir, calzado y complementos	Integración proporcional	50	—	—
ZARA USA, INC.	645 Madison Avenue Nueva York (EE. UU.)	Venta al por menor de prendas de vestir, calzado y complementos	Integración global	100	—	—

→

Sociedades participadas	Domicilio social	Actividad principal	Método consolidado	% Participación		Titular part. indirecta
				Direct.	Indirect.	
ZARA CANADA, INC.	1200 mCgILL College, Suite 1550 (Canadá)	Venta al por menor de prendas de vestir, calzado y complementos	Integración global	95	—	—
ZARA ARGENTINA, S.A.	Lavalle 1290 (Argentina)	Venta al por menor de prendas de vestir, calzado y complementos	Integración global	100	—	—
ZARA VENEZUELA, S.A.	Elice, entre Av. Libertador y Av. Fco. De Miranda Chacao Caracas (Venezuela)	Venta al por menor de prendas de vestir, calzado y complementos	Integración global	1	100	—
ZARA CHILE, S.A.	Cerro Colorado 50-30 (Chile)	Venta al por menor de prendas de vestir, calzado y complementos	Integración global	95,85	4,15	—
G. ZARA URUGUAY. S.A.	Junchal, 1327, Apto. 2201 Montevideo (Uruguay)	Venta al por menor de prendas de vestir, calzado y complementos	Integración global	97,67	2,33	Zara Holding B.V.
ZARA BRASIL, LTDA.	Rua Boa Vista, 254 Sao Paulo (Brasil)	Venta al por menor de prendas de vestir, calzado y complementos	Integración global	100	—	—
ZARA NORGE AKSJESEL.SKAP	C/O Bugge Arentz-Hansen&Rasmussen, 0250 Oslo (Noruega)	Venta al por menor de prendas de vestir, calzado y complementos	Integración global	100	—	—
ZA DANMARK AKTIESEL SKAB	C/O Ronne & lundgren. Midtermolen 1,2100 Copenhague (Dinamarca)	Venta al por menor de prendas de vestir, calzado y complementos	Integración global	100	—	—
ZARA SVERIGE, AKTIEBOLAG	C/O Mannheimer Swartling Advokatbyra 20314 Mamö (Suecia)	Venta al por menor de prendas de vestir, calzado y complementos	Integración global	100	—	—

Sociedades participadas	Domicilio social	Actividad principal	Método consolidado	% Participación		Titular part. indirecta
				Direct.	Indirect.	
ZARA ÖSTERREICH CLOTHING, GMBH.	Kärtnerstrasse 7 1010 Viena (Austria)	Venta al por menor de prendas de vestir, calzado y complementos	Integración global	100	—	—
ZARA LUSEMBOURG, S.A.	6, Rue Heine L-1720. Luxemburgo (Luxemburgo)	Venta al por menor de prendas de vestir, calzado y complementos	Integración global	99,99	0,01	Zara Holding B.V.
ZARA NEDERLAND B.V.	Seellgsingel 6 Breda (Holanda)	Venta al por menor de prendas de vestir, calzado y complementos	Integración global	92,74	7,26	Zara Holding B.V.
ZARA SUISSE, S.A.R.I.	Avenue de la Gare, 4 Friburgo (Suiza)	Venta al por menor de prendas de vestir, calzado y complementos	Integración global	99,95	0,05	Zara Holding B.V.
ZA GIYIM ITHALAT HIRA-CAT VE TICARET, LTD	Talatpasa Caddesi n.º 110, Estambul (Turquía)	Venta al por menor de prendas de vestir, calzado y complementos	Integración global	100	—	—
OYSHO ESPAÑA, S.A.	Avenida Diputación, Edificio Inditex, Arteixo (A Coruña)	Venta al por menor de prendas de vestir, calzado y complementos	Integración global	100	—	—
KIDDY'S CLASS ESPAÑA, S.A.	Avenida Diputación, Edificio Inditex, Arteixo (A Coruña)	Venta al por menor de prendas de vestir, calzado y complementos	Integración global	100	—	—
BRETTOS BRT ESPAÑA, S.A.	Avenida Diputación, Edificio Inditex, Arteixo (A Coruña)	Venta al por menor de prendas de vestir, calzado y complementos	Integración global	100	—	—
LEFTIES ESPAÑA, S.A.	Avenida Diputación, Edificio Inditex, Arteixo (A Coruña)	Venta al por menor de prendas de vestir, calzado y complementos	Integración global	100	—	—
VAJO, N.V.	Avenue Louise, 2 Bruselas (Bélgica)	Venta al por menor de prendas de vestir, calzado y complementos	Integración global	99,95	0,05	Zara Belgique, S.A.

Sociedades que desarrollan actividades de comercialización, CADENA MASSIMO DUTTI:

Sociedades participadas	Domicilio social	Actividad principal	Método consolidado	% Participación		Titular part. indirecta
				Direct.	Indirect.	
GRUPO MASSIMO DUTTI, S.A.	Avenida Diputación, Edificio Inditex, Arteixo, (A Coruña)	Venta al por menor de prendas de vestir, calzado y complementos	Integración global	100	—	—

Sociedades que desarrollan actividades de comercialización, CADENA PULL & BEAR:

Sociedades participadas	Domicilio social	Actividad principal	Método consolidado	% Participación		Titular part. indirecta
				Direct.	Indirect.	
PULL & BEAR ESPAÑA, S.A.	Avenida Diputación, Edificio Inditex, Arteixo, (A Coruña)	Venta al por menor de prendas de vestir, calzado y complementos	Integración global	100	—	—

Sociedades que desarrollan actividades de comercialización, CADENA BERSHKA:

Sociedades participadas	Domicilio social	Actividad principal	Método consolidado	% Participación		Titular part. indirecta
				Direct.	Indirect.	
BERSHKA BSK ESPAÑA, S.A.	Avenida Diputación, Edificio Inditex, Arteixo, (A Coruña)	Venta al por menor de prendas de vestir, calzado y complementos	Integración global	100	—	—

Sociedades que desarrollan actividades de comercialización, CADENA STRADIVARIUS:

Sociedades participadas	Domicilio social	Actividad principal	Método consolidado	% Participación		Titular part. indirecta
				Direct.	Indirect.	
STRADIVARIUS ESPAÑA, S.A.	Avenida Diputación, Edificio Inditex, Arteixo (A Coruña)	Venta al por menor de prendas de vestir, calzado y complementos	Integración global	90,05	—	—
STRADIVARIUS HELLAS, S.A.	59 Stadiou Omonia Atenas (Grecia)	Venta al por menor de prendas de vestir, calzado y complementos	Integración global	0,05	91	Stradivarius España, S.A.

Sociedades que desarrollan actividades complementarias de la actividad principal. SOCIEDADES ESPAÑOLAS:

Sociedades participadas	Domicilio social	Actividad principal	Método consolidado	% Participación		Titular part. indirecta
				Direct.	Indirect.	
GOA-INVEST, S.A.	Avenida Diputación, Edificio Inditex, Arteixo (A Coruña)	Realiza instalaciones de tiendas en España y en el extranjero	Integración global	100	—	—
INDITEX, S.A.	Avenida Diputación, Edificio Inditex, Arteixo (A Coruña)	Fabricación, exportación, importación, comercialización y venta al por mayor y al por menor de todo tipo de productos textiles	Integración global	—	—	—
ZARA, S.A.	Avenida Diputación, Edificio Inditex, Arteixo (A Coruña)	Venta al por menor de prendas de vestir, calzado y complementos	Integración global	—	—	—
JOSE MARÍA ARROJO ALDEGUNDE, S.A.	Carretera N-VI, Perillo Oleiros (A Coruña)	Concesionario de automóviles	No consolidada	—	—	—

→

Sociedades participadas	Domicilio social	Actividad principal	Método consolidado	% Participación		Titular part. indirecta
				Direct.	Indirect.	
MOTORGAL, S.A.	Polígono Industrial de Sabón. Parcela 79B Arteixo (A Coruña)	Concesionario de automóviles	No consolidada	—	—	—
INDITEX COGENERACIÓN, A.I.E.	Avenida Diputación, Edificio Inditex, Arteixo (A Coruña)	Desarrollo de instalaciones de cogeneración para la producción de energía eléctrica y térmica		—	—	—

Sociedades que desarrollan actividades complementarias de la actividad principal. SOCIEDADES EXTRANJERAS:

Sociedades participadas	Domicilio social	Actividad principal	Método consolidado	% Participación		Titular part. indirecta
				Direct.	Indirect.	
ZARA HOLDING B.V.	Seeligsingel 6, Breda (Holanda)	Sociedad de cartera	Integración global	100	—	—
ZARA ITALIA, S.R.L.	Via Manzoni, 41 Milán (Italia)	Venta al por menor de prendas de vestir, calzado y complementos	Integración global	100	—	—
TEMPE, S.A.	Avenida Diputación, Edificio Inditex, Arteixo (A Coruña)	Central de diseño, compras y distribución de calzado	Integración proporcional	50	—	—

Otras sociedades participadas por Inditex:

Sociedades participadas	Domicilio social	Actividad principal	Método consolidado	% Participación		Titular part. indirecta
				Direct.	Indirect.	
FIBRACOLOR, S.A.*	Calle Vallmaría, s/n Tordera (Barcelona)	Lavado, tintado y planchado de materias primas, tejidos y prendas de vestir	Puesta en equivalencia	39,97	—	—

* Esta sociedad no forma parte del grupo consolidado de Inditex. De entre los accionistas de Fibracolor, S.A. cabe destacar la Empresa de Promoció i Localització Industrial de Catalunya, S.A. (Eplicsa), sociedad dependiente de la Generalitat de Catalunya que en la actualidad ostenta una participación del 25,174 por ciento en su capital social. Eplicsa es una sociedad que desarrolla actividades de capital-riesgo y capital-inversión. El resto de los accionistas son terceros ajenos al Grupo Inditex

Sociedades participadas por ZARA HOLDING, B.V.:

Sociedades participadas	Domicilio social	Actividad principal	Método consolidado	% Participación		Titular part. indirecta
				Direct.	Indirect.	
INDITEX ASIA LIMITED	Unit 5, One Capital Palace, 18 Luard Road, Wanchai, Hong Kong (China)	Aprovisionamiento de materias primas de confección	Integración global	1	—	—
ZARA FRANCE, S.A.R.L.	80 Avenue des Terroirs de France París (Francia)	Venta al por menor de prendas de vestir, calzado y complementos	Integración global	99,99	—	—
ZARA PORTUGAL CONFECÇOES LIMITADA	Avda. Fontes Pereira de Melo, 49 (Portugal)	Venta al por menor de prendas de vestir, calzado y complementos	Integración global	100	—	—
ZARA HELLAS, S.A.	59 Stadiou. Omonia Atenas (Grecia)	Venta al por menor de prendas de vestir, calzado y complementos	Integración global	99	—	—
ZARA BELGIQUE, S.A.	Avenue Louise, 2 Bruselas (Bélgica)	Venta al por menor de prendas de vestir, calzado y complementos	Integración global	99,99	—	—
ZARA MÉXICO, S.A. DE C.V.	Culturas Prehispánicas, 131 México D.F. (México)	Venta al por menor de prendas de vestir, calzado y complementos	Integración global	95	—	—
ZARA CHILE, S.A.	Cerro Colorado, 50-30 (Chile)	Venta al por menor de prendas de vestir, calzado y complementos	Integración global	4,15	—	—
G. ZARA URUGUAY, S.A.	Juncal, 1327. Apto. 2201 Montevideo (Uruguay)	Venta al por menor de prendas de vestir, calzado y complementos	Integración global	2,33	—	—
ZARA LUXEMBOURG, S.A.	Seelligsingel, 6 Breda (Holanda)	Venta al por menor de prendas de vestir, calzado y complementos	Integración global	0,01	—	—

→

Sociedades participadas	Domicilio social	Actividad principal	Método consolidado	% Participación		Titular part. indirecta
				Direct.	Indirect.	
ZARA SUISSE, S.A.R.L.	Avenue de la Gare, 4 Friburgo (Suiza)	Venta al por menor de prendas de vestir, calzado y complementos	Integración global	7,26	—	—
ZARA ASIA LIMITED	Uit5, One Capital Place, 18. Luard Road, Wanchai, Hong Kong (China)	Venta al por menor de prendas de vestir, calzado y complementos	Integración global	0,05	—	—
KIDDY'S CLASS PORTUGAL CONFECÇOES, LIMITADA	Avda. Fontes Pereira de Melo, 49 (Portugal)	Venta al por menor de prendas de vestir, calzado y complementos	Integración global	99,99	1	—
PULL & BEAR PORTUGAL CONFECÇOES LIMITADA	Avda. Fontes Pereira de Melo, 49 (Portugal)	Venta al por menor de prendas de vestir, calzado y complementos	Integración global	99	1	—
PULL & BEAR HELLAS, S.A.	59 Stadiou. Omonia Atenas (Grecia)	Venta al por menor de prendas de vestir, calzado y complementos	Integración global	1	99	Zalapa BV (99 %)
BERSHKA PORTUGAL CON-FECÇOES SOCIEDADE UNIPESSOAL LTD.	Avda. Fontes Pereira de Melo, 49 (Portugal)	Venta al por menor de prendas de vestir, calzado y complementos	Integración global	100	—	—
BERSHKA HELLAS, S.A.	59 Stadiou. Omonia. Atenas (Grecia)	Venta al por menor de prendas de vestir, calzado y complementos	Integración global	99	—	—
ZARA FINCIËN B.V.	Seeligsingel, 6 Breda (Holanda)	Financiación internacional	Integración global	100	—	—
ZARA MERKEN, B.V.	Seeligsingel, 6 Breda (Holanda)	Gestiona «Fórmula Zara» para filiales extranjeras y terceros	Integración global	100	—	—
ZARA MEXICO, B.V.	Seeligsingel, 6 Breda (Holanda)	Adquisición y gestión de bienes inmuebles y participación financiera en otras sociedades	Integración global	100	—	—

Sociedades participadas	Domicilio social	Actividad principal	Método consolidado	% Participación		Titular part. indirecta
				Direct.	Indirect.	
ZARA ITALIA. B.V.	Seeligsingel, 6 Breda (Holanda)	Adquisición y gestión de bienes inmuebles y participación financiera en otras sociedades	Integración global	100	—	—
ZARA NIPPON, B.V.	Seeligsingel, 6 Breda (Holanda)	Adquisición y gestión de bienes inmuebles y participación financiera en otras sociedades	Integración global	100	—	—
ZARA, S.A.	Lavalle 1290 (Argentina)	Venta al por menor de prendas de vestir, calzado y complementos	Integración global	100	—	—
ZALAPA B.V.	Seeligsingel, 6 Breda (Holanda)	Adquisición y gestión de bienes inmuebles y participación financiera en otras sociedades	Integración global	100	—	—
ZARA VASTGOED, B.V.	Seeligsingel, 6 Breda (Holanda)	Adquisición y gestión de bienes inmuebles y participación financiera en otras sociedades	Integración global	100	—	—
ZARA VASTGOED HELLAS, S.A.	Seeligsingel, 6 Breda (Holanda)	Adquisición y gestión de bienes inmuebles y participación financiera en otras sociedades	Integración global	1	99	Zara Vastgoed, B.V. (99%)
VASTGOED FRANCE PO3301 SCI	80 Avenue des Terroirs de France París (Francia)	Adquisición y gestión de bienes inmuebles y participación financiera en otras sociedades	Integración global	1	99	Zara Vastgoed, B.V. (99%)

→

Sociedades participadas	Domicilio social	Actividad principal	Método consolidado	% Participación		Titular part. indirecta
				Direct.	Indirect.	
ZARA FRANCE IMMOBILIÈRE, SNC	80 Avenue des Terroirs de France París (Francia)	Adquisición y gestión de bienes inmuebles y participación financiera en otras sociedades	Integración global	1	99	Zara Vastgoed, B.V. (99%)
VASTGOED FERREOL PO3302, SCI	80 Avenue des Terroirs de France París (Francia)	Adquisición y gestión de bienes inmuebles y participación financiera en otras sociedades	Integración global	1	99	Zara Vastgoed, B.V. (99%)
VASTGOED GENERAL LECLERC PO3303, SCI	80 Avenue des Terroirs de France París (Francia)	Adquisición y gestión de bienes inmuebles y participación financiera en otras sociedades	Integración global	1	99	Zara Vastgoed, B.V. (99%)
VASTGOED NANCY PO3304, SCI	80 Avenue des Terroirs de France París (Francia)	Adquisición y gestión de bienes inmuebles y participación financiera en otras sociedades	Integración global	1	99	Zara Vastgoed, B.V. (99%)
VASTGOED ASIA, LIMITED	Unit 5, One Capital Place, 18 Luard Road, Wanchai, Hong Kong (China)	Adquisición y gestión de bienes inmuebles y participación financiera en otras sociedades	Integración global	1	99	Zara Vastgoed, B.V. (99%)
ZARA JAPAN CORPORATION	Bigi Building 1LF, 1-4-10 Tokyo (Japón)	Venta al por menor de prendas de vestir, calzado y complementos	Integración proporcional	49	—	Zara Holding B.V.

5. Gráficos sobre el imperio Inditex

5.1. Resultados del ejercicio 2010/2009*

millones de euros	2010	2009	% 10/09
Ventas netas	**12.527**	**11.084**	**11,3%**
Margen bruto *% margen*	**7.422** *59,3%*	**6.328** *57,1%*	**11,7%**
EBITDA *margen EBITDA*	**2.966** *23,7%*	**2.374** *21,44%*	**12,5%**
Beneficio neto *margen neto*	**1.741** *13,9*	**1.322** *11,9%*	**23,0%**

* Fuente: *www.cnmv.es/Inditex*

Distribución geográfica de ventas en tienda

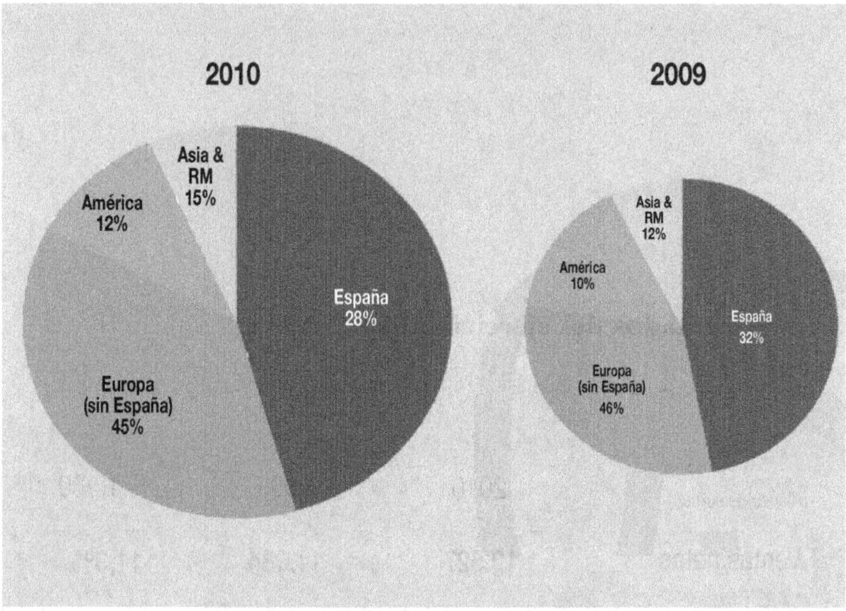

Ventas en España y en el resto del mundo

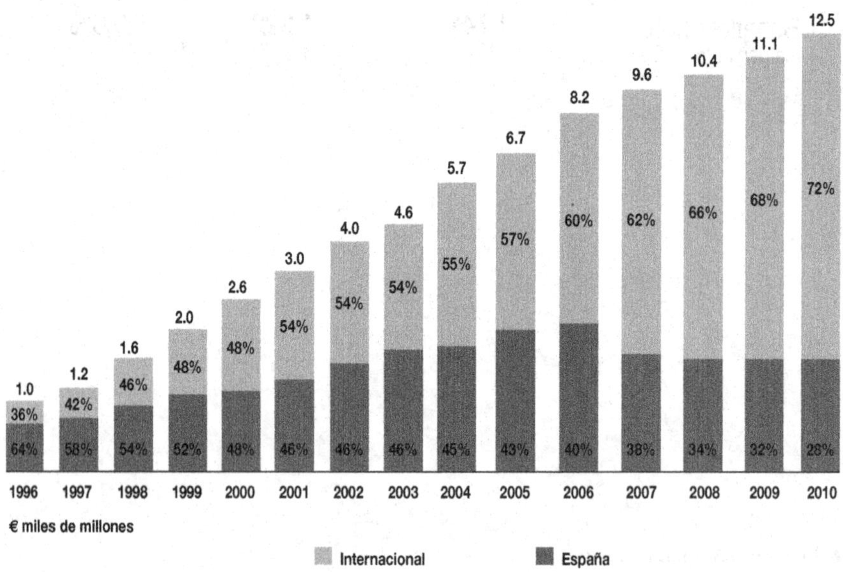

Contribución EBIT por las cadenas del Grupo

El desglose del resultado de explotación por cadena se detalla a continuación:

EBIT por cadena (millones de euros)				**% ventas**	**% total**
Cadena	**2010**	**2009**	**Var% 10/09**	**2010**	**2010**
Zara	1.534	1.104	39%	19,0%	67,0%
Pull & Bear	139	101	37%	16,2%	6,1%
Massimo Dutti	172	117	47%	19,2%	7,5%
Bershka	197	196	1%	15,8%	8,6%
Stradivarius	176	149	18%	22,5%	7,7%
Oysho	45	38	19%	14,9%	2,0%
Zara Home	39	25	60%	13,3%	1,7%
Uterqüe*	-12	-2	—	—	—
Total EBIT	**2.290**	**1.728**	**33%**	**18,3%**	**100,0%**

* Incluye 12 millones de amortización acelerada de activos

5.2. Distribución mundial de las cadenas de Inditex por países a enero de 2011

País (Total países 5.004)		Zara/Zara Kids	Pull & Bear	Massimo Dutti	Bershka	Stradivarius	Oysho	Zara Home	Uterqüe
EUROPA	(4.004)	1.245	559	429	581	512	369	244	65
Alemania	(73)	65	-	8	-	-	-	-	-
Andorra	(8)	1	1	1	1	1	1	1	1
Austria	(15)	12	-	.	3	-	-	-	-
Bulgaria	(22)	4	4	3	4	4	3	-	-
Bélgica	(74)	27	4	22	9	-	-	6	6
Chipre	(32)	5	5	3	6	6	3	2	2
Croacia	(18)	5	3	2	4	3	-	1	-
Dinamarca	(2)	2	-	-	-	-	-	-	-
Eslovaquia	(6)	2	1	-	1	2	-	-	-
Eslovenia	(16)	5	2	1	4	4	-	-	-
España	(1.925)	494	288	245	263	278	186	131	40
Estonia	(5)	2	1	-	1	1	-	-	-
Finlandia	(4)	4	-	-	-	-	-	-	-
Francia	(241)	117	18	17	42	20	11	16	-
Grecia	(160)	52	22	13	26	16	18	9	4
Holanda	(27)	18	-	1	7	-	-	1	-
Hungría	(20)	6	4	-	5	4	1	-	-
Irlanda	(22)	9	5	1	5	2	-	-	-
Islandia	(2)	2	-	-	-	-	-	-	-
Italia	(287)	96	33	7	45	28	54	24	-
Letonia	(11)	4	3	-	3	1	-	-	-
Lituania	(16)	4	4	-	4	4	-	-	-
Luxemburgo	(3)	2	-	1	-	-	-	-	-
Malta	(12)	1	4	1	2	2	1	1	-
Montenegro	(5)	1	1	-	1	1	1	-	-
Mónaco	(1)	1	-	-	-	-	-	-	-
Noruega	(5)	3	-	2	-	-	-	-	-
Polonia	(117)	32	18	8	20	29	9	1	-
Portugal	(332)	83	63	43	45	39	32	21	6
Reino Unido	(90)	64	4	11	4	-	-	7	-
República Checa	(16)	6	4	1	4	1	-	-	-
Rumanía	(51)	13	10	2	10	9	4	3	-
Rusia	(207)	47	34	13	35	35	29	10	4
Serbia	(14)	4	2	2	2	2	2	-	-
Suecia	(11)	8	-	3	-	-	-	-	-
Suiza	(16)	10	-	5	1	-	-	-	-
Turquía	(114)	27	16	12	17	16	14	10	2
Ucrania	(24)	7	5	1	7	4	-	-	-

País (Total países 5.004)		Zara/Zara Kids	Pull & Bear	Massimo Dutti	Bershka	Stradivarius	Oysho	Zara Home	Uterqüe
AMÉRICA	(395)	199	41	34	63	7	31	16	4
Argentina	(9)	9	-	-	-	-	-	-	-
Brasil	(30)	30	-	-	-	-	-	-	-
Canadá	(19)	19	-	-	-	-	-	-	-
Chile	(7)	7	-	-	-	-	-	-	-
Colombia	(22)	9	-	3	5	5	-	-	-
Costa Rica	(3)	2	-	1	-	-	-	-	-
El Salvador	(4)	2	1	-	1	-	-	-	-
Estados Unidos	(49)	49	-	-	-	-	-	-	-
Guatemala	(8)	2	2	1	2	1	-	-	-
Honduras	(2)	2	-	-	-	-	-	-	-
México	(208)	50	35	29	43	-	31	16	4
Panamá	(2)	2	-	-	-	-	-	-	-
Puerto Rico	(1)	1	-	-	-	-	-	-	-
Rep. Dominicana	(4)	2	-	-	1	1	-	-	-
Uruguay	(2)	2	-	-	-	-	-	-	-
Venezuela	(25)	11	3	-	11	-	-	-	-
ASIA Y RESTO MUNDO	(645)	279	82	67	76	74	32	24	11
Arabia Saudí	(109)	23	9	11	21	26	13	4	2
Bahrein	(10)	2	2	2	1	1	1	1	-
China	(119)	61	16	5	22	15	-	-	-
Corea del Sur	(29)	27	-	2	-	-	-	-	-
Egipto	(14)	3	3	2	3	1	-	1	1
Emiratos A. U.	(53)	9	6	9	6	8	6	6	3
Filipinas	(8)	6	-	2	-	-	-	-	-
Hong Kong	(19)	9	2	3	4	1	-	-	-
India	(4)	4	-	-	-	-	-	-	-
Indonesia	(16)	10	3	3	-	-	-	-	-
Israel	(41)	19	20	1	1	-	-	-	-
Japón	(63)	63	-	-	-	-	-	-	-
Jordania	(13)	2	2	2	1	3	1	1	1
Kazajistán	(7)	2	1	1	2	1	-	-	-
Kuwait	(22)	5	4	2	2	3	3	2	1
Líbano	(35)	5	5	5	5	4	5	4	2
Macao	(5)	1	1	1	1	1	-	-	-
Malasia	(13)	6	2	5	-	-	-	-	-
Marruecos	(11)	4	-	1	-	4	-	2	-
Omán	(4)	1	-	-	-	1	1	1	-
Qatar	(14)	2	2	2	2	1	2	2	1
Singapur	(18)	7	3	4	2	2	-	-	-
Siria	(7)	1	1	2	2	1	-	-	-
Tailandia	(9)	5	-	2	1	1	-	-	-
Túnez	(2)	2	-	-	-	-	-	-	-
Total mundial	**(5.004)**	**1.723**	**682**	**530**	**720**	**593**	**432**	**284**	**80**

Fuente: Inditex

5.3. Ubicación de las tiendas de Inditex

Documentación consultada

Álvarez, Luis Alonso, *Vistiendo a tres continentes. La ventaja competitiva del Grupo Inditex 1963/99* (inédito).

«El sueño de la moda se hace realidad», *The Times*, 18 de septiembre de 2003, pp. 1 y 31.

«La entrevista que no existió», *El Faro de Vigo*, 20 de septiembre de 2003.

«La hija de Amancio Ortega celebra su mayoría de edad», *La Opinión*, 4 de enero de 2002, pp. 1 y 41.

«Lo que tengo no me ha caído del cielo», *La Voz de Galicia*, 3 de mayo de 1998, p. 41.

Merco 2002/2003, *Los líderes empresariales con mejor reputación.*

Monllor, Cecilia, *Zarápolis. La historia secreta de un imperio de la moda*, Ediciones del Bronce, Barcelona, 2001.

Neira, Chus, «Zara, un imperio con raíces en Busdongo», *La Nueva España*, 2 de mayo de 2001, pp. 2-3.

Reiriz Rey, Jesús María, *La Coruña a través del tiempo*, Internós, A Coruña, 1999.

Rivas, Manuel, *Galicia, el bonsái atlántico: descripción del antiguo reino del oeste*, El País-Aguilar, Madrid, 1994.

«Teles viejas a medio millón», *La Voz de Galicia*, 25 de febrero de 2001, p. 3.

Inditex en internet:

www.fortune.com
www.economist.com
www.elpais.es
www.inditex.com
www.elmundo.es
www.geocities.com
www.boe.es
http://mujer.tercera.cl
www.expansiondirecto.com
www.lavozdegalicia.com
www.lineasdeltren.com
www.cnmv.es
www.invertia.com
www.labolsa.com
www.elsemanaldigital.com
www.vigoempresa.com
www.xornal.com
www.hispanidad.com

Índice de empresas, fundaciones y sociedades

Índice onomástico